智慧商业
创新型人才培养系列教材

管理学基础

微课版
第3版

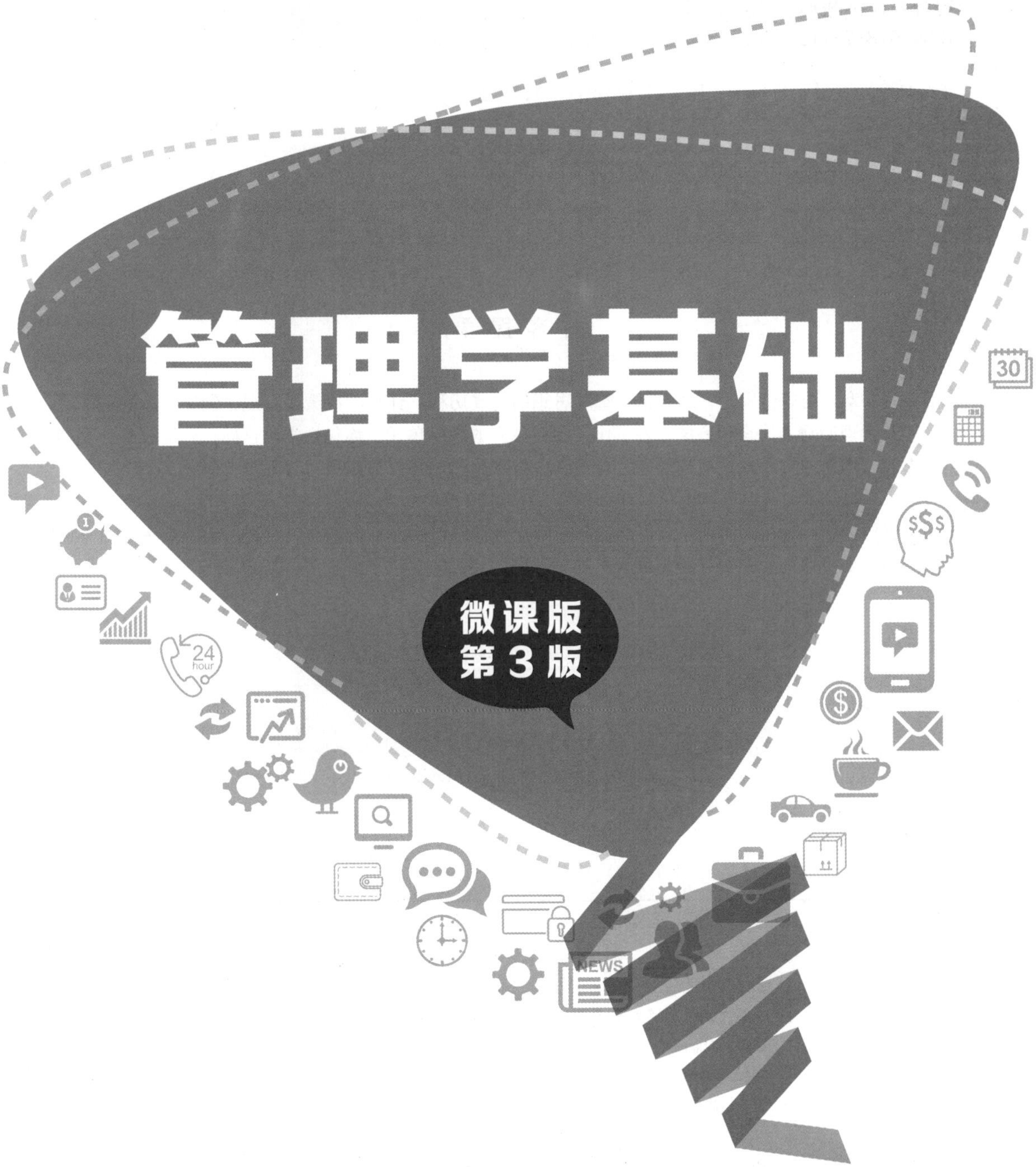

人民邮电出版社
北京

图书在版编目（CIP）数据

管理学基础 ：微课版 / 张金成主编. -- 3版. -- 北京 ：人民邮电出版社，2021.8（2022.8重印）
智慧商业创新型人才培养系列教材
ISBN 978-7-115-56465-8

Ⅰ. ①管… Ⅱ. ①张… Ⅲ. ①管理学－教材 Ⅳ. ①C93

中国版本图书馆CIP数据核字（2021）第075158号

内 容 提 要

本书共 10 章，内容分别为管理导论、管理思想的发展历程、计划、决策、组织、领导、激励与沟通、控制、创新及管理的基本原理和方法。各章作为相对独立的教学单元，均包括学习目标、开篇故事、互动游戏、学习内容、本章内容小结、案例思考、管理者价值点分享、练习与应用、管理实务研讨 9 个不同的教学模块。

本书不仅可以作为应用型本科、高等职业院校管理类和经济类专业的教材，也适用于各类企事业单位管理人员的培训，还可作为企业领导和管理人员的参考书。

◆ 主　　编　张金成
　责任编辑　刘　尉
　责任印制　王　郁　焦志炜

◆ 人民邮电出版社出版发行　　北京市丰台区成寿寺路 11 号
　邮编　100164　　电子邮件　315@ptpress.com.cn
　网址　https://www.ptpress.com.cn
　三河市君旺印务有限公司印刷

◆ 开本：787×1092　1/16
　印张：16.25　　　　2021 年 8 月第 3 版
　字数：375 千字　　　2022 年 8 月河北第 2 次印刷

定价：49.80 元

读者服务热线：(010)81055256　印装质量热线：(010)81055316
反盗版热线：(010)81055315
广告经营许可证：京东市监广登字 20170147 号

PREFACE 第3版前言

《管理学基础（第2版）》自2015年出版以来，受到了全国很多兄弟院校师生以及企业界朋友的广泛好评。许多高校选择本书作为“管理学”课程的教材，不少邮政企业和专业培训机构也在管理人员培训中选用本书作为培训教材，以本书为基础的管理学教学成果于2018年荣获河北省教学成果奖。

读者在充分肯定本书的内容、体系、形式和质量的同时，也向我们反馈了不少修改意见：一是内容偏多，教师常常因课时所限无法完成全书设计的教学任务；二是部分内容阐述不够精练；三是案例以及配套的教学资源（如课件和习题等）有待更新和补充。在汇集广大读者和同行们有益建议的基础上，我们编写了《管理学基础（微课版　第3版）》，由石家庄邮电职业技术学院张金成副教授担任主编并统稿，参与本书修订工作的还有河北师范大学胡永红副教授，石家庄邮电职业技术学院讲师林小浩、魏永建、陈迎雪、刘羽和宋晓明。本书主要在以下几个方面进行了修订和完善。

一是精简了教学内容，以便教师根据课时需要有针对性地选取教学内容。

二是精简了文字叙述，删除了“可有可无的叙述”，适当压缩了教材篇幅。

三是补充和更新了管理案例以及配套的教学资源，便于教师教学使用。

四是突出教学内容的实用化改革，强化了管理工具类、方法类的教学内容（如计划的方法与工具、决策方法等），并增加了练习与应用等教学模块。

五是更新了管理实务研讨教学模块，以强化对管理类专业学生思辨能力的培养。

六是新增了讲解重要知识点的微课视频，微课视频由石家庄邮电职业技术学院管理学课程组集体开发制作完成，在书中以二维码方式呈现。

本书在编写和修订过程中，参考了大量专家、学者的著作以及同行们提供的教学建议，在此谨向管理学界的各位专家学者以及国内外同行们致以诚挚的感谢。由于作者水平有限，加之管理科学的不断发展，书中难免存在疏漏之处，敬请广大读者批评指正。

编　者

2021年3月

CONTENTS

目　录

第 1 章 管理导论 ······ 1

1.1 管理和管理学 ······ 3

1.1.1 管理的基本概念和性质 ······ 3

1.1.2 管理职能 ······ 7

1.1.3 管理学 ······ 12

1.2 管理的主体——管理者 ······ 14

1.2.1 管理者的概念和分类 ······ 14

1.2.2 管理者的三大技能 ······ 15

1.2.3 管理者的角色 ······ 16

1.3 管理的客体——管理对象和管理环境 ······ 18

1.3.1 管理对象 ······ 18

1.3.2 管理环境 ······ 19

本章内容小结 ······ 20

练习与应用 ······ 21

第 2 章 管理思想的发展历程 ······ 22

2.1 早期管理思想的萌芽 ······ 25

2.1.1 古代管理思想 ······ 25

2.1.2 中世纪的管理思想 ······ 26

2.1.3 工业革命时期的管理思想 ······ 27

2.2 古典管理思想的演进 ······ 29

2.2.1 泰勒的科学管理 ······ 29

2.2.2 法约尔及其一般管理理论 ······ 32

2.2.3 韦伯的组织理论 ······ 35

2.3 现代管理理论的发展 ······ 35

2.3.1 梅奥及其霍桑试验 ······ 36

2.3.2 马斯洛及其需要层次理论 ······ 37

2.3.3 麦格雷戈及其“X-Y”理论 ······ 38

2.3.4 赫兹伯格及其双因素理论 ······ 39

2.3.5 管理理论丛林 ······ 40

2.4 当代前沿管理的新发展 ······ 41

2.4.1 战略管理 ······ 41

2.4.2 组织再造理论 ······ 42

2.4.3 学习型组织 ······ 42

本章内容小结 ······ 43

练习与应用 ······ 44

第 3 章 计划 ······ 45

3.1 计划概述 ······ 47

3.1.1 计划的含义及其作用 ······ 47

3.1.2 计划的类型 ······ 50

3.1.3 计划工作的基本步骤与常见误区 ······ 53

3.2 计划的方法和工具 ······ 55

3.2.1 计划的方法 ······ 55

3.2.2 计划的工具 ······ 60

3.3 目标与目标管理 ······ 64

3.3.1 目标的基本概念……64
3.3.2 目标管理的含义及过程……67
3.4 战略计划……70
3.4.1 战略计划的概念及特征……70
3.4.2 战略计划的制订方法……71
本章内容小结……78
练习与应用……80

第4章 决策……81
4.1 决策概述……83
4.1.1 决策的概念和类型……83
4.1.2 决策的程序、原则与要素……87
4.2 决策理论与效用理论……91
4.2.1 决策理论……91
4.2.2 效用理论……93
4.3 定性决策方法……94
4.3.1 头脑风暴法……94
4.3.2 名义群体法……94
4.3.3 德尔菲法……94
4.3.4 戈登法……95
4.3.5 对演法……96
4.4 定量决策方法……96
4.4.1 确定型决策方法……96
4.4.2 风险型决策方法……99
4.4.3 非确定型决策方法……101
本章内容小结……104
练习与应用……105

第5章 组织……106
5.1 组织工作的基础……110
5.1.1 组织的概念及性质……110
5.1.2 组织理论的基础内容……111
5.2 组织结构和组织结构设计……116
5.2.1 组织结构的基本形式和特点……116
5.2.2 组织设计与职务设计……120
5.3 人员配备……127
5.3.1 人员选聘……127
5.3.2 选聘的途径和步骤……129
5.4 组织变革……132
5.4.1 组织变革的原因……132
5.4.2 组织变革的方式……134
5.4.3 组织变革的过程……134
本章内容小结……136
练习与应用……137

第6章 领导……138
6.1 领导概述……140
6.1.1 领导的含义……140
6.1.2 领导的作用……141
6.1.3 领导者的素质要求……142
6.1.4 领导和管理……143
6.2 领导的本质探究……143
6.2.1 领导的本质……143
6.2.2 领导权威和危机管理……144
6.2.3 领导者的人格魅力……146
6.3 领导理论……147
6.3.1 领导特性理论……147
6.3.2 领导行为理论……148
6.3.3 领导权变理论……152
6.4 领导艺术……156
6.4.1 决策艺术……156
6.4.2 用人艺术……157

6.4.3 授权艺术……157
6.4.4 正确处理人际关系的艺术……158
6.4.5 科学利用时间的艺术……158
6.4.6 提高领导艺术的途径……159
本章内容小结……160
练习与应用……161

第 7 章 激励与沟通……162
7.1 激励的含义与过程……163
7.1.1 激励的内涵……163
7.1.2 激励的过程……166
7.1.3 激励的作用……167
7.2 激励理论……167
7.2.1 内容型激励理论……167
7.2.2 过程型激励理论……172
7.2.3 行为改造型激励理论……175
7.3 管理实践中的激励策略……178
7.3.1 激励的方式……178
7.3.2 激励的原则……179
7.3.3 激励措施……180
7.4 沟通概述……184
7.4.1 沟通的含义……184
7.4.2 沟通的过程……185
7.4.3 沟通的目的和分类……185
7.5 沟通障碍及其克服方法……187
7.5.1 沟通障碍……187
7.5.2 沟通障碍的克服方法……188
7.6 沟通技巧……189
本章内容小结……191
练习与应用……192

第 8 章 控制……193
8.1 控制概述……195
8.1.1 控制的含义……195
8.1.2 控制的作用……195
8.2 控制系统与控制类型……196
8.2.1 控制系统的构成……196
8.2.2 控制的基本类型……196
8.2.3 控制的基本过程……197
8.3 控制技术和控制方法……200
8.3.1 控制技术……200
8.3.2 控制方法……201
本章内容小结……208
练习与应用……209

第 9 章 创新……210
9.1 创新的基本理论……211
9.1.1 创新的内涵……211
9.1.2 创新的本质……212
9.1.3 创新思维……213
9.1.4 创新的机会……215
9.2 创新职能的基本内容……218
9.2.1 观念创新……218
9.2.2 目标创新……218
9.2.3 技术创新……220
9.2.4 环境创新……222
9.2.5 组织创新……223
9.3 创新的过程和模式……225
9.3.1 创新的过程……225
9.3.2 创新的模式……227
本章内容小结……228
练习与应用……229

第10章 管理的基本原理和方法······230

10.1 管理的基本原理······232

10.1.1 系统管理原理······232

10.1.2 人本管理原理······234

10.1.3 动态管理原理······236

10.1.4 效益管理原理······239

10.2 管理方法概述······242

10.2.1 管理方法的含义与类型······242

10.2.2 管理的基本方法······243

本章内容小结······250

练习与应用······251

参考文献······252

第1章 管理导论

学习目标

知识目标：掌握组织与管理的基本概念与特征，了解管理系统的构成。
素质目标：培养学生形成管理角色意识，构建对管理和管理系统的基本认识。
技能目标：熟悉管理者角色和管理技能，熟悉管理环境的构成。
能力目标：能够运用所学管理知识，观察、分析和解决现实中的管理问题。

开篇故事

管理寓言：袋鼠与笼子

有一天，动物园的管理员发现袋鼠从笼子里跑出来了，于是开会讨论，大家一致认为是笼子的高度不够。于是，管理员们决定将笼子的高度由原来的 2 米加高到 3 米。结果第二天他们发现袋鼠还是出现在笼子的外面，所以他们决定再将高度加高到 5 米。没想到隔天居然又看到袋鼠全部跑到外面。于是管理员们大为紧张，决定将笼子的高度直接加高到 10 米。接下来的一天，长颈鹿和几只袋鼠们在闲聊。长颈鹿问："你们觉得这些人还会不会继续加高你们的笼子？"袋鼠说："很难说。——如果他们依然没有发现笼子的门一直是开着的话！"

《大学》中有一句话叫作："物有本末，事有终始，知所先后，则近道矣。"可见，任何事都有"本末""轻重""缓急"之分，本故事中"关笼门"是"本"，"增加笼子高度"是"末"，做事情舍本而逐末，自然不得要领。管理是什么？管理就是明确事情的"本末""轻重""缓急"，切忌舍本逐末。另外，管理者若忽视自身的因素，只考虑外部环境的问题，在错误的决策下所做的一切防范措施都是徒劳无效的。可见，组织在处理管理问题和分析管理环境时既要着眼于外部、分析外部环境，同时也要着眼于自身、分析内部环境。

互动游戏

迷失丛林

形式：全体学生先以个人形式，之后再以 5 ~ 6 人为一小组的形式完成。
时间：30 分钟。
材料："迷失丛林"工作表及专家意见表。
场地：教室。

活动目标

通过参加具体活动和分享亲身体验来说明：团队智慧高于个人智慧的平均组合；只有学会运用团队工作方法，才可以做到 1+1 > 2，让工作达到更好的效果。

操作程序

（1）老师把"迷失丛林"工作表发给每一位学生，然后告诉大家：你们都是飞行员，但你们驾驶的飞机在飞越非洲丛林上空时突然发生了故障，这时你们必须跳伞。与你们一起落在非洲丛林中的有 14 种物品，这时大家必须为生存做出一些决定。

（2）每个人都按自己认为的重要程度对这 14 种物品依次排序，并把答案写在第一栏。

（3）当大家都完成之后，老师将全班同学按照 5 ~ 6 人为一组分组，各组开始组织讨论并设法达成一致，最后以小组形式把 14 种物品重新按重要次序排列，把研讨答案写在第二栏。

（4）当小组完成之后，老师把专家意见公布给每个小组，小组成员把专家意见填在第三栏。

（5）老师公布每种物品的分值，计算各栏得分，用第三栏得分减去第一栏得分，取绝对值填入第四栏，用第三栏得分减去第二栏得分取绝对值填入第五栏，把第四栏累加起来算出个人得分，第五栏累加起来算出小组得分。

（6）老师把每个小组的得分情况记录在黑板上，说明分数表示的含义，团队成员分享收获。

学习内容

1.1 管理和管理学

1.1.1 管理的基本概念和性质

微课：组织的概念与特征

一、组织的含义和特征

日常生活中，我们每天都在接触各种各样的组织，例如，我们在医院出生，在学校学习，在家庭生活，在单位工作。组织是管理的载体，任何管理者都是在组织中开展管理工作的。因此，我们在明确什么是管理以及谁是管理者之前，搞清楚组织的含义是很有必要的。医院、学校、企业、政府、军队等都是组织，这些之所以被称为组织是因为它们都具有组织的 3 个共同特征。

第一，每个组织都有一个明确的目的，这个目的通常是由一个或一组目标来表示的，组织目标能够凝聚组织成员。

例如，企业组织大多是以营利为目的的，即以尽量少的投入获得尽量多的产出。政府、学校这一类组织虽然是非营利性的，但同样也有投入（如人力资源的投入、国家对这些组织的经费投入等），也有它们的使命和目标，这些组织的目的与企业组织其实也有共性，那就是以更少的投入提供更多、更好的服务。

第二，每个组织都是由两个及两个以上的成员组成的。这是显而易见的，没有一个组织是没有成员的，组织起码具有两个及两个以上的成员。

第三，每个组织都构建了一种系统性的结构，用于规范和限制成员的行为。例如，建立规则和规章制度，选出某些成员作为领导者，给予其管理他人的职权，编写职务说明书，使组织成员知道他们应该做什么。

通过以上对组织特征的分析，我们按照组成要件、目标要件和结构要件的学习思路，可以把组织定义为：组织是指一种由两个及两个以上的成员组成的，具有明确目的和系统性结构的实体。

二、管理的含义与性质

1. 管理的含义

在整个人类历史中，管理作为一种最为古老和最为基本的技能，长期以来为人们所实践和应用，管理渗透到一切领域，小至个人、家庭、企业，大至国家、社会、世界，都与管理息息相关，人人参与管理，人人被管理。然而，由于管理内涵丰富、涉及面广，人们通常总是倾向于按自己的某种实践需要，从某种特定的角度或特定的学科领域来解释管理。因此，人们对管理的概念也很难达成一个普遍而统一的认识。“横看成岭侧成峰，远近高低各不同”，人们就如同盲人摸象般从不同角度、不同层次对管理加以描述，形成了众说纷纭、莫衷一是的管理定义。

科学管理学派认为“管理就是确切地知道你要别人去干什么，并促使他用最好的方法去干”。他们认为管理就是效率，就是指挥他人用最好的、最高效的工作方法去工作。

管理过程学派认为“管理就是实施计划、组织、指挥、协调和控制”。

行为科学学派认为“管理就是对人的研究和对人性的探求”。

决策理论学派认为“决策贯穿管理的全过程，管理就是决策”。

管理科学学派认为“管理就是用数学模型与程序来表示计划、组织、决策、控制等合乎逻辑的程序，求出最优的解答，以达到组织的目标”。

说文解字小知识：快速认识管理

管：竹+官=文官，通过文化来统治。

管：管制。

理：土地之王。

理：条理。

管理：通过文化来达到条理化。

有人认为，管理从字义上理解就是“管辖”和“处理”的意思，管辖侧重于权限，处理是在权限内行使职能，即管人和理事。

有人认为，管理是经由他人的努力以完成工作目标的活动，倘若依靠自己的力量即可完成某一目标，这种活动只能称为操作，不能称为管理。

有人说管理就是经济效益；有人说管理是人的实践活动；还有人数学化地描述说“管理是微分决策的积分”。

上述种种说法各不相同，既反映了人们研究立场、方法、角度的不同，也反映了人们对管理认识的逐步深入，更说明了管理是一个随着实践的深入而不断发展的动态概念。尽管结论各有不同，但无疑都揭示了管理概念的不同侧面，也启迪我们对管理的内涵进行更全面的认识。从学理的角度来看，要回答什么是管理，至少要明确回答出管理的主体（Who）、管理的对象（What）、管理的手段（How）和管理的目的（Why）。

微课：管理的概念及特征

综上所述，我们按照谁来管（Who）、管什么（What）、如何管（How）和为何管（Why）的学理思路给出管理的定义：所谓管理，就是管理者对一个组织所拥有的资源进行有效的计划、组织、领导和控制，以实现组织目标的过程。

随堂思考 1-1

为何不同的管理学派对管理的理解截然不同？

2. 管理的性质

管理的性质是指管理的二重性，即管理的自然属性和社会属性。任何社会的生产都是在一定的生产方式和一定的生产关系下进行的。由于生产关系具有二重性：既是物质资料的再生产，又是生产关系的再生产。因此，对生产过程的管理也就存在二重性：一方面，它具有与生产力、社会化大生产相联系的自然属性；另一方面，它又具有与生产关系、社会制度相联系的社会属性。

管理的自然属性，也称为生产力属性，主要是指在生产过程中处理人和自然的关系，合理组织生产力的属性，表现为管理的一般职能。凡是社会化大生产的劳动过程都需要管理，这是社会劳动过程的一般要求，是集体劳动过程的普遍形态。管理的自然属性是由共同劳动的社会化性质所决定的，是进行社会化大生产的一般要求和组织劳动协作过程的必要条件。共同劳动的规模越大，劳动的社会化程度越高，管理也就越重要。管理的自然属性体现了管理的共性，因为与生产力相联系的生产力配置、生产力诸要素的结合形式、手段、方法，在任何社会制度下都没有本质的区别。它同生产力发展一样，具有连续性，且不分国界。它取决于生产力的发展水平和劳动的社会化程度，不取决于生产关系的性质。

管理的社会属性，也称为生产关系属性，主要是指在生产过程中要处理人与人之间的关系，维护一定社会的生产关系的属性，表现为管理的特殊职能。管理实际上是通过别人把事情做成的行为，所以管理过程必然涉及人与人之间的关系，因而不能不涉及经济利益的调节，所以管理体现着阶级、社会集团、劳动者之间的经济利益关系，与生产关系的性质相联系。管理或多或少是为了实现生产资料所有者的特殊利益而进行的，生产关系性质不同，管理的社会性质和目的也就不同，它表现为劳动过程的特殊历史形态。不同的社会制度、不同的历史阶段、不同的文化背景都会使管理呈现出一定的差别，使管理具有特殊属性，在不同的社会生产关系条件下表现出管理的个性。

管理的二重性是由生产过程的二重性所决定的。企业的生产过程是生产力和生产关系的统一体，它一方面是物质资料的再生产过程，另一方面又是生产关系的再生产过程。在管理实践中，管理二重性总是结合在一起发挥作用的。学习管理二重性理论，可以让我们懂得对古今中外的一切管理成就，都应该保持科学的借鉴态度。也就是说，那些可以为我所用的科学的管理理论和方法，只要能够使我们极大提高组织生产的能力和水平，我们都可以大胆地借鉴和吸收，并学会在借鉴中创新，使其适应我们的实际情况，成为我们的管理科学体系的有机组成部分。

随堂思考 1-2

管理二重性是什么？管理的二重性理论是否适用于今天的企业管理？

三、管理的内容及特征

1. 管理的内容

管理的内容包括以下 5 个方面。

第一，管理的主体是管理者。在一个组织中，管理者是“领头人”，组织的运行效率及效果，很大程度上取决于管理者的素质、能力、经营理念与管理风格。

第二，管理的对象是组织资源。组织资源实际上是以人为中心的各种生产要素，既包括有形资源，也包括无形资源。人作为组织资源的核心要素，既是管理的重点，也是管理的难点，管人理事重心是人，核心是处理好人际关系。管理就是要最大限度地调动人的积极性和激发人的潜能，并通过各种管理手段把组织资源有效地配置起来，提高资源的利用率和产出效果。

第三，管理总是在特定的环境下进行的。管理环境是指存在于组织内外、影响组织绩效的各种条件、因素和力量的总和。任何组织的活动都不能脱离特定的环境来进行，管理者必须及时洞察环境的变化，分析环境变化给组织带来的是机遇还是威胁，以便抓住机会，规避威胁。

第四，管理的手段是管理所应有的职能活动。管理职能是指在一定技术经济条件下，在管理过程中反复出现的带有共性的管理活动的理论抽象。一般认为，计划、组织、领导、控制是管理的4个最基本的职能，组织目标的实现依赖于这些管理职能。管理的职能活动是一个动态过程，管理者应对这些职能进行有机的整合与协调，使其贯穿于整个管理过程的始终。

第五，管理的目的是有效实现组织的目标。管理是有目的的行为，任何有序的组织行为都是为了实现特定的目标而开展活动的。没有目标，组织的管理活动就失去了努力的动力与方向。一个组织的一切管理活动，都是为实现组织目标服务的。确定一个清晰、一致、合理的组织目标，并使组织的所有活动都围绕目标的实现而有效开展，才能使组织各项管理职能活动既有效率（Efficiency），又有效果（Effectiveness）。

2. 管理的特征

管理的特征包括以下5个方面：普遍性、科学性、艺术性、动态性和不确定性。

（1）普遍性。管理的普遍性表现为管理活动是协作活动。从人类为了生存而进行集体劳动的分工和协作开始，管理便随之产生。管理活动涉及人类社会的方方面面、每个角落，涉及范围非常广，它与人们的社会活动、家庭活动以及各种组织活动都息息相关。

（2）科学性。管理的科学性表现为管理的客观规律是对人类长期管理实践经验的科学总结，它是客观的，是不以人的意志为转移的。管理理论作为一门科学，采用行之有效的研究方法和研究步骤来提出问题、分析问题、解决问题，并通过管理活动的结果来衡量管理的效果。管理科学把管理的规律性揭示出来，形成原则、程序和方法，对管理者的管理活动进行普遍性指导，使管理成为理论指导下的规范化的理性行为，使管理者按照管理的规律来办事，提高管理的效率和效果。

（3）艺术性。管理的艺术性是指管理理论的应用要结合具体的管理环境，因地制宜、因人而异，不能机械地生搬硬套。管理的实践是一门艺术，管理的艺术性就是强调其实践性，管理者在管理实践过程中要具有较大的技巧性、灵活性和创造性。由于管理活动都是在一定的环境条件下开展的，管理学本身也是一门不精确的科学，尤其是管理要以人为中心，而人的心理素质和行为方式各不相同，无论是管理者还是被管理者都具有不同的个性风格，所以为了进行有效的管理，必须要既考虑具体环境的特点，又考虑管理者和被管理者的个性特点，因地制宜地将管理理论与具体管理活动相结合，发挥个人的智慧。只有承认管理的艺术性，才能有的放矢地利用管理理论，避免机械地生搬硬套管理理论，才能发挥管理者在管理实践中的创造性。

（4）动态性。管理的动态性首先表现在管理要素的动态性，即从早期的人、财、物到今天的人员、资金、物资、信息、时间、观念等要素。其次表现在管理理论的动态性，即从泰勒的科学管理理论到今天的各种管理学派。最后表现在参考信息的动态性，组织所面临的内外环境在变化，组织面对来自国内和国际市场的竞争压力，面对瞬息万变的信息和技术革新、纷繁复杂的市场需求，我国多数企业在管理上、经营上、观念上都有应变和适应上的滞后现象。随着企业管理水平的全面提高，管理工作的静态化特征已经越来越不能适应现代化企业发展的需要。尤其是随着企业规模的不断扩大、各类事务的增多，企业在发展初级阶段可以暂时忽略的很多问题，在这时都必须被提上企业的工作日程上来，管理无形中会被赋予很多新的职能，如建设企业文化，进行人力资源管理、成本核算等。为了适应企业发展阶段性转变的需要，组织必须慎重审视自己的新增职能，并在具体的管理活动中逐步突破静态化管理的樊篱，逐步向动态化管理的方向转变。

（5）不确定性。管理的不确定性就是不可预见性与不可控制性。不确定性可以分为主观原因造成的不确定性与客观原因造成的不确定性。主观原因是指由于个人知识、能力等决定的认识的有限性；客观原因是指环境的变化等。管理者的职责之一就是力图将环境的不确定性降至最低，环境对企业的管理决策有重大的影响，而且由于环境的不断变化，决策者要依据环境因素做出正确的决策就会更加困难。在稳定的、简单的，即不确定性低的环境中，管理者可以较为正确地、简便地选择应对的策略；而相反地，在动态的、复杂的，即不确定性高的环境中，管理者在某一时间对环境做出的正确的、科学的决策和判断，可能因为环境的快速变化而成为无效的甚至错误的决策和判断。因此，管理者在企业的管理过程中，应力图将环境的不确定性降至最低，以确保所做出的决策有利于企业的发展。

四、管理的要素与分类

1. 管理的要素

管理的要素是指构成管理活动的必要因素。广义上的管理要素可以包括观念（价值观念、经营观念、人性观念、法治观念等）、目标、组织、人员、资金、信息、技术、物资、时间和环境十大要素。狭义的管理要素主要是指管理对象的要素，管理对象是管理者为实现管理目标，通过管理行为作用于其上的客体，主要包括管理观念、人员、资金、物资设备、时间和信息等，在本书后文中的“管理对象”部分会有更详细的探讨。

随堂思考 1–3

在管理的要素中你认为哪个要素最重要？

2. 管理的分类

管理的分类可以多种多样。按历史的发展阶段，可以将管理分为早期管理、古典管理、现代管理和当代管理；按精确程度，可以将管理分为定性管理和定量管理；按决策者的地位，可以将管理分为专制管理和民主管理；按信息传递的特点与控制方式，可以将管理分为单向管理和双向管理，或分为开环管理和闭环管理；按领域范围，可以将管理分为微观管理和宏观管理。

随堂思考 1–4

你认为企业管理属于微观管理还是宏观管理？

1.1.2 管理职能

微课：管理职能

一、管理的职能

管理作为一个过程，管理者在其中发挥的作用就是管理者的职能，即管理职能。如同管理的定义一样，在管理学的发展历史上，专家学者们对管理的基本职能也做出了各种不同的描述。

20 世纪初，管理过程学派的创始人、法国工业家法约尔最早提出了管理的职能，他认为所有的管理者都履行 5 种管理职能：计划、组织、指挥、协调和控制。继法约尔之后，许多管理学者对管理职能做了进一步的探讨，提出了不同的主张，其中比较有影响和代表性的是美国管理学家、加州大学洛杉矶分校的两位教授——孔茨和奥唐奈，他们于 20 世纪 50 年代中期提出的“将管理人的职能划分为 5 种：计划、组织、人事、领导、控制”，并以此划分方法作为他们的管理学教科书《管理学原理》的框架。该书一问世即成为销售量最大的管理学教科书并持续 20 年。当今国内外流行的大多数教科书仍是按照管理的职能来组织编排的，只不过一般将上述 5 个职能简化和归结为 4 个：计划、组织、领导和控制，称为管理的四大基本职能。本书根据职能的重要性程度，对原有四大职能的某些方面进行了强调，把计划职能中的决策、领导职能中的激励以及管理创新分离出来独立成章。

1. 决策

决策是指对管理中的重大问题进行判断选择并制订策略的过程。具体来讲，即根据企业内部条件和外部环境，从多个发展目标中，确定本企业未来的发展目标；或从多个实现目标的行动方案中选择其一；或从多个技术上都可行而经济效益不同的方案中选择其一的分析判断过程。

对重大问题，如企业的发展方向、产品种类或产品结构的变化、体制改革、设备技术引进和人才开发等，决策正确与否，决定着企业的兴衰甚至存亡。对一般问题的决策如何，也关系到企业经济效益的高低。决策贯穿于管理过程的始终，决策也是上下各级管理人员的重要工作。因而，一些管理学者认为“管理就是决策”“管理的关键在于决策”，可见决策在管理中的地位是何等重要。

2. 计划

计划是指对未来活动如何进行的预先筹划。古人讲“凡事预则立，不预则废”。人们在开展任何一项活动之前都要制订计划，任何组织的管理活动也都从计划开始，所以计划职能是管理的首要职能。计划职能就是指管理者对组织在未来一定时期内所要实现的目标和应采取的行动方案做出选择和具体安排。这种选择和安排首先要分析、预测组织所处的外部环境及所具备的内部条件，据此确定组织在未来一定时期内的行动目标和实现目标的途径（即行动方案），这种方案是对组织中人力、物力、财力等资源的一种组合及其运用方式，包括战略方案及具体行动方案，它对组织的各个部门和环节在未来各个时期的工作提出了具体要求。

3. 组织

组织是指管理者以既定计划为依据，对组织活动中的各种要素和人们的相互关系进行合理安排。这种安排首先要对实现组织目标所需完成的工作或活动进行分类组合，据此将组织中的各种要素以人为中心划分部门和管理层次，并授予各层次、各部门的主管人员必需的职权，规定上下左右的协调关系，并且规定任务由谁去完成、谁向谁报告，为执行计划形成并维持合理的分工协作关系及信息沟通方式。组织职能的主要工作是设计组织结构及配备相应人员。

组织实质就是管理的“整分合”原则，即对各方面的人和事进行有效的组合，使员工都为完成总体目标而努力。"整分合"原则认为，系统是一个有机的整体，系统内部的各个要素都有不同的功能和作用。因此，在保持系统整体性的前提下，必须有明确的分工，以有效地发挥不同要素的不同功能，但只有分工没有协作，就会影响系统整体功能的发挥，因而，还要在分工的基础上进行结合。"整分合"原则就是在整体规划下明确分工，同时又在分工的基础上进行有效的结合。在企业组织管理中就是这样，企业的组织结构分为若干层次和专业部门，这些层次和部门都有明确的职责和不同的分工，但它们都必须接受企业最高层的指令，服从最高层的指挥，这样才能与企业总目标保持一致，才能产生管理者所期望的结构功能效应。

4. 领导

组织工作的结果形成不同的部门及岗位，并将适当的人员安置在适当部门的适当岗位上。而如何促使每个成员以高昂的士气、饱满的热情投入组织活动中，这便是领导工作的任务。领导职能就是指管理者利用组织赋予的职权和自身的威信去带领和引导下属为实现组织目标而努力工作的艺术过程。领导的本质是一种影响力，是对组织为确立目标和实现目标所进行的活动施加影响的过程，包括管理者针对个人和组织行为的特征激励下属，指导他们的活动，选择最有效的沟通渠道，解决组织成员之间的冲突并化解矛盾等，从而维持和提高组织成员的工作热情和积极性。

相关链接 1-1

可以用一个简单的比喻来帮助理解领导的作用。当电磁铁不处在电场之中的时候，对外并不表现出磁性来，但是即使没有表现出磁性，电磁铁内部仍然存在无数个小磁极。拥有这么多小磁极，为什么没有磁性呢？因为不处于电场中的时候，这些小磁极是杂乱无章地排列着的，磁性彼此都被抵消了；一旦这块电磁铁被放在一个电场之中，所有的磁极就会指向同一个方向，电磁铁便表现出强大的磁性。工业中有很多起重设备是按照电磁铁的原理设计的。组织就好比是这块电磁铁，假如没有有效的领导，组织的成员也许都在努力地工作，但是大家的能量可能会彼此抵消；只有当营造出一种有效的电场，即一种氛围的时候，组织成员的努力才能指向同一个方向，人们才能表现出巨大的合力。这就是我们重视管理的领导职能的意义之所在。

5. 激励

激励是指创造满足员工特定需要的条件，激发和鼓励员工的积极性，使之产生实现组织目标的特定行为的过程。激励能够挖掘员工的潜能。对员工而言，需要引发动机，动机引起行为，行为指向结果。当目标达到之后，结果又反馈回去，形成强化刺激，组织又开始另一个激励过程，使人们向着更高的目标前进。在激励的过程中要加强引导和教育，教育人们把个人、集体和国家三者利益正确结合起来，为本组织的兴旺发达贡献力量。

激励教育的因素有很多，包括政治思想的因素、物质利益的因素、需要的因素、期望的因素、环境的因素等。激励教育的内容和方式包括正确处理员工与企业之间、企业内上下之间、员工之间的关系；领导以身作则，树立榜样；培养集体荣誉感；激发员工的进取心；确定奋斗目标；工作扩大化和丰富化；赏罚严明等。

6. 控制

控制是指在按计划办事的过程中，对计划执行情况进行监督和检查，及时发现问题，并采取干预措施，纠正偏差，确保原定目标和计划按预期要求实现。

要进行控制，需要3个条件和相应的步骤，即确定标准、衡量绩效和纠正偏差。首先，事前要有明确的数量和质量要求的标准，如规章制度、计划产量、质量以及各种定额等。其次，在执行过程中，要及时通过各种渠道和手段，收集有关情况和数据，做好信息反馈，将其与原计划进行对比，并查明发生偏差的具体原因。最后，在查明偏差大小、分析产生原因的基础上，采取切实措施加以纠正以保证原目标和计划顺利实现。

目前，在企业管理中，控制已有了许多专门的科学方法，在生产控制、库存控制、质量控制、成本控制等方面得到了广泛的运用。

7. 创新

上述各职能均是保证组织目标的实现所不可缺少的，然而，从某个角度来看，它们都属于管理的“维持”职能，其任务均是保证组织按预定的方向和规则前行。而管理本身又是一个动态变化的过程，仅“维持”是不够的，还必须有“创新”，有效的管理需要“适度的维持”与“适度的创新”相结合。

关于什么是创新，管理学家彼得•德鲁克认为：创新是有系统地抛弃“昨天”，有系统地寻求创新机会，在市场的薄弱之处寻找机会，在新知识的萌芽期寻找机会，在市场的需求和短缺中寻找机会。经济学家熊比特认为，所谓创新就是建立一种新的生产函数，把一种从来没有过的关于生产要素和生产条件的新组合引入生产体系。对企业而言，就是企业家对生产要素进行全新的组合，例如，引入一种新产品，采用一种新的生产方式，开辟一个新市场，获得一种新原料或半成品的新来源，实行一种新的企业组织形式等。

创新是一个企业生命力的源泉，一个企业想要长远发展，就必须高度重视创新管理。创新管理的主体是企业，它统领着其他各项管理职能。创新管理做得好，可以有效地提高企业的竞争力。创新管理本身就是一种战略。创新包括人力资源创新、营销创新、工艺创新、技术创新、观念创新等。只有各种创新有效结合并协同发挥作用，才能使企业的整体发展达到一个新的水平，才能使企业可持续发展、长盛不衰。恩格斯说：“地球上最美的花朵是思维着的精神。”人类的创新思维便是创新之树上最美的花朵。没有创新，人类不可能登上月球，不可能发明飞机、汽车、电话、计算机、互联网等。

上述各项管理职能，并无严格的次序和界限，各职能之间是密切联系、互相交叉、互相渗透的。一般来说，管理总是先做决策，然后再制订计划，组织实施和进行协调控制等。在进行决策时，必须同时考虑计划、组织、领导和控制的问题。而制订计划，不仅要考虑如何实现决策目标，还必须研究组织、领导、控制和激励的可能性。在组织实施过程中，也包含科学决策、合理计划、协调控制以及管理创新的问题。

随堂思考 1–5

在以上7个管理的职能中，你认为哪个（些）职能最重要？

二、经营与管理

1. 经营的概念

“经营”一词在我国春秋战国时期的书籍中就已出现了，如《诗经》上说“经始灵台，经之营之。庶民攻之，不日成之”。这里“经营”的意思是经办营造，即筹划、谋划、开拓之意。

经营作为企业活动中的特定概念，随着我国企业经营活动的产生和发展，大致分为以下3个阶段。

（1）把经营理解为销售。

（2）将经营理解为生产前的决策和生产后的产品销售。

（3）认为经营应包括企业的全部经济活动，是企业的综合性职能。

因此，从系统及现代市场经济的观念来看，经营是指企业根据外部条件和内部优势确定企业的经营目标、生产方向和实现这目标所进行的经济活动及全部过程。

企业经营是市场经济的范畴，它是在商品生产日益发展、科学技术不断进步、市场不断扩大的条件下形成的，是市场经济赋予企业的职能。

随堂思考 1–6

经营与管理相比哪个历史更长？

2. 经营与管理的关系

经营与管理是两个既有区别又有联系的不同概念，人们将两者统称为经营管理，是因为经营与管理密不可分，不能截然分开，二者相互渗透，是各有侧重的统一体，二者的区别如表1-1所示。

表1-1　经营与管理的区别

经营的侧重	管理的侧重
对外经济联系	企业内部经济协调
确定经营目标	组织生产服务活动
预测与决策	指挥、控制、实施
提高经济效益	提高生产工作效率

从概念上来说，二者的区别主要表现在以下几个方面。

（1）定义不同。经营是筹划、谋划的意思，企业经营是指根据企业外部环境和内部条件，确定生产方向和总目标，实现目标的经济活动过程；管理是指对系统的处理、保管、治理和管辖，企业的管理是指为了有效实现经营总目标而对企业各要素及其组成的系统进行计划、组织、领导和控制的综合性活动。

（2）来源不同。经营是由市场经济的产生和发展而引起的一种调节和适应社会的职能，并随着市场经济的发展而发展；管理则是由人们共同劳动所引起的一种组织、协调的职能，随着社会化大生产、人们的共同劳动和分工协作的发展而发展。

（3）性质不同。经营主要解决企业生产方向、方针等重大问题，一般属于战略性和决策性活动；管理主要解决如何组织要素实现战略目标，属于战术性和执行性活动。

（4）范围不同。经营要将企业作为一个整体看待，用系统的观点分析处理企业管理问题，追求企业的综合、总体、系统效果；管理侧重企业内部各要素、各环节的合理组合与运用，以促使其有序、高效地完成生产经营任务。

（5）对象不同。经营主要是针对企业的方向、目标，解决企业内部条件与外部环境相适应的问题；而管理则主要通过计划、组织、领导和控制等职能体现出来，如财务管理、销售管理、物资管理、生产管理、质量管理、劳动管理和目标管理等。

（6）目的不同。经营关系到企业生产经营的方向、出发点、市场，解决如何在市场竞争中取胜的战略性问题，追求的是企业的经济效益；而管理是为实现经营目标，解决如何充分合理组织企业内部的人、财、物等要素，更好地进行供、产、销活动，从而提高劳动生产率，提高工作效率的问题。

随堂思考 1-7

经营和管理有何不同？

经营和管理是辩证的统一体，二者是密不可分的，具体表现为经营促进管理，管理保证经营。二者关系可用下列关系式表示：

经营管理效果=目标方向（经营）×工作效率（管理）

这个关系式说明两个问题：只讲经营，不讲管理，企业经营管理效果就成了“空中楼阁”；只讲管理，不讲经营，管理就成了“无的放矢”。也就是说，上式右边任何一项不能为0或负数，目标方向是企业经营要解决的问题，工作效率是管理追求的目标。经营是企业经济活动的中心，是管理效果产生和发展的基础；管理从经营中产生、发展后，又成为控制、调节经营过程，决定经营命运的重要手段。

经营与管理之间是目的与手段的关系，管理适应经营的需要而产生，企业有了经营才会有管理；经营借助管理而实现，离开了管理活动就会发生紊乱甚至中断。一个企业只有在优良经营的前提下，加上科学的管理，才能取得良好的效果。如果经营不善或决策失误，管理再好也无济于事。因此，只有将经营管理综合在一起，才能发挥更大的作用。

随着社会化大生产、专业化分工协作程度的提高，随着企业生产经营活动的发展，人们对经营和管理的内涵认识越来越深入、具体。企业管理中经营的地位日趋重要和突出，企业要在优胜劣汰的市场竞争中生存、发展，首要问题就是经营规模和营销市场的决策，可以说经营失误的后果严重程度远远大于管理失误，它可能会直接导致企业破产。

1.1.3 管理学

微课：管理学的形成和研究内容

一、管理学的形成

管理学作为一个独立的知识体系，迄今为止，大约有 100 多年的历史。在此之前，管理主要凭借管理经验，而所有管理经验都源于人类长期的管理实践。19世纪末20世纪初，科学管理理论的出现标志着管理形成了一门独立的科学（以1911年泰勒的代表作《科学管理原理》以及1916年法约尔的代表作《工业管理和一般管理》的出版为标志）。第二次世界大战以前，只有少数管理人员及教授对管理学感兴趣。第二次世界大战以后，世界范围内掀起了学习管理的热潮，管理学开始蓬勃发展。

管理学的形成离不开3个要素：管理实践、管理经验和管理理论。一般来说，先有管理实践，在实践的基础上产生管理经验，接着对管理经验进行研究总结，升华为系统性的知识，即管理理论，也就是我们所说的“管理学”；然后，人们再运用管理理论指导管理实践，并在管理实践中验证、完善和发展管理理论。管理学的发展趋势必然使它在科学体系中的地位进一步提高，内容上也更加突出以人为本的特色，越来越体现出管理学多样性或综合性的特征，管理理论与实践的结合也将更加紧密。

随堂思考 1–8

管理学的形成离不开哪 3 个要素？它们的先后次序是怎样的？

二、管理学的研究对象与内容

既然管理学是一门系统研究管理实践的客观规律、基本原理和一般方法的学科，那么，管理实践活动及其过程就是管理学研究的对象。管理学研究的内容非常广泛，概括起来，主要有以下 6 个方面。

1. 管理的主体

管理的主体是管理者。能否实施有效的管理，管理者起着关键作用。所以，管理者的知识和技能、管理者的群体结构以及它们之间的关系，历来都是管理学研究的课题。

2. 管理的环境

环境是组织生存的土壤，它既为组织活动提供条件，也对组织的活动起制约作用。一个组织要想维持生存、谋求发展，就必须正确处理组织与环境的关系，必须了解与认识环境、分析与评估环境，在对环境进行科学评估、正确分类的基础上能动地适应环境，使内部条件适应外部环境的变化。因此，认真研究组织环境就成为管理学研究的首要内容。

3. 管理的对象

管理的对象是组织资源，它是组织实现目标必不可少的条件。管理的主要任务除了实现组织与环境相适应外，还必须实现人、财、物等要素的优化配置，既要使组织的有限资源与组织的发展目标相一致，又要使组织内的各种资源实现合理配置，这样才能有效发挥其作用，实现组织的目标。所以，如何正确地优化配置资源也是管理学研究的一个非常重要的内容。

4. 管理的机制

机制问题是组织的动力问题。一个组织具有好的机制，就必然有动力，进而就会有活力。要解决好机制问题，就必须正确处理好组织内部及其与外部各方面的权、责、利关系，如企业与政府、顾客、出资人的关系，企业内部上下左右职位之间的关系等。只有把这些关系协调好，才能调动各方面的积极性和创造性，为实现组织目标服务。

5. 管理的职能

尽管人们对管理职能的看法各不相同，有的人认为管理具有四大职能，也有的人认为管理具有七大职能，但管理的基本职能如计划、组织、领导、控制历来都是管理学研究的主要内容。

6. 管理的历史和发展

只有了解历史，才能认清现实；只有研究和认识管理思想的发展演变，才能把握管理理论的时代精神。管理既是人类的一种实践活动，又是人类历史的一个发展过程，现在的管理理论正是从过去的管理理论中发展演变而来的。不了解管理的历史，就很难深刻理解和做好现在的管理工作。同时，如果不了解管理的历史和管理的现状，也难以迎接未来管理的挑战。

三、管理学的发展趋势

管理学作为一门社会科学，其发展也必然遵循科学发展的客观规律。结合其他社会科学的发展历程以及管理科学自身的特性，可对管理学未来的发展趋势做出以下预测。

（1）管理学在社会科学体系中的地位将进一步提高。

（2）管理学的内容将更加突出以人为本的特色。

（3）管理学将更多地体现出其多样性或综合性的特征。

（4）管理学理论与实践的结合将更加紧密。

1.2 管理的主体——管理者

1.2.1 管理者的概念和分类

一、管理者的概念

所谓管理者，是指履行管理职能，对实现组织目标负有贡献责任的人。管理者是组织的心脏，其工作绩效的好坏直接关系着组织的兴衰成败。判断一个人是否是管理者，不是看其是否担任一定的职务，而是看其是否履行计划、组织、领导、控制等各项管理职能。

二、管理者的分类

管理者的分类有很多种方式，不同的分类标准产生不同的管理者类型。

1. 按管理者在组织中的层次划分

根据管理者在组织中的层次，管理者可分为高层管理者、中层管理者和基层管理者 3 种类型。

（1）高层管理者：组织中最高领导层的成员，是对整个组织的管理负有全面责任的人，对外可以代表整个组织，对内具有最高职位和职权。他们的主要职责是制订组织的总目标、总战略，掌握组织的大政方针，与其他组织沟通，评价整个组织的绩效，其工作内容往往是复杂和多变的。高层管理者在与外界交往中，往往代表组织、以“官方”的身份出现，如学校的校长、副校长，公司的总经理、副总经理等。

（2）中层管理者：组织中的中层机构的负责人，也就是处于高层管理者和基层管理者之间的中间层次的管理人员。他们的主要职责是贯彻执行高层管理者所制订的政策和计划，监督和协调基层管理者的工作。与高层管理者相比，中层管理者更注重日常的管理事务，如大学的系主任、公司的部门经理、工厂的车间主任等。

（3）基层管理者：亦称一线管理人员或监管人员，即生产经营第一线的管理人员，是组织中处于最低层次的管理者，他们所管辖的仅仅是作业人员而不涉及其他管理者。与高层管理者和中层管理者不同的是基层管理者要花费大量的时间监督下属的工作，他们的主要职责是给下属作业人员分派具体工作任务，直接指挥和监督现场作业活动，主要关心的是具体任务的完成，如大学里的教研室主任、工厂里的班组长等。管理者在每个层次的人数由高层到基层递增，形成金字塔结构。

2. 按管理的工作性质与专业领域划分

根据管理的工作性质与专业领域，管理者可分为综合管理者和职能管理者两种类型。

（1）综合管理者：指负责整个组织或组织中某个部门全部管理工作的管理人员。对于一个小型组织（如一个小企业）来说，可能只有一个综合管理者，即总经理，他要统管该组织内包括生产、营销、人事、财务等在内的全部活动。而对于大型组织（如跨国公司）来说，可能会按产品类别设立几个产品事业部，或按地区设立若干个地区事业部，此时，该公司的综合管理人员就包括总经理和每个产品或地区事业部的经理，每个事业部的经理都要统管该事业部包括生产、销售、人事、财务等在内的全部活动。

（2）职能管理者：也叫专业管理者，指在组织内只负责管理组织中某一专门职能的管理人员。以企业为例，根据管理者专业领域性质的不同，可以划分为研发部门管理者、生产部门管理者、营销部门管理者、人事部门管理者、财务部门管理者、行政部门管理者等，他们依次被称为研发经理、生产经理、营销经理、人事经理、财务经理、办公室主任等。

随堂思考 1-9

公安分局局长属于综合管理者还是职能管理者？企业人力资源部经理呢？为什么？

1.2.2 管理者的三大技能

无论哪一类管理者都需要履行具体的管理职能，加之管理者职责的变化和复杂性，管理者需要特定的管理技能才能胜任其管理工作。那么管理者都需要具备哪些管理技能呢？1955 年，美国著名的管理学学者罗伯特•卡茨在美国《哈佛商业评论》杂志发表了《高效管理者的三大技能》，受到管理学界的重视和普遍认可。

一、技术技能

技术技能是指管理者熟练掌握和运用特定专业领域中的技术、知识、方法、程序和工具的能力，例如，监督会计人员的管理者必须懂会计业务。管理者虽不能完全做到内行、专家，但必须懂行，必须具备一定的技术和技能。管理者如果不具备这一技能，将很难与所主管的组织或部门内的专业技术人员进行有效的沟通，也就无法对他们所管辖的业务范围内的各项工作进行具体指导，并且也会对他们决策的及时性、有效性造成不利的影响。当然，不同层次的管理者，对于技术技能的要求程度是不同的。相对来说，基层管理者需要技术、技能的程度较深，因为他们作为一线管理者的主要职责是现场指挥和监督，所以若不掌握熟练的技术技能，就难以胜任管理工作。相比之下，高层管理者只需要简单地了解即可。

二、人际技能

人际技能，又称为人文技能或者人事技能，是指管理者以合适的方式与人沟通，并激励、引导和鼓舞人们的热情和信心，使人们做出最大努力的能力。它是一种与各职能层级的人打交道的能力，包括联络、处理和协调组织内外人际关系的能力，激励和诱导组织内人员的积极性和创造性的能力，正确地指导和智慧地组织成员开展工作的能力等。人际技能具体由表达能力、协调能力、激励能力、领导能力和公关能力构成。在实际工作中，管理者除了领导下属人员外，还要与上级领导和同级同事打交道，还要学会说服上级领导，学会与其他部门的同事紧密配合等，这些都需要人际技能。因此，人际技能对于各层管理者进行有效的管理来说都是比较重要的，尤其对于中层管理者，他们在组织中处于承上启下的中间位置，需要“领会上头，教会下头，摆平外头，上情下达，下情上报，上下沟通，左右协调”，人际技能就显得更为重要。

三、概念技能

概念技能，又称为构想技能，是指管理者纵观全局、洞察组织与环境相互影响的复杂性的能力。概念技能包括理解事物的相互关联性从而找出关键影响因素的能力，确定和协调各方面关系的能力，权衡不同方案的优劣和内在风险的能力。任何管理者都会面临一些混乱而复杂的环境，这时管理者就需要认清各种因素之间的相互联系，以便迅速抓住问题的本质，根据形势果断地做出正确的判断和决策。因此，管理者所处的层次越高，其面临的问题越复杂，越无先例可循，就越需要概念技能。

不同层次的管理者由于其工作内容和性质存在差别，对其掌握上述三大管理技能的要求是不同的。一般来讲，对于高层管理者而言，他们对组织的长远目标、战略计划和重大方针等感兴趣，所关心的问题是如何制定战略规划以利于企业长远发展，如何与竞争对手争夺市场等，这些都需要管理者能够高瞻远瞩把握全局，依靠的是其概念技能和判断力，因此对高层管理者来说最重要的是概念技能。而对于基层管理者而言，他们主要关心的是具体工作任务的完成，他们既是一线操作者的监管者，又是他们的培训者，基层管理者在处理问题时凭借的往往是个人的技术技能和工作经验，因此对基层管理者来说最重要的是技术技能。中层管理者介于两者之间，承上启下，需要上下沟通，左右协调，他们在处理问题时往往更依赖人际关系技能和沟通能力，因此对中层管理者来说最重要的是人际技能。不同层次管理者对管理技能需要的差异性如图1-1所示。

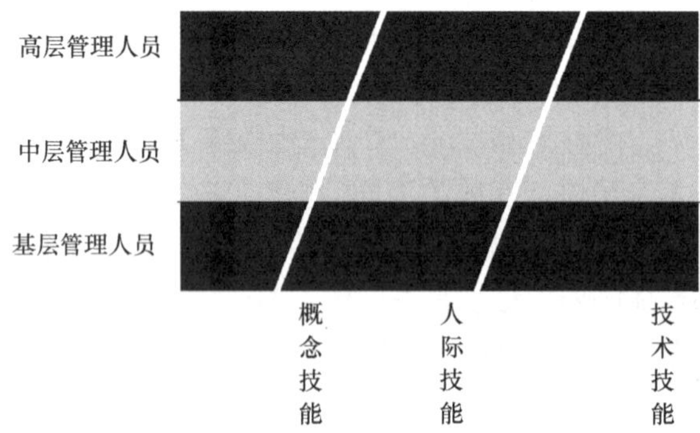

图1-1 不同层次管理者需要具备的管理技能

1.2.3 管理者的角色

管理者角色是指管理者在特定对象面前所应该表现出的特定行为类型。

20 世纪 60 年代末，加拿大学者亨利·明茨伯格针对 5 位高层管理者进行了一项仔细的研究。研究发现，管理者的工作“短暂、多样、零碎”，他们的工作会不断被打断，他们几乎没有时间静下心来思考，有半数的管理活动持续时间少于 9 分钟。在大量观察的基础上，明茨伯格提出了一个管理者究竟在做什么的分类纲要。20 世纪 70 年代初，明茨伯格提出管理角色分析法，相对于规范性的管理职能分析法，这种方法是通过对管理者实际工作的直接观察而归纳管理者实际承担的工作任务，因而是一种描述性的。

在《管理工作的本质》一书中，明茨伯格是这样解释的：“角色这一概念是行为科学从舞台术语中借用过来的。角色就是属于一定职责或者地位的一套有条理的行为。”明茨伯格提出，管理者在管理工作中扮演了 10 种角色。这 10 种角色分别体现在人际关系方面的角色、信息传递方面的角色、决策方面的角色 3 个不同类别中，它们是一个相互联系、密不可分的整体，即从管理者的正式权力和地位产生 3 种人际关系角色，3 种人际关系角色又导致 3 种信息传递角色，而这两方面角色又使管理者能发挥 4 种决策角色的作用。

一、人际关系角色

人际关系角色直接产生于管理者的正式权力，管理者在处理与组织成员和其他利益相关者的关系时，他们就在扮演人际关系角色。这类角色以人为中心，以交往、领导、联络为手段，大致可分为以下 3 个主要角色。

（1）挂名首脑。管理者作为组织（或单位）的负责人必须行使一些具有礼仪性质的职责，扮演着代表人的角色，如迎接来访者、签署法律文件，总经理出席员工的婚宴，校长为毕业生颁发毕业证书等。

（2）领导者。管理者是管理活动的发起者，他们要指挥和激励下属，安排每个人的工作，协调彼此的关系，对下属进行培训，根据考核标准给予奖励或惩罚等。

（3）联络员。管理者代表组织建立和保持与外界的联系，以取得外部各方面对本组织的理解和支持，如发感谢信、加入各种协会（理事会）、参加各种联谊活动等。

二、信息传递角色

信息传递角色源于人际关系角色。信息传递角色包括接受、收集和传递信息。信息传递角色以信息沟通为中心，以信息的收集、加工和传播为手段，大致可分为以下 3 个不同的角色。

（1）监听者。管理者以对外联系者和对内领导者的身份，收集组织外部和内部的各种有用信息，以便了解组织的外部环境和内部状况，如收看电视、了解政策法律、查阅政府统计数据和企业内部统计报表，以及与有关人员保持接触等。

（2）传播者。管理者要将从组织内外获得的信息以某种方式传递给组织的有关人员，以使他们清楚地开展工作，如开会、打电话等。当然，管理者有时也因特殊目的而隐藏信息。

（3）发言人。管理者代表本组织，向外界发布有关组织的信息，包括组织的计划、政策、行动、结果等，如向董事会和股东说明公司的财务状况和战略方向，向媒体发布信息等。

三、决策者角色

我们知道，只有将信息作为决策的依据时，信息才能对组织的发展起积极的作用。决策者角色是指管理者在管理过程中对一系列重大的或突发的问题做出决定并付诸实施所起的作用。这类角色以决策为中心，以推动变革、排除故障、分配资源和谈判为手段，大致可分为以下4个角色。

（1）企业家。管理者要寻求组织和环境中的机会，发起和实施变革，并监督和检查方案的执行情况。

（2）混乱驾驭者。当组织出现混乱时，管理者要面对现实，解决矛盾，排除障碍。

（3）资源分配者。管理者要根据需要，分配组织的各种资源。

（4）谈判者。管理者要代表组织在各种谈判中为组织的利益与对方议价和商定成交条件。

1.3 管理的客体——管理对象和管理环境

管理的客体有管理对象和管理环境。人是管理的核心要素，管理要最大限度地调动人的积极性和激发人的潜能，有效地配置组织资源，提高资源的利用率和产出效果。

1.3.1 管理对象

一、管理对象的含义

管理对象是指管理者为实现管理目标，通过管理行为作用于其上的客体，包括各类社会组织及其构成要素与职能活动。

二、管理对象的构成

1. 社会组织

社会组织是指为达到特定目的、完成特定任务而按一定组织结构结合在一起的人的群体，一般指具有法人资格的群体。

社会组织可以因不同的标志而有不同的分类方法。按组织的社会功能性质的不同，可以将社会组织划分为以下几种。

（1）政治组织，如一些政府组织等。

（2）经济组织，是社会组织的主体，主要是指一些以营利为目的从事经济活动的工商企业。

（3）文化组织，包括学校等教育机构和各种文化事业单位。

（4）宗教组织，如教会等。

（5）军事组织，主要指军队。

（6）其他社会组织。

2. 社会组织内部的单位或部门

这是指在各种社会组织（独立法人）内部设置的各种单位或部门，它们不是独立的社会法人，只是社会组织内部半自治性的群体或组织。社会组织内部，除最高管理层以外的大部分管理者都是以此为对象进行管理的。

3. 资源或要素

作为管理的直接对象，组织的资源或要素各有其特定的属性与功能。为保证目标的实现，组织必须对其所拥有的资源或要素进行科学的配置，才能有效发挥其作用。一般来说，管理要素包括管理观念、人员、资金、物资设备、时间和信息等。

（1）管理观念。管理观念也称管理哲学，是指管理者实施管理的指导思想，主要内容包括价值方面的观念、经营方面的观念、人性方面的观念。管理观念决定管理行为。

（2）人员。人员是指管理组织中的管理者和被管理者，是管理要素的基本元素，也是管理要素中最活跃的要素。人员作为管理对象，包括两层含义：一方面，从生产力的角度来看，人是作为劳动要素出现的；另一方面，从生产关系的角度来看，管理者要在人与人的互动关系中，通过科学的领导和有效的激励，最大限度地调动人的积极性，以保证目标的实现。管理人是管理者最重要的职能。

（3）资金。资金是组织中物的货币表现，是任何社会组织，特别是营利性经济组织极为重要的资源，是管理对象的关键因素。

（4）物资设备。物资设备是组织开展职能活动、实现目标的物质条件与保证。在管理中，一旦缺乏物资，其他管理要素就无从发挥作用。通过科学的管理，充分发挥物资设备的作用，也是管理者的一项经常性工作。

（5）时间。时间是指物质存在的一种客观形式，是物质运动、变化的持续性、顺序性的表现。它是组织的一种流动形态，是最特殊、最宝贵的资源，它极易流逝，不可替代、无法储存、无法购买。管理效果的显现，需要时间的保证，所以时间也是重要的管理要素。

（6）信息。信息是指能够反映管理内容的，可以传递和加工处理的文字、数据或信号。在信息化的社会，管理者活动的基础是信息沟通，信息已成为极为重要的管理对象。

4. 职能活动

管理是使组织的活动效率化、效益化的行为，因此管理者最经常、最大量的管理对象是社会组织实现基本职能的各种活动。管理者正是在对各种活动进行筹划、组织、协调和控制的过程中，发挥着管理的功能。

1.3.2 管理环境

一、管理环境的含义

管理环境是指存在于社会组织内部与外部的、影响组织绩效的各种条件、因素和力量的总和。

二、管理环境的构成

1. 内部环境

内部环境主要是指存在于社会组织内部的、影响组织绩效的各种条件、因素和力量的总和，包括社会组织履行基本职能所需的各种内部资源与能力，以及人员的社会心理、组织文化等因素。资源是指企业在生产经营过程中的投入，包括有形资源和无形资源。能力是指一组资源的有机的组合。各种有形资源与无形资源的不断融合形成与众不同的能力。其中，能为企业带来相对于竞争对手的持久优势的资源和能力，称为核心竞争力，也称为核心能力。内外部环境相适应，才能形成企业的核心竞争力，成为企业的机会。否则，将成为企业的“核心惰性”，成为企业的威胁。

2. 外部环境

外部环境是指存在于社会组织外部的、影响组织绩效的各种条件、因素和力量的总和，主要包括组织外部的各种自然条件和社会因素。组织的外部环境还可以进一步划分为一般环境和任务环境。

（1）一般环境。一般环境也称宏观环境或社会大环境，就是各个组织共同面临的整个社会的一些环境因素，包括经济的、科学技术的、政治和法律的、社会和文化的、自然地理等各方面的环境要素。

① 经济环境：包括经济发展的水平、速度，国民经济结构，产业结构，国家的经济法令和经济政策，社会经济发展战略和计划，人民的生活消费结构和消费水平，市场的供求状况以及社会基础设施等。

② 科学技术环境：科学技术环境，主要是指组织所在国家或地区的技术发展状况，以及相应的技术条件、技术政策、技术发展的动向与潜力等。

③ 政治和法律环境：政治和法律环境包括国内外的政治制度、政治形势、政策法规等。

④ 社会和文化环境：社会环境包括人口数量、年龄结构、职业结构、民族构成和特性、生活习俗、道德风尚、价值观念以及国家的历史和历史上形成的文化传统等；文化环境包括教育水平和文化水平，各种高等院校、职业学校的发展规模和水平等。

⑤ 自然地理环境：包括自然资源、地理条件和气候条件等。

（2）任务环境。任务环境也称为微观环境或具体环境，是指某个社会组织在完成特定任务的过程中所面临的特殊环境因素。对工商企业来说，任务环境主要包括供应商、合作者、竞争者、顾客、政府主管部门以及社区工会、新闻传播媒介和其他利益代表团体等（如消费者协会、妇联等）。

与一般环境相比，任务环境对特定组织的影响更加明显和直接，更容易为组织管理者所识别、影响和控制。任务环境对每一个组织而言都是不同的，并随条件的改变而变化。

（3）外部环境的特征。

① 复杂性。构成组织外部环境的因素是多方面的、复杂的。它既包括人的因素，也包括物的因素；既包括政治的、经济的、技术的、文化的因素，也包括自然条件等多方面的因素。

② 交叉性。构成组织外部环境的各种因素是相互依存和相互制约的。无论哪方面的因素发生变化，都会直接或间接地引起其他因素的变化。

③ 变动性。组织外部环境因素是不断变化的。不同组织的外部环境是不同的，这是由于环境的不确定性程度不同造成的。

本章内容小结

本章的主要内容包括组织的含义与特征，管理的含义及性质，管理的内容及特征，管理的要素与管理的分类；管理的职能（决策、计划、组织、领导、激励、控制、创新），经营与管理；管理学的形成，管理学的研究对象与内容，管理学的发展趋势；管理者的概念及分类，管理者的三大技能（技术技能、人际技能和概念技能），管理者的角色（人际关系角色、信息传递角色和决策者角色）；管理对象的含义与构成，管理环境的含义与构成。

案例思考

县令买饭

南宋嘉熙年间，江西一带山民叛乱，身为吉州万安县令的黄炳调集了大批人马，严加守备。一天黎明前，探马来报，叛军即将杀到。黄炳立即派巡尉率兵迎敌。巡尉问道："士兵还没吃饭呢，怎么打仗？"黄炳却胸有成竹地说："你们尽管出发，早饭随后送到。"黄炳并没有开"空头支票"，他立刻带上差役，抬着竹箩木桶，沿着街市叫道："知县老爷买饭来啦！"当时城内居民都在做早饭，听说知县亲自带人来买饭，便赶紧将刚烧好的饭菜端出来。黄炳命手下付足饭钱，将热气腾腾的饭菜装进木桶就走。这样，士兵们既填饱了肚子，又不耽误进军，打了一个大胜仗。

思考题：

（1）本案例中，县令黄炳既没有亲自做饭，也没有兴师动众劳民伤财，他只是借助于他人而使士兵吃上了饭。你如何评价他的这一做法？他的做法对今天的管理者又有什么启示？

（2）在对管理的定义中，有一种观点认为："所谓管理就是，通过别人把事做成。"请结合本案例谈一谈你对管理和管理者有哪些进一步的认识。

管理者价值点分享

1. 时时提醒组织成员：你们都是团队的一分子，支撑别人即成就自我。
2. 将团队的注意力集中在清晰、一致、可衡量的目标上。
3. 努力与其他的团队成员建立强有力的紧密关系。
4. 组织的每个角色都是优点、缺点相伴相生的。
5. 管理者应当具备强烈的团队使命感。
6. 一个人不可能完美，但可以通过组织分工协作达到完美。
7. 记住：每位团队成员看事情的角度都不一样。
8. 征召团队成员时，应注重他们的成长潜能。
9. 密切注意团队成员缺少的相关经验。
10. 尊重个体差异，发挥个性特长，用人之长，容人之短。

推荐阅读：
办公室是个"大花园"

练习与应用

第 1 章练习与应用

第 2 章 管理思想的发展历程

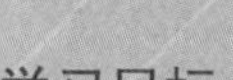

学习目标

知识目标：了解早期管理思想的形成及内容，了解当代管理理论的新发展。

素质目标：提高学生人文管理素养，构建对早期管理、古典管理、现代管理和当代管理的认识框架。

技能目标：重点掌握古典管理理论和现代管理理论的基本内容。

能力目标：能够正确运用管理理论分析并解决实际中的管理问题。

开篇故事

科学管理与时间研究：S 店长的苦恼

S 店长是浙江省某地级市的一家大卖场的店长，该卖场经营面积大约为五六千平方米，一直位于当地最大卖场的榜首，直到前不久才被国内某巨型连锁企业的大卖场超越。

该卖场是当地最大的卖场之一，生意也一直很不错，是该公司的主要盈利卖场之一，不过现在受外来大卖场的挤压，压力比以前大了许多。一直以来 S 店长总感觉自己的时间不够用，她好像每天都有做不完的事情，看上去，不仅门店，甚至整个公司也仿佛她最忙；如今大敌当前，她更是感到时间不够用，虽然她经常超长时间地工作，但还是有许多事情照顾不过来，经常贻误决策时机，造成经营管理上的困难。

为此，S 店长感到非常苦恼，总是反省自己是不是还不够努力，是不是自己的责任心还不够，是不是自己的领导能力不行才使得工作处于被动的局面。

S 店长属于大事小事一把抓的人，门店里的大大小小的事情都由她来做主。她一直认为做店长就是要抓细节，店与店之间的差距都体现在细节上，所以，她格外关注细节，常常带领员工直接到现场指挥办公。这些员工虽然也对她的领导风格颇有微词，但是鉴于目前效益还好，S 店长在公司的威信又比较高，所以他们也都默不作声，但是工作却越来越消极。

而这些员工越消极，S 店长就越是急匆匆地冲到第一线，因为怕出纰漏，大家都躲着，唯有她这个店长是躲不掉的，但是即便如此，她还是非常失落地发现总是有越来越多重要的事情没有去做或者来不及做完，这严重影响了门店的经营工作。所以，随着经营业绩的下滑，S 店长的苦恼也就越积越多：为什么自己的时间老是不够用呢?是不是自己在时间的掌控和安排上出了什么问题？为什么现在的中层干部都这么消极？自己是不是某些方面做得不对？应该如何改进呢？

S 店长的困惑是一个典型的陷入时间管理误区的问题，突出表现在以下特征：每天总是很忙，而且还不明白自己忙了些什么；常常是该忙的事情没有忙完，造成了延误，而忙的事情在事后看来都不是必要的事情；对工作任务不会分级管理，总是“胡子眉毛一把抓”，结果由于人的惰性，常常总是“捡了芝麻丢了西瓜”；既不会授权，也不会监控；要么随意授权，结果下面乱套了还得自己来收拾烂摊子；要么不授权，什么事都亲力亲为却并不讨好；不会对时间安排进行分析，从不去反思自己的时间管理是否出现了问题，也并不会去判断问题的症结在哪里。

针对这种情况，S 店长可以使用四象限时间管理法。常用的四象限时间管理法，是根据所做事情的重要程度将事情分为重要与不重要两类，同时根据事情的紧急程度把事情分为紧急与不紧急两类，这样就可以构成 4 个象限：第一象限为重要而紧急、第二象限为重要而不紧急、第三象限为紧急而不重要、第四象限为既不紧急也不重要。

对于第一象限重要而紧急的事情，我们要优先予以安排，确保这些事情能够在第一时间完成，不过若是我们每天完成的工作中有 50%以上都是重要而紧急的事情，我们就要当心了，这其实就意味着我们只是一名“救火员”，我们的事先预防工作做得很差，所以才导致时时处处都是“火警”，弄得我们疲于奔命。

通过这种有效的作业时间分析总结，我们可以及时了解自己处理问题的长处和短处在哪里、自己掌控时间的问题点在哪里、自己还可以提升的关键点在哪里，这样就可以有的放矢地提高自身的工作效率，把自己从繁杂的事务中解脱出来，把自己的最关键资源——时间有效地分配在重要的事情之上。

互动游戏

他的授权方式

形式：全体学生，10人一组为最佳。
时间：30分钟。
材料：眼罩6个、20米长的绳子一条。
场地：教室。

活动目的

让学生体会到作为一名主管在分派任务时通常犯的错误以及改正的方法。

操作程序

（1）老师选出总经理、总经理秘书、部门经理、部门经理秘书各1位和6位操作人员。

（2）老师把总经理及总经理秘书带到一个看不见操作人员的角落并向其说明游戏规则。

① 总经理要让秘书给部门经理传达一项任务，该任务就是由操作人员在戴着眼罩的情况下，把绳子拉成一个正方形（绳子要用完）。

② 在全过程中总经理不得直接指挥，一定要通过秘书传达指令给部门经理，由部门经理指挥操作人员完成任务。

③ 部门经理有不明白的地方可以通过自己的秘书请示总经理。

④ 部门经理在指挥的过程中要与操作人员保持5米的距离。

学习内容

瑞士经济学家肯德讲过一句名言："19世纪是工业世纪，20世纪则作为管理世纪载入史册。"当20世纪悄然离去，世界经济的列车在科技与管理两个巨轮的驱动下驶入新世纪的时候，回看一个世纪的管理风云，不得不惊叹这真是一个经济领域英雄辈出的世纪：几乎每一个产业中都活跃着一批管理艺术大师，如卡内基、松下幸之助等；同时这也是管理思想巨匠群星闪耀的世纪，如泰勒、法约尔、福莱特、梅奥、巴纳德、孔茨、德鲁克等。他们使几乎与人类文明一样悠久的管理，在这个世纪终于从经验走向科学。

伴随着我国改革开放进程的深入，"管理也是生产力"等观念日渐深入人心，并逐步成为各级行政领导、工商企业经理等管理者的共识，管理学也与经济学一并成为学术界最为热门的学科。短短30年间，西方近百年的管理思潮、学术流派、理论观点在国内迅速地"游走"了一遍。国内学者对西方管理学的了解和熟悉，在整个自然科学与社会科学中名列前茅。只有了解历史，才能认清现实。一个多世纪以前的思想对今天的管理实践仍有重要的借鉴意义，了解管理学的精髓首先要从其发展根源入手。作为经济、管理等相关专业的学生，学习管理学首先应该了解管理思想史的演变和发展。

2.1 早期管理思想的萌芽

管理活动源远流长，人类进行有效的管理活动，已有数千年的历史，但从管理实践到形成一套比较完整的管理理论，则是一段漫长的历史发展过程。一般来说，管理学在形成之前可分成两个阶段：早期管理实践与管理思想形成阶段（从人类集体劳动开始到 18 世纪）和管理理论产生的萌芽阶段（从 18 世纪到 19 世纪末）。管理学在形成后又分为 3 个发展阶段：古典管理理论阶段（20 世纪初到 30 年代行为科学学派出现前）、现代管理理论阶段（20 世纪 30 年代到 80 年代，主要指行为科学学派及管理理论丛林阶段）和当代管理理论阶段（20 世纪 80 年代至今）。

从人类社会产生到18 世纪，人类为了谋求生存不断地进行着管理活动和管理的实践，其范围是极其广泛的。这段时期，人们仅凭经验去管理，尚未对经验进行科学的抽象和概括，没有形成科学的管理理论。

2.1.1 古代管理思想

公元前 9000 年左右，人类社会形成氏族部落，管理工作的萌芽开始出现；公元前 5000 年左右，两河流域的苏美尔人创建了一种类似“公司”性质的管理机构；四大文明古国也留下了很多管理思想和管理实践的文字见证及实物见证。

一、国外早期的管理实践和管理思想

管理活动或管理实践自古以来就存在，是人类集体协作和共同劳动的必然产物。人类的管理实践已有大约上万年的历史，埃及的金字塔、巴比伦古城和我国的万里长城等，都是古代劳动人民勤劳智慧的结晶，也是历史上早期管理实践的实物见证。

古罗马帝国时期，实行把中央集权控制与地方分权管理很好地结合起来的连续授权制度。罗马天主教会采取按地理区域划分基层组织的方式，并在此基础上采用较高效率的职能分工。古代埃及人建造了世界七大奇迹之一的金字塔，完成这样巨大的工程包含了大量的组织管理工作，这些工作不但需要技术方面的知识，更重要的是要有许多管理经验。

古希腊也留下了一些宝贵的管理思想。在公元前 370 年，古希腊学者曾谈过劳动分工的好处：一个从事高度专业化工作的人一定能把工作做得最好。古希腊学者的这一管理思想与后来科学管理的创始人泰勒的某些思想非常接近，尽管他们所处的年代相差了 2200 多年。

15 世纪，世界最大的工厂之一威尼斯兵工厂，在当时就采取了流水作业，建立了早期的成本会计制度，并进行了管理的分工。这也是一个管理实践的出色范例，体现了现代管理思想的雏形。

二、我国早期的管理实践和管理思想

我国古代帝王、知名学者也有许多杰出的管理实践和管理思想闻名于世。例如，秦始皇统一中国，确立中央集权制，统一文字、货币、车轨、道宽，以及度、量、衡制度，不仅体现了他勇于改革和创新的精神，而且这些管理举措对中国延续 2000 多年的封建制度也

有着重大的影响。此外，还有唐太宗李世民的“贞观之治”、康熙皇帝建立的盛世王朝等。另外，我国古代的《周礼》《孟子》《墨子》《孙子兵法》等图书也都体现了我国古代思想家诸多杰出的管理思想。

（1）早在5000年前，中国已经有了人类社会最古老的组织——部落和王国，有了部落的领袖和帝王，因而也就有了管理。到了商、周时期，已形成了组织严密的奴隶制和封建制的国家组织，出现了从中央到地方高度集权、等级森严的金字塔形的权力结构。

（2）早在公元前 200 多年，秦朝就形成了与现代我国国土相近的统一国家。从管理学的角度看，历史也给我们留下了有关管理国家、巩固政权、统帅军队、组织战争、治理经济、发展生产、安定社会等方面极为丰富的经验和理论，其中也包含着许多至今仍闪耀着光辉的管理思想。

（3）春秋战国时期，各国为了防范外敌，开始在形势险要的地方修筑长城，后来经过秦朝、明朝历代修缮，于明朝万历年间终于形成了西起嘉峪关，东至山海关，总长约6700千米，连为一体的万里长城。这一工程历时2000多年，投入的劳动力达数百万人，筑城所用的砖都按统一规格由全国各地的制造厂烧制后运送到工地。为了监督检查制砖的责任和质量，每块砖上都要刻上制造厂所在州府县及制造者的名字。要完成如此浩大的工程，在科学技术尚不发达的当时，其计划、组织、领导、控制等管理活动的复杂程度是现代人难以想象的。

（4）早在春秋战国时，经常发生投入几十万军队的大战役。由此也推动了如何治理军队、如何带兵作战的军事思想的发展，产生了许多不朽的军事著作。《孙子兵法》就是其中的代表作，著作中所阐述的“为将之道”“用人之道”，以及在各种极其错综复杂的环境中为了取胜所采用的各种战略、策略，堪称人类智慧的结晶。

随堂思考 2-1

人类的早期活动相对比较简单，那时是不是一定要有管理活动的存在？

2.1.2 中世纪的管理思想

中世纪管理思想的集大成者是意大利的政治思想家和历史学家尼可罗·马基雅弗利，其代表作为《君主论》，以主张为达目的可以不择手段而著称于世，马基雅弗利主义（Machiavellianism）也因此成为权术和谋略的代名词。它通常分为高马基雅弗利主义和低马基雅弗利主义。高马基雅弗利主义的个体重视实效，保持着情感的距离，相信结果能代替手段辩护。高马基雅弗利主义者比低马基雅弗利主义者赢得的利益更多，更难被别人说服，他们更多的是说服别人。但这些结果也受到情境因素的调节。

一、马基雅弗利及其思想简介

（1）新兴资产阶级的代表。马基雅弗利主张结束意大利在政治上的分裂状态，建立强大的中央集权国家。他从人性出发，以历史事实和个人经验为依据来研究社会政治问题。他把政治学当作一门实践学科，将政治和伦理区分开，把国家看作纯粹的权力组织。为防止人类无休止的争斗，国家应运而生，国家应颁布刑律，约束邪恶，建立秩序。

（2）赞美共和政体。他认为共和政体有助于促进社会福利，发展个人才能，培养公民美德。但他认为，当时处于社会动乱状态的意大利，实现国家统一、社会安宁的唯一出路只能是建立强有力的君主专制制度。

（3）策略。他向君主献策，阐述了一套统治权术思想。

① 军队和法律是权力的基础。

② 君主应当独揽大权，注重实力，精通军事。

③ 君主可以和贵族为敌，但不能与人民为敌。

④ 君主应当不图虚名，注重实际。残酷与仁慈、吝啬与慷慨都要从实际出发。明智之君宁蒙吝啬之讥而不求慷慨之誉。

二、马基雅弗利主义的含义及变奏

（1）马基雅弗利主义的含义。马基雅弗利指出：受人敬爱不如被人惧怕，“一个君主被人惧怕比起被人爱更为安全些”。但必要时让人民相信君主是“集美德于一身的人”。同时，君主为了保证权力的自主性，绝不可相信任何人；不可对别人吐露心声；不可指望别人对自己诚实；更不可把命运系于别人身上。君主要经得起孤独的煎熬，为保住君主的地位，采取一切手段都是允许的。

（2）马基雅弗利主义与马基雅弗利政治理论的区别。需要注意的是，马基雅弗利这种为达目的不择手段的政治权术理论，后来被资产阶级学者称为“马基雅弗利主义”，甚至被用作实行独裁统治的理论依据，所以“马基雅弗利主义”逐渐变成政治上尔虞我诈、背信弃义和不择手段的同义语。与后来的“马基雅弗利主义”有着严格的区别。马基雅弗利的政治理论是在西欧封建社会末期，作为新兴资产阶级反对封建腐朽势力而被提出来的，其主流是爱国的和进步的，反映了资产阶级建立统一强大的中央集权国家的进步要求。

2.1.3 工业革命时期的管理思想

随着社会的进步和生产力的不断发展，西方国家开始进行工业革命。工业革命又称产业革命，指资本主义工业化的早期历程，即资本主义生产完成了从工场手工业向机器大工业过渡的阶段，是以机器生产逐步取代手工劳动，以大规模工厂化生产取代个体工场手工生产的一场生产与科技革命，后来又逐步扩充到其他行业。

工业革命的爆发使以机器为主的现代意义上的工厂成为现实，社会生产力有了较大的发展。随之而来的是管理思想的革命，计划、组织、控制的职能也相继产生。随着企业规模不断扩大，劳动产品的复杂程度与工作专业化程度日益提高，工厂以及公司的管理越来越突出，管理方面的问题越来越多地被涉及，企业经理人员也逐渐摆脱其他工作，专门从事管理活动，部分社会学者也开始研究管理问题，因而管理学开始逐步形成。这个时期的代表人物有亚当·斯密、大卫·李嘉图等。

一、亚当·斯密及其理论

亚当·斯密是经济学的主要创立者，于 1759 年出版的《道德情操论》获得学术界极高评价，而后他于 1768 年开始着手著述《国民财富的性质和原因的研究》（简称《国富论》）。一般认为，1773 年时，《国富论》已基本完成，但亚当·斯密花了 3 年时间润饰此书，1776

年3月此书出版后引起大众广泛的讨论，世人尊称亚当·斯密为“现代经济学之父”和“自由企业的守护神”。亚当·斯密并不是经济学说的最早开拓者，他最著名的思想中有许多也并不新颖独特，但是他首次提出了全面系统的经济学说，为该领域的发展打下了良好的基础。因此，完全可以说《国富论》是现代政治经济学研究的起点。

亚当·斯密在《国富论》开篇就分析了劳动分工，指出“分工是国民财富增进的源泉”。他认为一国国民财富积累首要的也是最重要的原因是劳动生产率的提高，而劳动生产率的最大提高则是分工的结果。亚当·斯密还给出了分工能够提高生产率的经典解释：第一，劳动者的技巧因业专而日进；第二，节省劳动时间；第三，机器的发明和采用。

作为人性论者，亚当·斯密是承认人的利己本性的，认为人是“经济人”，同时也主张“对每个人而言，只要他不触犯法律，都应该享有以自己的方式追求个人利益的自由”。但亚当·斯密强调的“自利”（Self-in-terest）并不等于自私（Selfish-ness），更不等于贪婪（Greedy）。亚当·斯密肯定了人从利己出发行事的合理性，但他指责自私与贪婪带来的种种罪行。亚当·斯密有一段广为引用的名言：“我们每天所需的食物和饮料，不是出自屠户、酿酒商或面包师的恩惠，而是出于他们自利的打算。”

亚当·斯密的经济思想体系结构严密，论证有力，使传统经济思想学派在几十年内就被抛弃。实际上，亚当·斯密将其所有的优点都吸入了自己的体系，同时也系统地披露了他们的缺点。后期亚当·斯密的接班人，例如托马斯·马尔萨斯和大卫·李嘉图等著名的经济学家对他的体系进行了精心的充实和修正（没有改变基本纲要），这一体系至今仍被称为经典经济学体系。

二、大卫·李嘉图及其理论

大卫·李嘉图是英国古典政治经济学的代表，他12岁到荷兰商业学校学习，14岁随父从事证券交易，1793年独立开展证券交易活动，25岁时拥有200万英镑财产，随后钻研数学、物理学。1799年，他读了亚当·斯密的《国富论》后开始研究经济问题，参加了当时关于黄金价格和谷物法的讨论；1817年发表《政治经济学及赋税原理》；1819年被选为下议院议员。

李嘉图以功利主义为出发点，建立了以劳动价值论为基础、以分配论为中心的理论体系。他继承了亚当·斯密理论中的科学因素，坚持商品价值由生产中所耗费的劳动决定的原理，并批评了亚当·斯密价值论中的错误。他提出决定价值的劳动是社会必要劳动，决定商品价值的不仅有生产商品所耗费的劳动，还有投在生产资料中的劳动。他认为全部价值由劳动产生，并在3个阶级间分配：工资由工人的必要生活资料的价值决定，利润是工资以上的余额，地租是工资和利润以上的余额，由此说明了工资和利润、利润和地租的对立，从而揭示了无产阶级和资产阶级、资产阶级和地主阶级之间的对立。他还论述了货币流通量的规律、对外贸易中的比较成本学说等。但他把资本主义制度看作永恒的，只注意经济范畴的数量关系，在方法论上又有形而上学的缺陷，因而不能在价值规律的基础上说明资本和劳动的交换关系、等量资本或等量利润等，这两大难题最终导致李嘉图理论体系的解体。他的理论达到资产阶级界限内的高峰，对后来的经济思想产生了深刻的影响。

随堂思考 2-2

有人说："没有工业革命就没有真正意义上的企业出现。"你认为这句话对吗？

2.2 古典管理思想的演进

古典管理理论阶段是管理理论的最初形成阶段，在这一阶段，人们侧重于从管理职能、组织方式等方面研究企业的效率问题，对人的心理因素考虑很少或根本不去考虑。其间，在美国、法国、德国分别活跃着具有奠基人般地位的管理大师，其中的代表人物有"科学管理之父"泰勒、"一般管理理论之父"法约尔以及"组织理论之父"马克斯·韦伯。

微课：漫话科学管理理论

2.2.1 泰勒的科学管理

泰勒是西方古典管理理论的主要代表、科学管理理论的创始人。1856 年，泰勒出生于美国宾夕法尼亚州。1878 年，22 岁的泰勒来到费城的米德维尔钢铁厂，在短短的 6 年时间里，泰勒从一个普通工人升为机工班长、车间工长、总技师，最后成为总工程师。1890 年，泰勒离开米德维尔钢铁厂，此后他担任过投资公司总经理，从事过工厂的管理咨询工作。1906 年，泰勒担任了美国机械工程师协会的主席。1915 年，在一次发表演讲的归途中，泰勒患了肺炎，在刚度过 59 岁生日的第二天于医院病逝。泰勒被埋葬在一座能俯视费城米德维尔钢铁厂的小山上，墓碑上刻着"科学管理之父弗雷德里克·温·泰勒"。

泰勒一生中从事了大量的生产实践活动，对车间的生产活动和工人的劳动状况非常熟悉。他还是生产技术方面的专家，在技术上有许多发明创造，拥有 100 多项专利。19 世纪末，泰勒亲身参加了企业管理工作。这些经历为他积累了丰富的经验，从而使他与科学管理结下不解之缘。

早在米德维尔钢铁厂当工长时，泰勒就发现了工人"磨洋工"和效率低下的问题。因为工资是按是否上班以及地位高低而不是以做出的努力大小来决定的，即多劳不会多得，实际上是怂恿工人偷懒。计件工资制标准往往制定得很乱，当工人得到的工资太高时，雇主们便降低工资标准，因此工人们为了保护自身利益，只把工作干到不被解雇的程度便不再继续提高产量。对此泰勒认识到，有必要做出一种新的设计，确定一个大家都能接受的客观标准，才能避免管理部门与工人之间的激烈冲突。也就是从这个时候起，泰勒开始了他对科学管理的探索。在对工厂一线劳动者做了一系列试验以后，他撰写并出版了《计件工资制》（1895 年）、《工厂管理》（1903 年）、《论金属切削技术》（1906 年）、《科学管理原理》（1911 年）、《在美国国会听证会上的证词》（1912 年）等文献，其中 1911 年发表的《科学管理原理》奠定了科学管理的理论基础。

一、科学管理理论的内容

泰勒的"科学管理"理论又称泰勒制，主要内容可概括为以下 8 个方面。

（1）科学管理的中心问题是提高效率。泰勒认为，要明确有科学依据的工人的“合理的日工作量”，就必须进行工时和动作研究，让每个人都用正确的方法作业。方法是选择合适且技术熟练的工人，把他们的每一项动作、每一道工序所使用的时间记录下来，加上必要的休息时间和其他延误时间，就得出完成该工作所需要的总时间，据此定出一个工人“合理的日工作量”，这就是工作定额原理。

（2）为了提高劳动生产率，必须为工作挑选“第一流的工人”，并设计培训工人的科学方法。所谓第一流的工人，泰勒认为：“每一种类型的工人都能找到某些工作使他成为第一流的工人，除了那些完全能做好这些工作而不愿做的人。”他认为要对第一流的工人的操作进行动作分解和优化使其达到最高效率。

（3）要使工人掌握标准化的操作方法，使用标准化的工具、机器和材料，并使作业环境标准化，用以代替传统的经验，为此需要调查研究，拿出科学依据，这就是标准化原理。

（4）实行刺激性的计件工资报酬制度。按照工人完成定额和实际表现而采用不同的工资率，通过对公司的研究和分析，制定标准制度，改变过去以估计和经验为依据的做法。

（5）工人和雇主都必须认识到提高效率对双方都有利，都要来一次“精神革命”，相互协作，为共同提高劳动生产率而努力。泰勒认为这是劳资双方进行“精神革命”，从事协调与合作的基础，是实现“科学管理的第一步”。

（6）将计划职能与执行职能分开，变原来的经验工作法为科学工作法。泰勒主张明确划分计划职能与执行职能，由专门的计划部门从事调查研究，为定额和操作方法提供科学依据，设计科学的定额和标准化的操作方法，拟定计划并发布指示和命令，比较“标准”和“实际情况”，进行有效的控制等工作。

（7）实行“职能工长制”。即将管理的工作予以细分，使所有的管理者只承担一种管理职能。他设计出 8 个职能工长的职位，代替原来的一个工长，其中 4 个在计划部门，4 个在车间，每个职能工长负责某一方面的工作。

（8）在组织机构的管理控制上实行例外原则。泰勒认为，规模较大的企业的组织和管理，必须应用例外原则，即企业的高级管理人员把例行的一般日常事务授权给下级管理人员去处理，自己只保留对例外事项的决定和监督权。这种以例外原则为依据的管理控制原理，以后发展成为管理上的分权化原则和事业部制。

二、科学管理理论的贡献

泰勒的科学管理理论是管理思想发展史上的一个里程碑，它是使管理成为科学的一次质的飞跃。作为一个较为完整的管理思想体系，科学管理理论对人类社会的发展做出了自己独特的贡献。

（1）英国管理学家厄威克所说：“泰勒所做的工作并不是发明某种全新的东西，而是把整个 19 世纪在英、美两国产生、发展起来的东西加以综合而形成一整套思想，他使一系列无条理的首创事物和试验有了一个哲学的体系，称之为科学管理。”

（2）科学管理理论在管理哲学上取得了重大突破，泰勒堪称管理哲学大师。美国管理学家德鲁克指出：“科学管理只不过是一种关于工人和工作系统的哲学，总体来说，它可能是自联邦主义文献以后美国对西方思想做出的最特殊的贡献。”

（3）泰勒将科学引入管理领域，提高了管理理论的科学性。泰勒等人做了大量的科学试验，并在此基础上提出了系统的理论和一整套方法措施，为管理理论的系统形成奠定了基础。从本质上讲，科学管理理论突破了工业革命以来一直延续的传统的经验管理方法，是将人从小农意识、小生产的思维方式转变为现代社会化大工业生产的思维方式的一场革命。

（4）科学管理理论提出的有科学依据的作业管理、管理者与工人之间的职能分工、劳资双方的精神革命等，为作业方法和作业定额提供了客观依据，使得劳资双方有可能通过提高劳动生产率、扩大生产成果来协调双方的利害关系，从而推动生产力的发展，使劳动生产率有了大幅度的提高。

（5）科学管理运动加强了社会公众对消除浪费和提高效率的关心，促进了经营管理的科学研究，其后的运筹学、成本核算、准时生产制等，都是在科学管理理论的启发下产生的。

三、科学管理理论的局限性

泰勒的科学管理理论使管理理论发生了质的变化，但他的理论也存在着局限性。

（1）科学管理理论的一个基本假设就是：人是“经济人”。在泰勒和他的追随者看来，人最为关心的是自己的经济利益。企业家的目的是获取最大限度的利润；工人的目的是获取最大限度的工资收入，只要能够获得经济利益，他就愿意配合管理者挖掘出他自身最大的潜能。这种人性假设是片面的，因为人的动机是多方面的，既有经济动机，也有许多社会和心理方面的动机。

（2）科学管理理论的诸项原则在实际推行过程中并没有得到很好的贯彻。科学管理的本意是应用动作研究和工时研究的方法进行分析，以便发现和应用提高劳动生产率的规律，但很多企业的工时研究没有建立在科学的基础上，往往受到企业和研究人员主观判断的影响，由此确定的作业标准仅反映了企业追求利润的意图，为工人确定的工资也是不公正的。此外，泰勒主张的职能工长制和差别计件工资制也没有得到广泛的应用。

（3）泰勒对工会采取怀疑和排斥的态度。在他看来，工会的哲理和科学管理的哲理是水火不相容的，工会通过使工人和管理部门不和，鼓励对抗和使对抗加剧，而科学管理则鼓励提倡利益的一致性。所以泰勒认为，如果工人参加工会，就容易发生共谋怠工的情况。但实际上，在通过工时研究和动作研究来确定作业标准、定额以及工资时，如果没有工会的参与，很难建立起真正协调的劳资关系。

尽管泰勒的科学管理理论存在局限性，但有一点是没有疑问的，即泰勒确实是管理思想演进过程中一个重要时代的领路人，正如丹尼尔•雷恩所说：“科学管理反映了时代精神，科学管理理论为今后的管理学发展铺开了光明大道。”

随堂思考 2–3

“泰勒制内容的侧重点是职能的管理而不是人性的管理”，这种观点对吗？

2.2.2 法约尔及其一般管理理论

法约尔是法国著名管理学家、西方古典管理理论学派的代表人物之一。1860年法约尔从圣艾蒂安国立矿业学院毕业，从1866年开始一直担任高级管理职务。他根据自己50多年的管理实践，于1916年出版了《工业管理和一般管理》一书，提出了适用于一切组织经营的6类活动、管理的5种职能以及有效管理的14条原则。人们一般认为法约尔是第一个概括和阐述一般管理理论的管理学家，他也因此被称为“一般管理理论之父”。

微课：法约尔及其一般管理理论

一、有效管理的原则

法约尔提出的有效管理14条原则的主要内容如下。

（1）劳动分工。这是一项属于自然规律方面的原则，其目的是用同样的努力生产得更多、更好。劳动分工可提高劳动的熟练程度和准确性，从而提高效率；劳动分工不仅适用于技术工作，也适用于管理和其他工作，这是一个与泰勒相同的观点，其结果是职能的专业化和权力的分散；没有学者和艺术家的专业化工作，社会进步的可能性也很难想象。

（2）权力和责任。权力就是指挥和要求别人服从的能力；责任是权力的孪生物，是权力的当然结果和必要补充，凡有权力行使就有责任。权力可分为职能规定的职位权力和由领导者的智慧、博学、经验、道德品质、指挥才能和以往的功绩而形成的个人权力。一个好的领导者，个人权力是职位权力的必要补充。一般来说，一个好的领导者应具有承担责任的勇气，并使他周围的人也随之具有这种勇气。法约尔认为，制止一个重要领导人滥用权力的最有效的保证是个人的道德和操守，这是靠选举和财产所不能取得的。

（3）纪律。这是企业与其员工之间通过协定而达成一致的服从、勤勉、积极、举止和尊敬的表示，它是以尊重而不是以恐惧为基础的。没有纪律，任何一个企业都不能兴旺繁荣，而纪律的状况则主要取决于其领导的道德状况。维护纪律不排除对违反共同协定，即违反纪律的行为进行惩罚，包括指责、警告、罚款、停职、降级或开除。高层领导和下属人员一样，必须接受纪律的约束。制定和维持纪律最有效的办法是：有各级好的领导，有尽可能明确而又公平的协定，合理执行惩罚。

（4）统一指挥。无论对哪一种工作来说，下属人员只应接受一个领导的命令。在任何情况下，都不会有适应双重指挥的社会组织，双重指挥经常是冲突的根源。人类社会和动物机体一样，如果一个人的身体有两个脑袋，是难以生存的。因此，对于力求达到同一目的的全部活动，只能有一个领导和一项计划。“统一领导”和“统一指挥”是两个概念。

（5）统一领导。人们通过建立完善的组织来实现一个社会团体的统一领导，而统一指挥的效果如何则取决于人员如何发挥作用。

（6）个人利益服从整体利益。在一个企业中，个人或一些人的利益不能置于企业利益之上，一个家庭的利益应先于一个成员的利益，国家利益应高于一个公民或一些公民的利益。因此，必须与无知、贪婪、自私、懒惰、懦弱和一切把个人利益置于整体利益之上的行为进行持久的斗争。

（7）人员的报酬。人员的报酬是其服务的价格，应该合理，并尽量使企业和所属人员都满意。工人获得报酬的方式有按劳动日付酬、按工作任务付酬和计件付酬 3 种，其方法还包括奖金、分红、实物补助和精神奖励。付酬的方式取决于多种因素，其目的只有一个，即激发和鼓励各级人员的工作热情。

（8）集中。集中也是一种必然的规律性现象。在动物机体或社会组织中，感觉集中于大脑或领导部门，从大脑或领导部门发出命令，使组织的各部分运动。集中化管理作为一种制度，本身并无好坏，但需要根据企业的实际情况，决定集中化的最适程度。

（9）等级制度。这是指从最高权力机构直至基层管理人员的领导系列，它显示出企业内信息传递的路线。

（10）秩序。这是指每个人都有一个位子，每个人都在他的位子上，而每个位子都是事先选择好的。这一条原则还应用于物品和场地方面。

（11）公平。它是由善意和公正产生的。企业领导应公道、公允并努力使公平感深入人心。

（12）人员的稳定。人员不稳定和流动性大往往是企业不景气的原因与结果，所以要努力保持企业领导人和其他人员的相对稳定性，合理补充人力资源，掌握好人员稳定的尺度。

（13）首创精神。这是人类活动最有力的刺激物之一。除了领导的首创性外，还要加强全体人员的首创性，并在必要时去补充前者，应尽可能地鼓励和发展这种能力。一个能发挥下属人员首创精神的领导要比一个不能这样做的领导高明得多。

（14）人员的团结。全体人员的和谐与团结是一个企业的巨大的力量。为维护团结，法约尔特别强调了要注意的一个原则和需避免的两个危险：一个原则即统一指挥的原则；两个危险即对格言断章取义、各取所需，滥用书面联系。

二、管理职能的内容

法约尔认为，管理的全部活动和管理职能就是计划、组织、指挥、协调、控制，并对这 5 个要素进行了分析。

1. 计划

法约尔在这里是把计划和预见作为一个相同的概念提出的，而预见即表示对未来的估计，也表示为未来做准备，它是以企业的资源、所经营业务的性质和未来的趋势为依据的。法约尔认为，一个好的行动计划应具备以下特征：①统一性，即一次只能执行一个计划，但一个计划可以分为总计划和部门的专业计划，它们应作为一个整体相互结合、联系；②连续性，即应该使第二个计划不间断地接上第一个，第三个接上第二个，持续不断；③灵活性，即计划应能够顺应人们认识的发展而适当调整；④精确性，即根据预测，尽可能使计划适应未来发展的需要——在近期计划中要求有较高的精确度，而长期计划则采取简单的一般方法。

法约尔认为制订一个好的行动计划要求有一个精明的、有经验的领导，他必须具有管理人的艺术、积极性、勇气、专业能力、处理事务的一般知识和领导人员本身的稳定性；缺乏计划或一个不好的计划是领导没有能力的标志。计划，即预见是管理的首要因素，具有普遍的适用性，而且是一切组织活动的基础。

2. 组织

组织可分为物质组织与社会组织。法约尔所论及的仅为社会组织，即为企业的经营提供所有必要的原料、设备、资金、人员。

3. 指挥

指挥即让社会组织发挥作用，是一种以某些个人品质和对管理的一般原则的了解为基础的艺术。

担任指挥工作的领导应该做到：①对员工有深入的了解；②淘汰没有工作能力的人；③对企业和员工之间的协定很了解；④做出榜样；⑤对组织要定期检查，并使用概括的图表来促进这项工作；⑥召开讨论会、统一指挥时要让主要助手参加；⑦不要陷入琐碎事务；⑧力争使成员团结、主动、积极和忠诚。

4. 协调

协调是指企业的一切工作都要和谐地配合，以便于企业经营的顺利进行，并有利于企业取得成功，使各职能的社会组织机构和物资设备机构之间保持一定比例，在工作中做到先后有序，有条不紊。在法约尔看来，协调是一种平衡行动，使支出和收入相等，使设备适合于实现生产目标的需要，以及确保销售和生产之间的协调一致。组织工作和计划工作通过规定任务、制订时间表以及实行目标管理等方法，来推进协调工作。他认为，领导部门的每周例会是协调工作的最好方式之一，而在各次会议间隔的时间里，为了促进协调以及照顾远离中心领导机构的单位，可以使用联络人员——一般由参谋人员承担，但联络人员不能代替领导人员承担直接责任。

5. 控制

控制就是要证实各项工作是否都与已定计划相符合，是否有缺点和错误，以便加以纠正并避免重犯。对物、对人、对行动都可以进行控制，控制涉及企业的一切方面，包括商业方面、技术方面、财务方面、安全方面和会计方面。当控制工作太多、太复杂、涉及面太大时，就应作为一项独立的工作来设立专门的检查员或监督员。在控制中，一个要避免的危险是对各部门的领导和工作进行过多的干预。这种越权行为会造成最可怕的双重领导：一方面是不负责任的控制人员，他们有时会在很大范围内造成有害影响；另一方面是被控制的业务部门，他们没有权力采取自卫措施来反对这种控制。一切控制活动都应是公正的，控制这一要素在执行时也需要有持久的专心工作精神和较高的艺术，最好要做到不管对什么工作都能够回答以下问题："怎样进行呢？"

法约尔对管理的上述定义便于明确管理与经营的关系。法约尔同时指出，任何企业都存在 6 种基本活动，即技术活动、商业活动、财务活动、安全活动、会计活动和管理活动，管理活动只是其中一种。法约尔在《工业管理与一般管理》一书中写道："所谓经营，就是努力确保 6 种固有活动的顺利运转，以便把组织拥有的资源变成最大的成果，从而促使组织实现它的目标。"而管理活动恰恰是这 6 种活动中最核心的。

另外，法约尔还详细研究了企业各级人员必须具备的素质问题，特别强调管理教育的必要性。他指出，每个人都或多或少地需要管理知识，大企业的高级管理人员最必需的能力是管理能力，单凭技术教育和业务实践是不够的，所以管理教育应当普及。他又说，缺乏管理教育的真正原因是缺乏管理理论，而他的研究正是在尝试建立一种管理理论。

2.2.3 韦伯的组织理论

马克斯·韦伯，德国人，组织理论之父。他在管理思想方面的主要贡献是在《社会组织和经济组织理论》一书中提出了理想的行政组织体系理论，他认为建立一种高度结构化的、正式的、非人格化的理想的行政组织体系是提高劳动生产率的最有效形式。

微课：韦伯的组织理论

行政组织理论的核心是理想的行政组织形式。韦伯对组织形式的研究是从人们所服从的权力或权威开始的，其主要的理论如下。

1. 权力与权威是组织形成的基础

韦伯认为组织中存在 3 种纯粹形式的权力和权威：一是法定的权力和权威，是以组织内部各级领导职位所具有的正式权力为依据的；二是传统的权力，是以古老传统的不可侵犯性和执行这种权力的人的地位的正统性为依据的；三是超凡的权力，是以对个人的特殊的、神圣英雄主义或模范品德的崇拜为依据的。韦伯强调，组织必须以法定的权力和权威作为行政组织体系的基础。

2. 韦伯的理想行政组织机构管理体系

韦伯的理想行政组织机构管理体系具有以下一些特点。

（1）把全部活动分解为各种具体的任务，将这些任务分配给组织中的各个成员或职位。

（2）按既定的权力等级将组织中的各种职务和职位形成责权分明、层层控制的指挥体系。

（3）通过正式考试或教育训练，公正地选拔组织成员，使之与相应的职务相匹配。

（4）除了按规定必须通过选举产生的公职外，官员是上级委任而不是选举的。

（5）组织内部的管理人员不是他所管理单位的所有者，而只是其中的工作人员。

（6）组织中成员之间的关系是一种不受个人情感影响的关系，完全以理性准则为指导。

（7）实行管理人员专职化。

（8）管理人员必须严格遵守组织中的规则和纪律。

2.3 现代管理理论的发展

20 世纪 50～70 年代，世界政治和经济形势发生了深刻的变化，科学技术迅猛发展，企业规模在激烈的竞争中迅速扩大，员工的素质和文化程度有了大幅度提高。社会政治和经济形势的变化对企业管理提出了新的要求，如要求解决企业的决策问题，要求应用更先进的管理手段，要求在管理中充分调动人的积极性等，这不断推动新的管理思想和理论的产生，于是一系列的管理理论和学派应运而生。

现代管理理论阶段主要是指行为科学学派阶段及管理理论丛林阶段。行为科学学派阶段主要研究个体行为、团体行为与组织行为，重视研究人的心理、行为等对高效率地实现组织目标的影响作用。行为科学的主要成果有梅奥的人际关系理论、马斯洛的需要层次理论、麦格雷戈的“X-Y”理论及赫兹伯格的双因素理论等。除了行为科学学派得到长足发展，许多管理学学者也都从各自不同的角度发表自己对管理学的见解。这其中的代表学派有管理过程学派、管理科学学派、社会系统学派、决策理论学派、系统理论学派、经验主义学派、经理角色学派和权变理论学派等。这些管理学派研究方法众多，管理理论不统一，各个学派都各有自己的代表人物，各有自己的用词意义，各有自己所主张的理论、概念和方法，故管理学家孔茨称其为管理理论丛林。

2.3.1 梅奥及其霍桑试验

微课：梅奥及其霍桑试验

1924—1932年，以哈佛大学教授梅奥为首的一批学者在美国芝加哥西方电气公司所属的霍桑工厂进行的一系列试验，称为霍桑试验。

1924年11月，霍桑工厂内的研究者在本厂的继电器车间开展了厂房照明条件与生产效率关系的试验研究。研究者预先设想，在一定范围内，生产效率会随照明强度的增加而提高；但试验结果表明，增加或减少照明强度都可以提高效率（有两个女工甚至在照明降低到与月光差不多时仍能维持生产的高效率）。随后，研究者又试验不同的工资报酬、福利条件、工作与休息的时间比率等对生产效率的影响，也没有发现预期的效果。

1927年梅奥等人应邀参与这项试验。1927—1929年，梅奥以“继电器装配组”和“云母片剥离组”的女工为被测对象，通过改变或控制一系列福利条件重复了照明试验。结果发现，在不同福利条件下，工人始终保持了高产量。研究者从这一事实中意识到，工人参与试验的自豪感极大地激发了其工作热情，促使小组成员滋生出一种高昂的团体精神。这说明职工的士气和群体内的社会心理气氛是影响生产效率的更有效的因素。在此基础上，梅奥等人又对厂内2100名职工进行了采访，开展了一次涉及面很广的关于士气问题的研究。起初，他们按事先设计的提纲提问，以了解职工对工作、工资、监督等方面的意见，但收效不大，后来的访谈改由职工自由发表意见。由于采访过程既满足了职工的尊重需要，又为其提供了发泄不满情绪和提合理化建议的机会，结果职工士气高涨，产量大幅度上升。

一、霍桑试验的结论

（1）“社会人”假设。梅奥指出，工人是“社会人”，不仅仅追求金钱收入，还有社会方面、心理方面的需要，这是对古典管理理论的“经济人”假设的否定。

（2）企业中存在“非正式组织”。企业除了正式组织，还存在“非正式组织”。非正式组织的作用包括：一是保护工人免受内部成员的疏忽所造成的损失；二是保护工人免受非正式组织以外的管理人员的干涉所形成的损失。非正式组织有其特殊的感情和倾向，左右着成员的行为，对生产率的提高有着很大的影响。

（3）新型的领导能力。根据“社会人”和“非正式组织”的观点，企业中新型的领导能力在于提高职工的满足度，以提升职工士气，从而提高劳动生产率。因此，管理人员要同时具备技术技能和人际关系技能。

二、霍桑试验的意义

霍桑试验的影响是巨大的，它促进了管理对人的因素的关注，管理人员开始主动寻求提高职工满足度和激励士气的方法，使得人际关系研究成为研究管理的普遍方法，并掀起了一场人际关系运动。

三、人际关系学说的地位

在心理学研究的历史上，霍桑试验第一次把工业中的人际关系问题提到首要地位，并且提醒管理者在处理管理问题时要注意人的因素，这对管理心理学的形成具有很大的促进作用。梅奥对霍桑试验的结果进行了系统的总结，提出了人际关系学说，并在 1933 年出版的《工业文明中的人的问题》一书中阐述了主要观点。

（1）早期的管理理论、管理方法和管理制度建立在一种基本的人性假设上，即人是一种受经济利益驱动的“经济人”，因此金钱成为刺激工人积极性的唯一动力。霍桑试验证明人是“社会人”，即人是复杂的社会关系的成员，因此要调动工人的积极性，管理者除满足工人的物质需求外，还必须注重满足工人在社会方面和心理方面的需求。

（2）早期的管理认为生产效率主要受工作方法和工作条件的制约，霍桑试验证明了工作效率并非完全取决于工作条件和工作方法，重要的是工人的工作积极性，即工人的士气或工作情绪；士气又和人的满足程度有关，满足程度越高，士气就越高。因此，提高生产效率的主要途径应当是提高工人的满足度。

（3）早期的管理只注重正式组织的组织机构、职权划分、规章制度等，霍桑试验证明员工中还存在着非正式组织，这种非正式组织有其特殊的关系和规则。正式组织通行的主要是效率逻辑，非正式组织通行的则是感情逻辑。管理者应当正视非正式组织存在的现实，并处理好正式组织与非正式组织之间的关系。非正式组织的出现并非坏事，它同正式组织是互相依存的，对生产力的提高有很大的影响，关键是管理者要高度地重视，把它的作用引导到正式组织的目标上来。

（4）新型的领导能力在于管理要以人为中心，全面提高员工需求的满足程度，以提高士气和生产率。这需要技术、经济管理技能，更需要人际关系技能，所以要对管理者进行培训和教育，使之掌握必要的人际沟通和管理的技能。

霍桑试验和梅奥提出的“社会人”“士气”“非正式组织”的概念，开创了一个新的领域，即强调人际关系整合对生产效率的影响。从此以后，人际关系运动开始蓬勃发展。因此，人们把人际关系理论视为早期的行为科学理论。

2.3.2　马斯洛及其需要层次理论

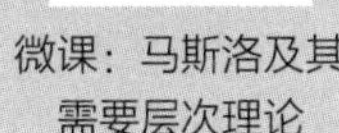
微课：马斯洛及其需要层次理论

马斯洛，是美国著名的社会心理学家、人格理论家和比较心理学家。他是人本主义运动的发起者之一和人本主义心理学的重要代表。他的需要层次理论和自我实现理论对管理心理学有重要的影响。

马斯洛的需要层次理论认为，个体成长发展的内在力量是动机，而动机是由多种不同性质的需要所组成的，各种需要之间有先后顺序与高低层次之分；每一层次的需要与满足，将决定个体人格发展的境界或程度。马斯洛将人类的需要分为 5 个层次，即生理需要、安全需要、社交需要、尊重需要、自我实现需要，如图 2-1 所示。

关于马斯洛的需要层次理论及其应用在第 7 章的激励理论中将有更为详细的介绍。

随堂思考 2–4

马斯洛的需要层次理论中的 5 个需要层次可以从高到低得到满足吗？

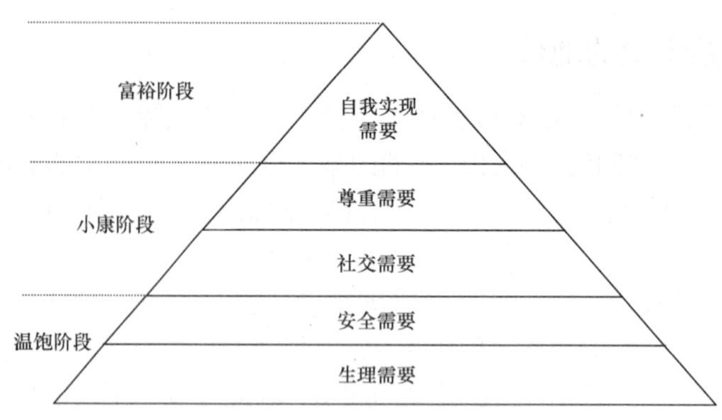

图 2-1 马斯洛的需要层次理论

2.3.3 麦格雷戈及其“X-Y”理论

在哈佛大学长期从事心理学教学和研究工作的麦格雷戈，在 1957 年发表的《企业的人性面》中提出了著名的“X-Y”理论。他认为，有关人的性质和人的行为的假设对于决定管理人员的工作方式来讲是极为重要的，管理人员对员工的不同看法，决定了他们用不同的方式来组织、控制和激励员工。基于这种思想，他提出了“X-Y”理论。

一、X 理论的观点

麦格雷戈把传统的管理观点称作 X 理论，其主要内容如下。

（1）大多数人是懒惰的，他们尽可能地逃避工作。

（2）大多数人没有什么雄心壮志，也不喜欢负什么责任，宁可让别人当领导。

（3）大多数人的个人目标与组织目标都是相互矛盾的，为了达到组织目标必须靠外力严加管制。

（4）大多数人是缺乏理智的，很容易受别人影响。

（5）大多数人是为了满足基本的生理需要和安全需要，所以他们选择去做一些在经济上获利最大的事。

（6）人群大致分为两类，多数人符合上述假设，少数人能克制自己，这部分人应当负起管理的责任。

根据 X 理论的假设，管理人员的职责和相应的管理方式如下。

（1）管理人员关心的是如何提高劳动生产率、完成任务，他的主要职能是计划、组织、经营、指引、监督。

（2）管理人员主要是应用职权，发号施令，使对方服从，让人适应工作和组织的要求，而不考虑在情感上或道义上如何给人尊重。

（3）强调严密的组织、制订具体的规范和工作要求，如工时定额、技术规程等。

二、Y 理论的观点

X 理论所采取的管理方式是“胡萝卜加大棒”的方法，一方面靠利益刺激，另一方面严密控制、监督迫使其为组织目标努力。麦格雷戈发现当时企业中对人的管理工作以及传统的组织结构、管理政策、实践和规划都是以 X 理论为依据的。

然而麦格雷戈认为，虽然当时工业组织中人的行为表现与 X 理论所提出的各种情况大致相似，但是人的这些行为表现并不是人固有的天性所引起的，而是现有工业组织的性质、管理思想、政策和实践所造成的。他确信 X 理论所用的传统的研究方法建立在错误的因果观念的基础上。通过对人的行为动机和马斯洛的需要层次理论的研究，他指出，在人们的生活还不够富裕的情况下，“胡萝卜加大棒”的管理方法是有效的；但是，当人们达到了富裕的生活水平后，这种管理方法就无效了。因为那时人们行动的动机主要是追求更高级的需要，而不是“胡萝卜”（生理需要、安全需要）了。

麦格雷戈认为，由于上述情况，加上其他许多原因，需要有一个关于人员管理工作的新理论，把它建立在对人的特性和人的行为动机的更为恰当的认识的基础上，于是他提出了 Y 理论，其主要内容如下。

（1）一般人并不是天性就不喜欢工作的，工作中体力和脑力的消耗就像游戏和休息一样自然。工作可能是一种满足，因而人们会自愿去从事工作；也可能是一种处罚，因而人们只要可能就想逃避。到底是满足还是处罚，要视环境而定。

（2）外来的控制和惩罚，并不是促使人们为实现组织的目标而努力的唯一方法。它甚至对人是一种威胁和阻碍，并放慢了人走向成熟的脚步。人们愿意实行自我管理和自我控制来完成应当完成的目标。

（3）人的自我实现的要求和组织要求的行为之间是没有矛盾的。如果给人提供适当的机会，就能将个人目标和组织目标统一起来。

（4）一般人在适当条件下，不仅学会了接受职责，而且还学会了谋求职责。逃避责任、缺乏抱负以及强调安全感，通常是经验的结果，而不是人的本性。

（5）大多数人在解决组织的困难问题时，都能发挥较高的想象力、聪明才智和创造性。

（6）在现代工业生活的条件下，一般人的智慧潜能只是部分得到了发挥。

根据 Y 假设，相应的管理措施如下。

（1）管理职能的重点。在 Y 理论的假设下，管理者的重要任务是创造一个使人能够发挥才能的工作环境，发挥出员工的潜力，并使员工在为实现组织的目标贡献力量时，也能达到自己的目标。此时的管理者已不是指挥者、调节者或监督者，而是起辅助者的作用，给员工以支持和帮助。

（2）激励方式。根据 Y 理论，对人的激励主要是给予来自工作本身的内在激励，让员工担当具有挑战性的工作，担负更多的责任，促使其工作做出成绩，满足其自我实现的需要。

（3）在管理制度上给予员工更多的自主权，使其实行自我控制，让员工参与管理和决策，并共同分享权力。

2.3.4 赫兹伯格及其双因素理论

美国心理学家赫兹伯格于 1959 年提出了双因素理论，其全名叫“激励-保健因素理论”。通过在匹兹堡地区 11 个工商业机构对 200 多位工程师、会计师调查咨询，赫兹伯格发现，受访人员举出的不满的项目大多同他们的工作环境有关，而感到满意的因素则一般都与工作本身有关。据此，他提出了双因素理论。

传统理论认为，满意的对立面是不满意，而根据双因素理论，满意的对立面是没有满意，不满意的对立面是没有不满意。因此，影响员工工作积极性的因素可分为两类：保健因素和激励因素。这两种因素是彼此独立的并且以不同的方式影响人们的工作行为。所谓保健因素，就是那些造成员工不满的因素，它们的改善能够解除员工的不满，但不能使员工感到满意并激发员工的积极性。它们主要有企业的政策、行政管理、工资发放、劳动保护、工作监督以及各种人事关系处理等。由于它们只带有预防性，只起维持工作现状的作用，也被称为“维持因素”。所谓激励因素，就是那些使员工感到满意的因素，只有它们得到改善才能让员工感到满意，给员工以较高的激励，调动其积极性，提高劳动生产效率。它们主要有工作表现机会、工作本身的乐趣、工作上的成就感、对未来发展的期望、职务上的责任感等。

双因素理论与马斯洛的需要层次理论是相吻合的，马斯洛理论中低层次的需要相当于保健因素，而高层次的需要相当于激励因素。

关于赫兹伯格的双因素理论及其应用在第7章的激励理论中将有更为详细的介绍。

2.3.5 管理理论丛林

一、管理过程学派

管理过程学派又称管理职能学派，是美国加利福尼亚大学的教授哈罗德·孔茨和西里尔·奥唐奈提出的。管理过程学派认为，无论组织的性质和组织所处的环境有多么不同，但管理人员的管理职能却是相同的。孔茨和奥唐奈将管理职能分为计划、组织、人事、领导和控制5项，而把协调作为管理的本质。孔茨利用这些管理职能对管理理论进行分析、研究和阐述，最终得以建立起管理过程学派。孔茨继承了法约尔的理论，并把法约尔的理论更加系统化、条理化，使管理过程学派成为管理各学派中最具有影响力的学派。

二、管理科学学派

管理科学学派的管理科学理论是指以系统的观点，运用数学、统计学的方法和电子计算机的技术，为现代管理的决策提供科学的依据，通过计划和控制以解决企业中生产与经营问题的理论。该理论是对泰勒科学管理理论的继承和发展，其主要目标是探求最有效的工作方法或最优方案，以最短的时间、最少的支出取得最大的效果。

三、社会系统学派

社会系统学派是从社会学的角度来分析各种组织。它的特点是将组织看作一种社会系统，认为组织是一种人的相互关系的协作体系，是社会大系统中的一部分，受社会环境等各个方面因素的影响。美国的切斯特·巴纳德是这一学派的创始人，他的著作《经理的职能》对该学派有很大的影响。

四、决策理论学派

决策理论学派是在第二次世界大战之后，吸收了行为科学、系统理论、运筹学和计算机程序等学科的内容发展起来的，代表人物是西蒙。西蒙是美国管理学家、计算机学家和心理学家，是决策理论学派的主要代表人物。决策理论学派认为：管理过程就是决策的过程，管理的核心就是决策。西蒙强调决策职能在管理中的重要地位，以有限理性的人代替有绝对理性的人，用“满意原则”代替“最优原则”。

五、系统理论学派

系统理论学派是指将企业作为一个有机整体，把各项管理业务看成相互联系的网络的一种管理学派。该学派重视对组织结构和模式的分析，应用一般系统理论的范畴、原理，全面分析和研究企业和其他组织的管理活动和管理过程，并建立起系统模型以便于分析。系统理论学派的重要代表人物是弗里蒙特·卡斯特。弗里蒙特·卡斯特是美国系统管理理论的重要代表人物、著名的管理学家，主要著作有《系统理论与管理》《组织与管理：系统与权变方法》等。

六、经验主义学派

经验主义学派又称为经理主义学派，以向大企业的经理提供管理当代企业的经验和科学方法为目标。它重点分析成功管理者实际管理的经验，并概括、总结出他们成功经验中具有的共性成分，然后使之系统化、合理化，并据此向管理人员提供实际建议，其代表人物有德鲁克、欧内斯特·戴尔等。

七、经理角色学派

经理角色学派以对经理所担任角色的分析为中心来考虑经理的职务和工作，该学派认为针对经理工作的特点及其所担任的角色等问题，如能有意识地采取各种措施，将有助于提高经理的工作成效。经理角色学派的代表人物是亨利·明茨伯格。

八、权变理论学派

权变理论学派认为，企业管理要根据企业所处的内外条件随机应变，没有一成不变的、普遍适用的“最好的”管理理论和方法。企业管理要根据企业所处的内部条件和外部环境来决定其管理手段和管理方法，即要按照不同的情景、不同的企业类型、不同的目标和价值，采取不同的管理手段和管理方法。其代表人卢桑斯在 1976 年出版的《管理导论：一种权变学》是系统论述权变管理理论的代表著作。

2.4 当代前沿管理的新发展

2.4.1 战略管理

微课：战略的概念与作用

进入 20 世纪 70 年代以后，国际环境发生了剧变，尤其是石油危机对国际环境产生了重要的影响。这时的管理理论以战略管理为主，研究企业组织与环境的关系，重点研究企业如何适应充满危机和动荡的环境的不断变化。迈克尔·波特所著的《竞争战略》把战略管理的理论推向了高峰，他强调通过对产业演进的说明和各种基本产业环境的分析，企业可做出不同的战略决策。

小资料：战略管理

20世纪60年代末70年代初，世界各国的公司，为了分散风险、开拓新市场，逐渐形成了跨行业经营的大公司，实行产品的多样化、规模化生产。然而分权式的管理体制要求有一种管理理论和方法能够帮助高层管理者去统筹计划和控制各个子公司的经营活动，以保证公司整体的经济效益最大化。跨行业经营模式的发展也促使人们开始将企业作为一个整体，从长远发展的角度去分析如何管理企业的问题。

企业经营战略的3个要点是：面向未来、着眼全局和解决根本。经营战略要回答的两个问题是：企业是什么？它应该做什么？企业经营战略是对未来的思考，是用机会和威胁评价现在和未来的环境，用优势和劣势评价企业的现状，进而选择和确定企业的总体目标及长远目标，制订和选择实现目标的行动方案。

企业战略是企业发展的行动纲领，主要包括战略思想、战略目标、战略方针、战略对策（包括战略重点、战略阶段、战略措施和战略步骤）等内容。

2.4.2 组织再造理论

20世纪80年代为企业再造时代。业务流程再造（Business Process Reengineering，BPR），是原美国麻省理工学院教授迈克尔·哈默与詹姆斯·钱皮于1990年首先提出来的。该理论认为企业应以工作流程为中心，重新设计企业的经营、管理及运作方式，进行所谓的“再造工程”。美国企业从20世纪80年代起开始了大规模的企业重组革命，日本企业也于90年代开始进行所谓第二次管理革命，这十几年间，企业管理经历着前所未有的变革。哈默对组织再造的定义是：对组织的作业流程进行根本的重新思考与彻底翻新，以便在成本、品质、服务和速度上获得戏剧化的改变。其中心思想是强调组织必须采取激烈的手段，彻底改变工作方法，摆脱以往陈旧的流程框架。

小资料：组织再造理论

组织再造理论突破了传统的劳动分工的思想体系，强调经营管理以“流程导向”替代原有的“职能导向”的企业组织形式，为管理者对企业进行经营管理提供了一个新思路。BPR蕴涵着3个核心内涵。

（1）BPR是一项战略性的进行企业重构的系统工程。

（2）BPR的核心是面向顾客满意度的业务流程。

（3）BPR的要素有目标、技术和人。

2.4.3 学习型组织

自20世纪80年代末以来，信息化和全球化浪潮迅速席卷全球，顾客的个性化、消费的多元化决定了企业必须适应消费者不断变化的需要，在全球市场上取得顾客的信任，才有生存和发展的可能。这一时期，管理理论研究主要针对学习型组织而展开。彼得·圣吉在所著的《第五项修炼》中更是明确指出企业唯一持久的竞争优势源于比竞争对手学得更快更好的能力，学习型组织正是人们从工作中获得生命意义、实现共同愿景和获取竞争优势的组织蓝图。

“学习型组织”概念是由彼得·圣吉在其著作《第五项修炼》中提出来的，该理论认为，传统的组织类型已经越来越不适应现代企业发展的要求，未来真正出色的企业，将是能够设法使组织成员全心投入，并有能力不断学习的组织。学习型组织是一种更适合人性的组织模式，这种组织有崇高而正确的核心价值、信念和使命，具有强大的生命力和实现共同目标的动力，不断创新，持续蜕变，但学习型组织的形成必须建立在组织成员的五项修炼基础之上。

小资料：五项修炼

（1）锻炼系统思考能力。强调要把企业看成一个系统，并把它融入社会这个大系统中，考虑问题要看到局部，更要看到整体；要看到当前，更要看到长远。

（2）追求自我超越。强调组织成员应能不断认识自己，认识外界的变化，不断给予自己新的奋斗目标，做事要精益求精，永远努力发展自我、超越自我。

（3）改善心智模式。要求组织成员善于改变传统的认识问题的方式和方法，要用新的眼光看世界。

（4）建立共同远景目标。强调要把企业建成一个生命共同体，它包括远景、价值观、目标和使命等内容。

（5）开展团队学习。其目的是使组织成员学会集体思考，以激发群体的智慧。

随堂思考 2–5

“当代管理理论和现代管理理论没有多大的区别”，这个说法对吗？

本章内容小结

本章主要讲述了管理思想的产生以及管理理论形成的历史背景和过程，介绍了各种管理学派和管理理论的代表人物、代表著作及其基本内容；重点讲述了古典管理理论和现代管理理论形成的思想基础和核心内容，简要分析了各种管理理论对现实的管理活动的影响和指导意义。

案例思考

建筑中的管理活动

中国是世界上历史悠久的文明古国之一。早在五千多年前，中国就有了人类社会最古老的组织——部落，也就有了部落的领袖，因而也就有了管理思想和管理行为。到了商、周时期，逐渐形成了组织严密的奴隶制和封建制的国家组织，出现了从中央到地方、高度集权、等级森严的金字塔式的权力结构。

中国有许多世界闻名的伟大工程：抵御敌军、护家卫国的长城，贯通南北的京杭大运河，气势恢宏的故宫……要完成这样浩大的工程，在科学尚不发达的当时，其计划、组织、领导、控制等管理活动的复杂程度是现代人难以想象的。

万里长城始建于春秋战国时期，秦始皇统一全国后，为了巩固北方边防，重加修缮，并在东西两个方向向外扩展。我们现在看到的长城，西起嘉峪关，东至山海关，总长 6700 多千米。长城修筑所用的土方，先经过筛选，再经烈日曝晒或用火烤干，使土中草籽不再发芽，然后夯筑为墙。八达岭砌墙石料有的长达 3 米，重约 1000 千克。秦时修建长城用的大量木料，是从四川等地运来的，大木需要千百人才能移动，下面加铺铁轮，每日只能运行10千米～15千米。长城工程的建筑材料，如土石、石灰、砖、木等，除肩挑人抬、列队传送外，据说还用兽力如驴、牛等运输方式。

在施工管理方面，采用分地区、分片、分段负责制。在工程计算方面，不仅测量计算了城墙的长、宽、高以及土石方所需总量，还有所需人工材料，从各地调来人力、往返道路里程、人员所需口粮、各地区负担任务，也都分配明确。

思考题：

谈谈你对材料中所述长城修筑体现的管理活动的认识。

管理者价值点分享

1. 管理者的最基本能力：有效沟通。
2. 作为一个管理者，你可以不知道下属的短处，却不能不知道下属的长处。
3. 从危机中吸取教训，防范再度发生。
4. 奖励什么，就会得到什么。
5. 即使别人对你所委派的人选有所犹疑，你也要对他显露信心。
6. 管理层次越少越好。
7. 创新就是创造一种资源。
8. 企业最大的资产是人。
9. 抓住时机并快速决策是现代企业成功的关键。
10. 成功的企业领导不仅是授权高手，更是控权的高手。

推荐阅读：秦昭王与范雎

练习与应用

第2章练习与应用

第3章 计划

学习目标

知识目标：了解目标与目标管理的内涵与特点，了解战略计划的制订方法。
素质目标：培养学生形成计划与目标管理的基本思想，使学生具备预先筹划的思想意识。
技能目标：掌握计划的方法与工具。
能力目标：培养学生的计划性、目标性和编制计划及依据计划进行工作的能力。

开篇故事

目标永远在技巧和方法前面

张总和刘主管都是“西游”迷，这天两人闲着无事，讨论起《西游记》中的人物来。

张总问刘主管：“你认为师徒4人中，谁最没本事，谁最不重要呢？”

“当然是唐僧了”，刘主管毫不犹豫地说，“在保护唐僧去西天取经的路上，孙悟空有72般变化、降妖除魔、冲锋陷阵；猪八戒虽然贪吃贪睡，但打起仗来也能上天入海，助孙悟空一臂之力；沙僧憨厚老实、任劳任怨，把大家的行李挑到西天；唐僧最舒服，不仅一路上有马骑、有饭吃，而且妖魔挡道也不用其动一根手指头，自有徒儿们奋勇上阵。他做事不明真伪，总是慈悲为怀，动不动还要给孙悟空念上几句紧箍咒。”

张总摇摇头：“此言差矣。”

刘主管问：“那依你之见呢？”

张总说：“4个人中，最重要的是唐僧。只有他明白去西天的目的是取回真经。就是他，在孙悟空赌气回了花果山、猪八戒‘开小差’跑回高老庄、沙僧也犹豫的情况下，毅然一个人奋勇向前，不达目的誓不罢休。因为他知道为什么要去西天，他知道他为什么做，他知道他在做什么；而他的3个徒弟并不知道为什么要去西天，他们只是知道保护好唐僧就行。至于为什么要保护好唐僧，他们不用去考虑。所以，无论路程多么艰险，唐僧都毫不畏惧，奋勇前进。最后，唐僧取回了真经。”

互动游戏

蜘　蛛　网

形式：全体学生，13人一组为宜。
时间：15～20分钟。
材料：用绳子编成的蜘蛛网一张及说明书一份。
场地：场地空旷即可。

活动目标

让学生体会计划的重要性及团队合作的精神。

操作程序

（1）老师先指定一位“领导”及一位观察员，单独向“领导”交代任务并给他一份说明书。

① 全体人员必须从网的一边穿过网孔来到网的另一边。

② 在整个过程中，身体的任何部位都不得触网。

③ 每个洞只能被穿过一次，即不能两人穿过同一个洞，也不能一人两次或多次穿过同一个洞。

④ 参与者的目的是要获取最好的成绩。

（2）由“领导”回到小组中传达老师的指令。

（3）老师及观察员开始观察小组在听“领导”分配任务时的反应，以及他们的计划能力。

（4）观察员记录小组在执行任务的过程中都出现了什么问题，包括计划方面和沟通方面的问题。

（5）分享与总结。

学习内容

3.1 计划概述

计划职能是管理的基本职能之一，是关于未来行动的蓝图，计划工作通常先于其他管理工作。组织面临不确定的环境时，许多事情很难预料，从而使组织的经营带有很大的风险性，而计划工作正是减小风险性的一种手段。在竞争日益激烈的现代社会里，计划工作已经成为组织生存和发展的必备条件。要使组织的工作富有成效，就要制订良好的计划，良好的计划是增强组织竞争能力的重要途径和有力工具。

3.1.1 计划的含义及其作用

一、计划的含义

1. 计划的定义

从词性角度分析，“计划”一词既可以是名词，也可以是动词。从名词意义上说，计划是指用文字和指标等形式所表述的，组织以及组织内不同部门和不同成员，在未来一定时期内，关于行动方向、内容和方式安排的管理文件。计划既是决策所确定的组织在未来一定时期内的行动目标和方式在时间和空间的进一步展开，又是组织、领导、控制和创新等管理活动的基础。从动词意义上说，计划是指为了实现决策所确定的目标，预先进行的行动安排。这项行动安排工作包括：在时间和空间两个维度上进一步分解任务和目标，选择完成任务和实现目标的方式，规定进度，检查与控制行动结果等。我们有时用“计划工作”表示动词意义上的计划内涵。

在本书中我们按照做什么（What）和如何做（How）的学理思路给出计划的定义：计划是预先进行的行动安排，包括对事项的叙述、目标和指标的排列、所采用手段的选择以及进度的规定等。

正如哈罗德•孔茨所言：“计划工作是一座桥梁，它把我们所处的此岸和我们要去的对岸连接起来。”计划工作给组织提供了通向未来目标的明确道路，给组织、领导和控制等一系列管理工作提供了基础。同时计划工作也要着重于管理创新，有了计划工作这座“桥”，本来不会发生的事现在就可能发生了，模糊不清的未来也会变得清晰实在。

计划也可以从两个方面去理解：一方面，计划作为一项最重要的管理职能，是确定目标工作过程，并确定为达成这个目标所必需的行动；另一方面，计划也是指在制订计划的工作中所形成的方案，它可以是目标、策略、政策、程序和预算方案等。

计划有广义和狭义之分。广义的计划是指制订计划、执行计划和检查计划执行情况 3 个紧密衔接的工作过程。狭义的计划仅指制订计划，也就是说，根据实际情况，通过科学预测，权衡客观的需要和主观的可能，提出在未来一定时期内要达到的目标以及实现目标的途径。计划是使组织中各种活动能够有条不紊地进行的保证。

2. 计划的内容

无论在名词意义上还是在动词意义上，计划工作的内容都包括“5W1H”，计划必须清楚地确定和描述这些内容。

“5W1H”即做什么、为什么做、谁去做、何地做、何时做和怎样做。

（1）做什么（What to do）。计划的目标与内容，即预先决定做什么，明确活动的内容与要求。

（2）为什么做（Why to do it）。计划的原因，即明确计划的宗旨、目标和战略，并论证其可行性。

（3）谁去做（Who to do it）。计划的人员，即规定此计划由哪些部门和人员负责实施。

（4）何地做（Where to do it）。计划的地点，即规定计划实施地点和场所，合理安排计划实施的空间。

（5）何时做（When to do it）。计划的时间，即规定计划中各项工作的开始和完成的进度。

（6）怎样做（How to do it）。计划的方式、方法和手段，即确定实施计划的方式、方法和手段。

这6个方面是任何一项计划都必须包含的基本内容，缺乏其中任何一项，计划都不全面或不完整。

3. 计划的要素

完整的计划应包含的要素如表3-1所示，其中标记为“*”的为计划的主要内容，简称计划的“5W1H”。

表3-1 计划的要素

要素	所要回答的问题	内容
前提条件	该计划在何种条件下有效	预测、假设、实施条件
目标任务	做什么（What）*	最终结果、工作要求
目的	为什么做（Why）*	理由、意义、重要性
战略	怎样做（How）*	途径、方法、战术
责任	谁去做（Who）*	实施人选、奖惩措施
时间	何时做（When）*	起止时间、进度安排
范围	涉及哪些部门或地区（Where）*	组织层次或地理范围
预算	需投入多少资源（How much）	费用、代价
应变措施	实际与前提不相符时怎么办	最坏情况的计划

4. 计划的特点

（1）目的性。计划是目的性非常强的管理行为，各种计划及其所有的派生计划，都应该有助于实现企业的目的和目标。计划工作是明白地显示出管理的基本特征的主要职能活动。

（2）首位性。从管理过程看，计划工作相对于其他管理工作总是处于首位的，如图3-1所示。

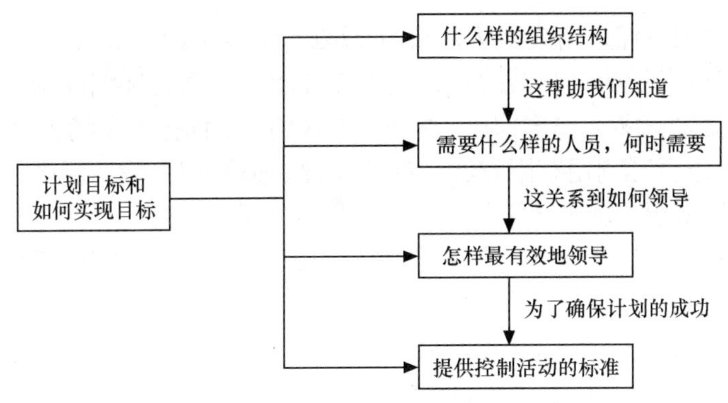

图3-1 计划的首位性特点

（3）普遍性。计划工作是所有管理者无法回避的重要工作。组织中无论是纵向的各个管理层次，还是横向的各个职能部门，都离不开相应的计划工作。

（4）效益性。计划的目的就是促使组织的活动能够获得良好的经济效益与社会效益。计划工作的任务不仅是为了确保组织目标的实现，而且要在实现目标的若干方案中进行选优，以减少组织活动的无序和浪费，提高组织的工作绩效，正如通常所说的“既要做正确的事，又要正确地做事”。

（5）创新性。计划是关于组织未来的蓝图，未来往往充满着各种不确定性，计划总是针对需要解决的新问题和可能出现的新变化、新机会而做出的决定，因而计划是一个创新性的管理过程。

随堂思考3-1

计划对企业绩效方面的贡献有哪些？它们的关系可能受哪些因素的影响？

二、计划的作用

计划的作用在于计划可以给出方向，使置身于复杂多变和充满不确定性环境的组织始终把其主要的注意力集中在既定目标上，使组织所有的行动保持同一方向。

相关链接3-1

马克思在论述人的意识时说:“最蹩脚的建筑师从一开始就比最灵巧的蜜蜂高明的地方，是他在用蜂蜡建筑蜂房以前，已经在他自己头脑中把它建成了。”建筑师在头脑中建筑房屋的过程就是一个计划的过程。古人云“凡事预则立，不预则废”，说的就是计划工作的重要性。

（1）计划是社会化大生产的客观需要。社会化大生产要求任何社会组织必须进行科学分工才能提高生产效率；同时，为了保证组织形成有机整体，又必须在分工的基础上互相合作。科学的分工与密切的合作都离不开计划。没有计划，组织各部门以及各成员的活动势必出现步调不一致的状况。因此，计划是社会化大生产的客观需要。

（2）计划可以指明方向。计划是一个协调过程，它能够给管理者和员工指明方向。当所有有关人员都了解组织的目标，明确为达到目标他们必须做出什么贡献时，他们才能协调各自的活动，互相合作，结成团队，从而采取行动、实现目标。

（3）计划可以发现机会与威胁。计划工作要求组织通过详细周密的环境调查研究，帮助管理者预见变化，减少未来不确定性带来的风险，从而把握市场机会，化解市场威胁。

（4）计划可以合理利用有限资源，减少重复、遗漏和浪费，提高效益。实现组织目标，需要合理配置资源，在最经济的条件下实现目标是市场经济体制下一切组织都应遵循的原则。通过计划管理对资源进行优化配置，组织可以最经济地利用资源，减少各种重复、遗漏和浪费。

（5）计划可以统一工作标准，以利于控制。计划是控制的前提和基础，没有计划就没有控制。计划的编制为及时对照标准检查、评价工作完成情况提供了客观依据，从而为及时发现和纠正偏差提供了可靠保证。

3.1.2 计划的类型

计划贯穿于管理活动的全过程，渗透于管理系统的各个层次、各个职能部门。计划的类型很多，从不同的角度可以对计划做出不同的分类。例如，可以按计划的时间进行分类，可以按计划的广度进行分类，也可以按部门职能进行分类，还可以按制订计划的组织在管理系统中所处的层级位置进行分类等。例如，按照计划的不同表现形式，可以将计划分为宗旨、目标、战略、政策、规则、程序、规划和预算等类型。计划的形式是多种多样的，但作为计划，都有一个共同的特征，那就是计划是关于未来的蓝图和一定行动的建议、说明和框架，因而是导向目标的积极方案。总之，计划的作用和原则是一致的，但计划的形式可以是丰富多彩的，只有科学地、灵活地运用各种计划形式，才会使计划的职能得到更好的发挥。

一、按计划的时间分类

根据计划的时间，可将计划分为长期计划、中期计划和短期计划。

一般来说，将1年以内的计划称为短期计划；1年以上、5年以内的计划称为中期计划；5年以上的计划称为长期计划。但是对一些环境条件变化很快、本身节奏也很快的组织来说，其1年计划也可能就是长期计划，季度计划就是中期计划，而月份计划则是短期计划。

在3种计划中，长期计划是指组织在较长时期的发展方向、总目标以及实现总目标的纲领性计划。中期计划是根据长期计划制订的，它比长期计划要详细具体，是考虑了组织内部与外部的环境变化情况后制订的可执行计划，是短期计划的依据。短期计划则比中期计划更加详细具体，它是指导组织具体活动的行动计划，是中期计划的分解与落实。可见，中期计划是保持计划连续性的关键，是联系长期计划和短期计划的桥梁或纽带。

二、按计划的广度分类

根据计划的广度，可将计划分为战略计划、战术计划和作业计划。

战略计划是由高层管理者制订的。它涉及组织的宗旨、目标以及资源在各部门如何合理配置等重大问题。它具有长期性、普遍性和权威性3个显著特点。一旦战略计划失误，组织的生存与发展必将受到严重的影响。

战术计划是指战略计划转化为有确定时间期限的目标和措施的计划，战略计划与战术计划的比较如表 3-2 所示。战术计划通常也叫业务计划，以年度计划为主。战术计划是由中层管理者编制的。

表 3-2 战略计划与战术计划的比较

比较类别	战略计划	战术计划
时间跨度	长	短
涉及范围	宽广	较窄
内容操作性	抽象、概括，不要求直接的操作性	具体、明确，通常要求具有可操作性
任务	设立组织总体目标	在既定目标框架下提出具体行动目标
风险程度	高	低
目的	确保“做正确的事”	追求“正确地做事”
回答的问题	做什么、为什么要做	何人在何时、何地，通过何种办法及使用多少资源做

作业计划是通过生产进度、产量、销售量、利润、预算等生产运作及财务管理的具体指标，来保证战术计划中所规定目标的实现。它是战术计划如何进一步实施的细节计划，计划期限较短。作业计划一般由基层管理者制订，计划中的指标具体，任务明确。

三、按部门职能分类

根据部门职能，可将计划分为生产计划、营销计划、财务计划、新产品开发计划、人事计划、后勤保障计划等。这些计划通常是由各职能部门编制和执行的计划，因此按职能分类的计划体系一般与组织中按职能划分的管理部门的组织体系是并行的。

四、按计划的内容分类

根据计划的内容，可将计划分为专项计划和综合计划。专项计划又称专题计划，是指为完成某一特定任务而拟定的计划，如人才培养计划、基本建设计划等。综合计划是指对组织活动所做出的整体安排。综合计划与专项计划之间的关系是整体与局部的关系。

五、按组织层次分类

根据组织层次，可将计划分为高层管理计划、中层管理计划和基层管理计划。高层管理计划一般属于战略计划，着眼组织的长远安排，注重组织在环境中的定位。中层管理计划是战术计划，协调组织内部各部门之间的关系及各部门的分目标。而基层管理计划着眼于每个岗位、每个员工、每个工作时间的工作安排和协调，基本上是作业性内容。

六、按组织活动分类

根据组织活动，可将计划分为程序性计划和非程序性计划。西蒙把组织活动分为两类，一类是例行活动，指一些重复出现的工作。有关这类活动的决策是经常重复的，而且具有一定的结构，因此可以建立一定的决策程序。每当出现这类工作或问题时，就可以利用既定的程序来解决，而不需要重新研究，这类决策称作程序化决策，与此对应的计划是程序性计划。另一类活动是非例行活动，不重复出现。处理这类问题时没有一成不变的方法和程序，因为这类问题在过去尚未发生过，或因为其确切的性质和结构捉摸不定或极为复杂，或因为这类问题十分重要而需用特殊方法加以处理。解决这类问题的决策称作非程序化决策，与此对应的计划是非程序性计划。

七、按计划的明确程度分类

根据计划的明确程度，可将计划分为指导性计划与具体性计划。指导性计划一般只规定主要方针或指出重点，不把管理者限定在具体目标或特定方案中，只为组织指明议程、统一方向，并不提供实际操作指南，给予管理者较大的自由处置权。而具体性计划必须具有明确的可衡量的目标，以及一套可操作的行动方案。

八、按计划的层次分类

著名管理学家哈罗德·孔茨和美国旧金山大学国际管理和行为科学教授海因茨·韦里克从抽象到具体把计划分为一种层次体系：使命、目标、战略、政策、程序、规则、方案、预算，如图3-2所示。

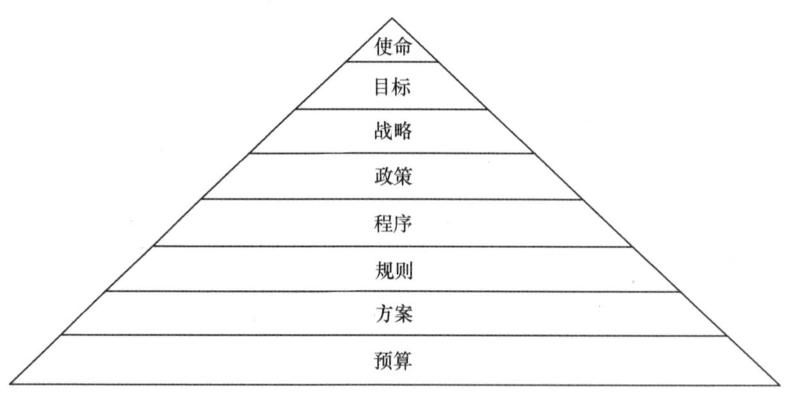

图3-2 计划的层次体系

（1）使命（Purpose）。使命反映的是组织的价值观念、经营理念和管理哲学等根本性的问题，即回答组织是干什么的。

（2）目标（Objective）。目标是宗旨的具体化，表现为组织在计划期内要追求的结果。

（3）战略（Strategy）。战略是为了实现组织长远目标所选择的发展方向、所确定的行动方针以及资源分配方针的纲领。

（4）政策（Policy）。政策是预先确定的用来指导和沟通决策过程中思想和行为的明文规定。“政策好比指路牌”。制定政策应以有效完成目标为前提，以组织的战略为指导思想。

（5）程序（Procedure）。程序是为完成某一特定计划而规定的一系列步骤。组织中许多管理活动是重复发生的，处理这类问题应该有标准方法，这就是程序。如果说政策是人们思考问题的指南，那么程序则是行动的指南，如决策程序、招聘程序、制造企业的工艺程序等。

（6）规则（Rule）。规则也是一种计划，它是对在具体场合和具体情况下，允许或不允许采取某种特定行动的规定。制定政策、程序和规则都是为了指导实现组织目标的行动，彼此容易相互混淆，应注意区分。规则和政策的区别在于规则在应用中不具有自由处置权，规则与程序的区别在于规则不规定时间顺序。

（7）方案（Programme）。方案是为了实施既定方针所必需的目标、政策、程序、规则、任务分配、执行步骤、使用的资源等而制订的综合性计划，如国家科学技术发展方案、质量管理小组活动方案、职工培训方案等。

（8）预算（Budget）。预算是用数字表示达到预期结果所需各种资源和财产的财务计划，如某企业的财务收支预算。

随堂思考 3-2

我国的“十四五”规划属于哪种计划类型？

3.1.3 计划工作的基本步骤与常见误区

一、计划工作的基本步骤

通常来讲，计划工作有 9 个步骤，但最重要的莫过于其中 3 点。第一，研究活动条件，确定组织目标。任何组织的活动都是在一定条件下进行的，因而首先应对这些条件进行研究。这些条件主要体现为组织的内部能力（资源的拥有状况、资源的利用能力和组织的愿望等）和外部环境（其特征及变化趋势等）。组织在研究内外部条件的基础上，确定在未来一定时期内要实现的目标。第二，制订保证目标实现的全局战略。就是对组织资源的使用方向进行规划，最大限度地实现目标。战略是计划中间层次的内容，是连接目标和具体计划的中介。第三，编制行动计划。这是组织针对未来活动方向和行动目标所进行的具体工作，旨在详细研究为了实现组织目标，组织的各个部门或环节应该采取的具体行动计划与行动方案。

不管是成立一家公司还是组装一架喷气式飞机，或是开发一种新产品，计划的具体内容虽然千差万别，但是制订计划时都要遵循同样的步骤，如图 3-3 所示，区别只是不同的计划用在各个不同步骤的时间比例不尽相同。

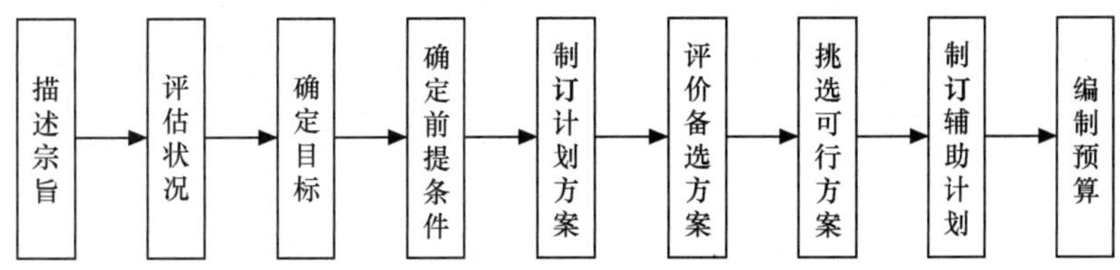

图 3-3　计划工作的基本步骤

（1）描述宗旨。组织的任何活动都是为了达成组织的宗旨和使命。计划工作首先必须正确理解组织的宗旨和使命，在此基础上把它传播给组织成员、顾客及多种多样的相关利益群体，让与计划的制订和实施工作有关的成员能够了解、接受，这将有利于计划快速有效地实施。

（2）评估状况。计划工作的一个重要环节是对组织的当前状况做出评估，这是制订和实施计划工作的前提。评估主要是对组织自身的优势和劣势、外部环境的机会和威胁进行综合分析，即 SWOT 分析。不过，对于那些局部的作业性质的计划工作来说，组织往往并不需要进行特别复杂和综合的内外部环境分析，但对内部的资源与外部关系，则要做出基本的判断。

（3）确定目标。在对组织的环境和能力进行分析和评估的基础上，计划工作的重要一步是为组织及其所属的下级单位确定计划工作的目标。在这一步，组织要说明基本的方针和要达到的目标，说明制订战略、政策、程序、规则、方案和预算的任务，指出工作重点。

（4）确定前提条件。计划的前提是指以什么环境为前提的，这个环境是指未来计划实施的环境。组织可以通过预测来把握未来环境的变化，降低将来不确定情况带来的风险。考虑计划的前提并不是要对将来环境的每一个细节都进行预测，而是仅对那些对计划有重大影响的主要内容做出预测。一般来说，制订企业的生产经营计划要进行的预测有经济形势的预测、政府政策的预测、市场销售的预测和资源的预测等。

（5）制订计划方案。计划方案类似于行动路线图，是指挥和协调组织活动的工作文件，它可以清楚地告诉企业管理人员和员工要做什么、何时做、由谁来做、在何处做以及如何做等问题。

通常来说，最显而易见的方案不一定是最好的方案，在过去的方案基础上稍加修改和略加推演不见得就能得到最好的方案，这一步工作需要发挥创造性。此外，方案不是越多越好。编制计划时，更加常见的问题不是寻求过多的可供选择的方案，而是减少可供选择方案的数量，以便找出最合理的方案。

（6）评价备选方案。本步骤是根据前提和目标来权衡各种因素，即比较各个方案的利弊，对各个方案进行评价。评价所得出的结论，一方面取决于评价者所采用的标准，另一方面取决于评价者对各个标准所赋予的权重。在多数情况下，有很多可供选择的方案存在，而且有很多可考虑的可变因素和限制条件存在，评估会极其困难。由于存在这些复杂因素，我们将借助运筹学、数学方法和电子计算技术等手段来评价方案，这对于可供选择方案的评估是有帮助的。

（7）挑选可行方案。这是采用计划的关键一步，也是做出决策的重要环节。有时候，对可供选择方案的分析和评估的结果表明两个或两个以上的方案都是合适的。在这种情况下，管理人员在确定首先采取的方案的同时，可以决定把其他几个方案作为备选方案，这样可以加大计划工作的弹性，使之更好地适应未来环境。

（8）制订辅助计划。辅助计划就是总计划下的分计划，例如，一个企业组织发展战略中的投资计划、生产计划、采购计划、培训计划等。总计划需要辅助计划的支撑，而辅助计划又是总计划的基础。

（9）编制预算。这是计划工作的最后一步，即把计划转变成预算，使之数字化。企业的全面预算体现收入和支出的总额、所获得的利润或者盈余以及主要资产负债项目的预算。如果预算编制得好，则可以成为汇总各种计划的一种手段，也可以成为衡量计划完成进度的重要标准。

二、计划工作的常见误区

大量的管理实践证明，企业在进行计划工作时，由于缺乏系统思考，再加上环境多变等因素，常常导致计划工作陷入误区。计划工作的常见误区包括以下几种。

（1）缺乏系统规划。有的企业没有计划，也没有计划部门，或者计划部门形同虚设。不少管理者一方面抱怨自己太忙，并将此作为没有制订计划的理由；另一方面又将计划部门制订的计划束之高阁。另外，组织内部的计划责任制度不健全，各个组织部门不清楚自己的计划任务、责任以及权限，计划考核与评价制度缺乏或者不健全，这些也是计划工作中经常出现的问题。

（2）计划不当。有些企业虽然制订了完整的计划，但是由于计划不能反映实际情况，因此导致计划无效或者失败。由于环境多变，很多组织不能确定合适的前提条件，制订的计划与现实情况不符合而导致计划的失败。也有些企业的计划不当，是由于没有具体目标、目标的实现没有时间限制等。

（3）计划不能实施，缺乏可操作性。有的计划在编制过程中没有得到基层员工的参与，或者计划在实施过程中不能得到所有企业成员的理解，从而导致计划不能有效实施；有的计划虽然很好，但是企业缺乏足够或者合适的资源执行这个计划，从而导致计划不能有效实施；有的计划缺乏良好的控制技术，使得企业在运行过程中逐渐偏离计划的方向，无法实现计划。

3.2 计划的方法和工具

3.2.1 计划的方法

计划在执行过程中，有时需要根据实际情况进行调整。这不仅是因为计划活动所处的客观环境可能发生了变化，而且因为人们对客观环境的主观认识可能发生了改变。为了使组织活动更加符合环境特点的要求，组织必须对计划进行适时的调整。

一项计划的制订一般包括 3 个方面的工作：分析环境与预测，制订实现目标的行动方案并择优，计划方案的细化和预算化。

计划工作的效率高低和质量好坏在很大限度上取决于所采用的计划方法。战略计划的编制不仅要按照一定的程序，而且还要采用科学的方法。要想针对所在组织的实际情况制订相应的计划，就必须掌握一定的计划编制方法。

相关链接 3-2

古代诸如长城、金字塔等伟大工程项目的成功，都有赖于当时对工程的实施进行严密的科学计划。现代计划方法有许多优点，其中网络计划技术法是较常用的一种方法，了解和掌握科学的计划编制方法对计划的成功实施有很大的影响。

现代的计划编制方法为制订切实可行的计划提供了有效手段，具有许多优点。下面主要介绍滚动计划法、网络计划技术和运筹学方法 3 种现代计划编制方法的基本思路。

一、滚动计划法

滚动计划法是编制具有灵活性、能够适应环境变化的计划的一种方法，也是一种定期修订未来计划的方法。这种方法根据计划的执行情况和环境变化的情况定期修订未来的计划，并逐期向前推进，使短期计划和中期计划有机地结合起来。

滚动计划法也是一种动态编制计划的方法。它不需要等计划全部执行完之后再重新编制下一个时期的计划，而是根据计划的执行情况和环境的变化情况，在编制或调整计划时，均按时间顺序将计划向前推进一个计划期，即向前滚动一次，使之在计划管理过程中始终保持一定时期的完整性。

1. 滚动计划法的优点

（1）滚动计划法能使计划更具实效，可以克服计划期内的不确定性因素的影响。因为在计划工作中很难准确地预测将来影响目标实现的各种变化因素，尤其随着计划期的延长，这种不确定性越来越大，如果硬性地按原有的计划实施，就可能导致巨大损失。滚动计划法正好解决了计划工作的这一困难。使用这种方法，可以相对地缩短计划期，加大计划的准确性，能更好地保证计划贴合实际。

（2）滚动计划法能使中期计划和短期计划相互衔接，这就保证了即使环境出现变化，某些不平衡因素也能及时得到调节，这种调节使各期计划基本保持一致。

（3）滚动计划法大大增强了计划的弹性，这对环境易发生剧烈变化的时代来说尤为重要，它可以提高组织的应变能力。

2. 滚动计划法的操作步骤

滚动计划法是用“近细远粗”的基本方法来制订计划的，具体操作步骤如图3-4所示。

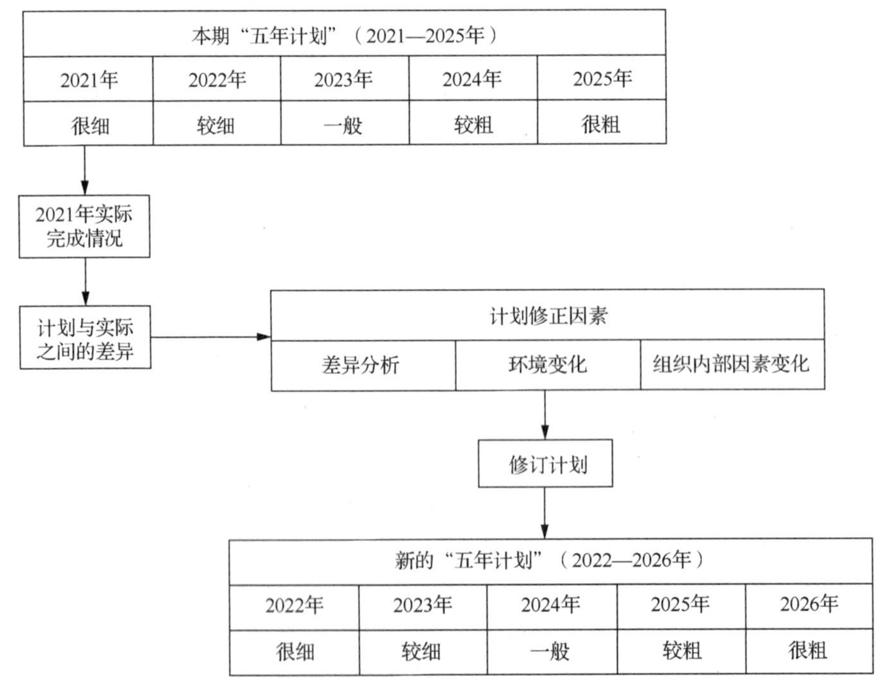

图3-4 滚动计划法的操作步骤

例如，企业要编制 2021—2025 年的五年经营战略计划。

由图 3-4 可知，滚动计划法的操作步骤可以分为以下几步。

（1）以“近细远粗”的方法制订“五年计划”（2021—2025 年）。

（2）在计划期的第一阶段（2021 年）结束时，根据计划的实际完成情况，总结该阶段实际执行情况与计划目标的差异。

（3）分析计划与实际之间差异，根据差异分析、环境变化和组织内部因素变化，对原计划进行修订形成新一轮“五年计划”（2022—2026 年），仍按“近细远粗”的方法制订。

滚动计划法就是根据上述方法逐期滚动的，每次修订都使整个计划向前滚动一个阶段，以原有的计划为基础形成一个新的计划，这种方法适用于任何类型的计划。

相关链接：
滚动计划法让 M 公司插上成功的翅膀

二、网络计划技术

1. 网络计划技术的含义

网络计划技术法（Program Evaluation and Review Technique，PERT）也称统筹法，是 20 世纪 50 年代出现的一种较新的计划方法，它包括各种以网络图为基础制订计划的方法。

网络计划技术是把一项工作或项目分成各种作业，然后根据作业顺序进行排列，通过网络的形成对整个工作或项目进行统筹规划和控制，以便用最少的人力、物力和财力资源，用最快的速度完成任务。为此，网络计划技术适用于各种工程项目，无论是设备维修，还是新产品的开发、新厂房的建造，甚至航天工程，都可以通过网络计划技术进行科学地计划。

2. 网络计划技术的原理

网络计划技术的基本原理是将待开发项目的计划作为一个系统来看待，即根据组成系统的各项具体任务的先后顺序，通过网络图的形式对整个系统进行全面规划，并根据轻重缓急进行协调，使系统对资源（人力、物力、财力）进行合理的安排，有效地加以利用，达到以最少的时间和资源消耗来完成整个系统的预定计划目标，取得最好的经济效益。

与 PERT 有关的 3 个概念是节点、活动和关键路线。节点是指活动结束的那一点，在 PERT 网络图中，节点用带圆圈的数字表示；活动是指从一个节点到另一个节点的过程，在 PERT 网络图中，活动用带字母的箭头表示；关键路线是 PERT 网络图中花费时间最长的活动路径。

3. 网络计划技术的优点

（1）制订计划时可以统筹安排，突出重点。网络计划技术能把整个工程的各个项目的时间顺序和相互关系清晰地表示出来，并指出完成任务的关键环节和路线。这样对整个任务的完成既能全面统筹安排，又能不失重点、抓住关键。

（2）可对工程任务的时间进度和资源利用实施优化。通过网络计划技术区分关键路线和非关键路线，从而挖掘非关键路线的潜力，调动非关键路线上的人力、物力和财力支持关键路线，进行综合平衡，这样既可节省资源，又能加快工程进度。

（3）对工程任务的完成便于组织和控制。通过网络计划技术，管理者可事先掌握任务实施中的难点，从而准备好应急措施，减少完不成任务的风险。对比较复杂的大项目，也可将其分成许多支系统分别进行控制，对每个局部实现了优化，也就保证了整个项目最优。

（4）技术操作简便易懂。网络计划技术并不深奥难学，对较复杂的、多节点的工程项目，可以利用已有的软件在计算机上进行优化。

4. 网络计划技术的一般步骤

（1）对工程项目任务进行具体分析，确定完成任务所需要的各项作业，明确各项作业之间的相互关系，估计作业完成所需的时间。例如，表3-3为建造住宅的活动分析表。

表3-3 建造住宅的活动分析表

作业代号	作业名称	紧前作业	完成时间
A	准备屋顶材料	—	12
B	准备砌墙材料	—	5
C	基础工程	—	7
D	下水道工程	C	7
E	砌墙	B、C	10
F	盖屋顶	A、E	4
G	布电线（Ⅰ）	E	4
H	布电线（Ⅱ）	F、G	2
I	铺地板	H、K	5
J	室内油漆整理	I	6
K	水暖安装	D、E	6
L	铺路	D、E	2
M	室内粉刷	H、K	6
N	门窗装饰	M	2
O	室外清理布置	L	2

注：表中的紧前作业是指该项作业开始之前必须完成的相邻作业。完成作业所需的时间可以采用一定的方法进行估算，估算时要同时考虑有关的影响因素，时间的估算既要合理又要可行。

（2）根据表3-3中的数据，绘制网络图，如图3-5所示。

（3）根据图中确定的关键作业寻找关键路线。

关键作业是指必须按时开工和完成的作业，否则将影响整个工期。图中所示的关键作业为C、E、F、G、H、I、J、K，把这些关键作业的联结起来就可确定关键路线为：① C、E、F、H、I、J，总工期为34；② C、E、G、H、I、J，总工期为34；③ C、E、K、I、J，总工期为34。

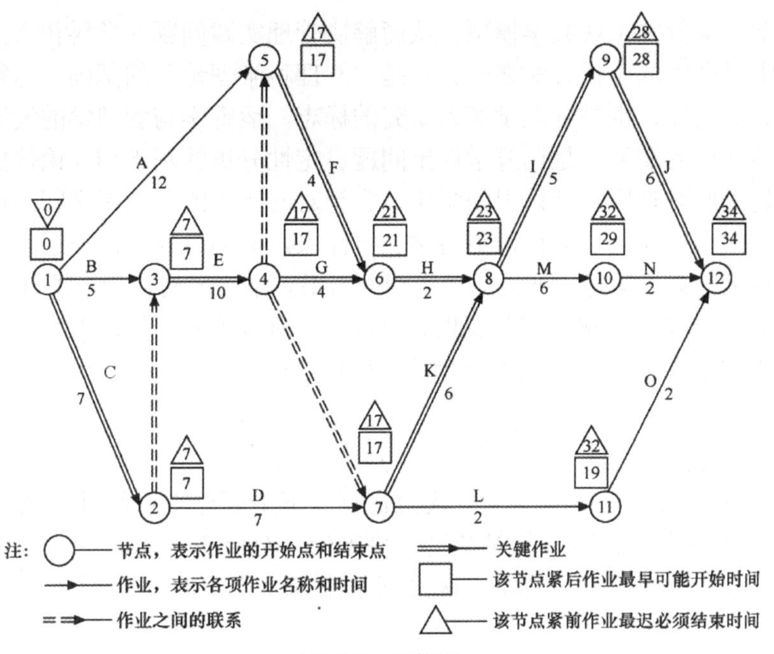

图 3-5　网络图

（4）优化网络，即挖掘非关键路线上的潜力，重新平衡人力、物力，重新确定作业所需要的时间，以非关键作业的潜力支持关键作业，减少关键作业的时间，从而缩短关键路线上的整个工期时间。

5. 网络计划技术的作用

编制网络计划的过程就是深入调查研究的过程，进而把计划建立在对客观事物可靠的分析基础上；网络计划反映了各项作业工序之间的相应关系，便于统观全局，发现影响工期的关键原因，寻找可以挖掘的潜力，进一步改善计划管理工作。

6. 网络计划技术中的网络优化

以上为工程项目制订的网络计划，一般不可能在最初的方案中就得到最经济合理的指标。为此，在初始方案制订以后，通常需要对计划进行调整，使方案不断优化。最常用的网络优化方法是“时间—费用法”，即综合考虑工期和费用两者之间的关系，寻求以最低的工程总费用获得最佳工期的一种方法。

与工程的各项活动直接有关的费用称为直接费用（如工人工资、设备能源、工具材料消耗等直接与完成活动有关的费用），赶工（加快某项活动的进度）导致直接费用增加；维持工程需要的费用称为间接费用（如管理人员工资、办公费等），间接费用与各项活动没有直接的关系，缩短或延长总工期会相应减少或增加这一费用的支出。一般用α表示赶工费用变化率，计算公式为α=（赶工时间下的直接费用-正常时间下的直接费用）÷（正常时间-赶工时间），即：$\alpha=(c_g-c_z)/(t_z-t_g)$。

三、运筹学方法

1. 运筹学的含义

运筹学（Operational Research）是一种运用系统的、科学的、数学分析的方法，通过建立数学模型，检验并求解数学模型，从而解决管理实践问题的学科和方法论。运筹学是计划工作中最全面的分析方法之一，它是“管理科学理论”的基础。运筹学的诞生既是管理学发展的需要，也是管理学深入研究的标志。运筹学与管理学的发展有着密切的联系。管理学理论的发展，是运筹学提出问题、定性分析的基础和理论依据；运筹学方法的发展又是人们对管理问题认识的深化，它针对问题中的各因素之间的数量关系进行建模和求解，使人们对问题的认识更科学、更深入。例如，现代商业银行内广泛使用取号排队的叫号机，就是运筹学理论指导实践的结果。举例来说，一个银行系统有 3 个服务窗口服务 18 名顾客。不采用取号机时，通常每个窗口排列一队，共 3 队；采用取号机，则 3 个窗口共同服务取号机所列的一个队，根据运筹学理论分析，采用叫号机后，系统效率将有明显的提高。

2. 运筹学的分支

运筹学包含的内容有很多，一般认为它有以下主要分支：线性规划、整数规划、非线性规划、动态规划、图论、对策论、决策论、存储论、排队论、多目标规划、启发式方法等。实际运用中常常根据问题的不同性质，选用不同的分支给出的方法加以解决。

3. 运筹学方法的一般步骤

在计划工作中应用运筹学的一般程序，包括以下主要步骤。

（1）界定问题性质和范围。

（2）根据约束条件，建立问题的数学模型。

（3）规定一个目标函数，作为对各种可能的行动方案进行比较的尺度。

（4）确定模型中各参量的具体数值。

（5）求解数学模型。

（6）检验，直到找出使目标函数达到最大值（或最小值）的最优解。

4. 运筹学方法的局限与不足

运筹学方法的局限与不足主要集中在两个根本的问题上。

（1）在究竟是让模型适应问题还是让问题适应模型这一点上，许多运筹学家实际上是在对管理问题“削足适履”。他们将原始问题加以抽象，直到数学难点或计算难点都被舍去为止，从而使问题的解答失去实际应用价值。

（2）运筹学最终要得到问题的最优解，而从管理实践的角度来看，由于决策目标通常有多个，且各个目标间又存在冲突，因此，最终的解决方案只能是一种折中。只要能给出一个近似的、比不用数学方法而单靠经验和直觉所得出的足够好的结果就可以了。管理者实际需要的是这种“满意解”，而不是附加了各种假定条件的“最优解”。

3.2.2 计划的工具

一、甘特图

甘特图是表示作业计划及其进展状况的基本工具。它是一种线条图，左边纵列表示要安排的活动，上边横行则表示时间，线条则表示整个期间计划活动与实际完成的情形。

甘特图是 20 世纪初由亨利·甘特发明的，如图 3-6 所示。甘特图直观地表明任务计划定在什么时候进行和完成，并可对实际进展与计划要求做对比检查。这种方法虽然简单，但却是一种重要的作业计划与管理工具。它能使管理者很容易搞清一项任务或项目还剩下哪些工作要做，并评估出某项工作是提前了、拖后了还是在按原计划进行。

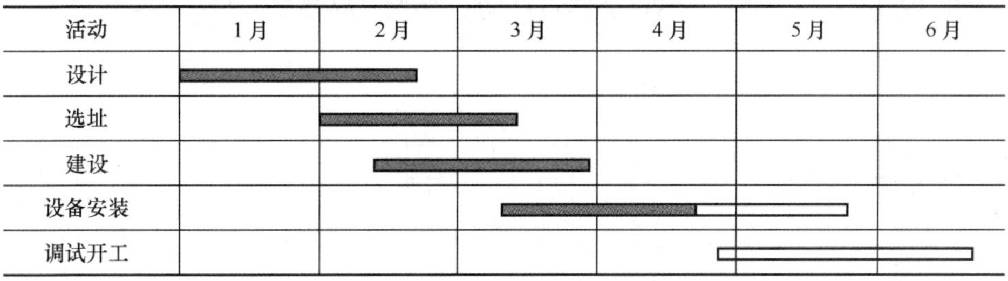

活动	1月	2月	3月	4月	5月	6月
设计						
选址						
建设						
设备安装						
调试开工						

图 3-6　甘特图

甘特图的优点是简明直观，使管理者很容易认清目前计划任务的进展情况，并实施有效的控制。

二、负荷图

将甘特图纵向的活动栏改成所使用的资源（如组织中的人力资源或不同的生产设备等），就成了负荷图。负荷图是改良的甘特图，用以表明各项资源的负荷情况。

负荷图与甘特图的区别在于负荷图的纵列不再列出活动，而是列出组织或部门所拥有的资源。负荷图能直观地表明各项资源的负荷情况，便于管理者对生产能力进行评估，是一种理想的计划和控制的工具。图 3-7 所示的负荷图清晰地表明了某教研室 A、B、C、D、E 5 位教师在某学期（1 月～7 月）承担课程的状况。

三、网络图

网络图（Network Planning）是一种图解模型，形状如同网络。网络图是由作业、事件和路线 3 个因素组成的。

在工程管理中，经常要用到网络图。网络图是用箭线和节点将某项工作的流程表示出来的图形。根据绘图表达方法的不同，网络图分为双代号（以箭线表示工作）网络图和单代号（以节点表示工作）网络图；根据表达的逻辑关系和时间参数肯定与否，网络图又可分为肯定型网络图和非肯定型网络图两大类；根据计划目标的多少，网络图可以分为单目标网络图和多目标网络图。网络图的形式如图 3-8 所示。其组成元素为箭线、节点和线路。节点和箭线在不同的网络图中有不同的含义：在单代号网络图中，节点表示工作，箭线表示关系；而在双代号网络图中，箭线表示工作及走向，节点表示工作的开始和结束。线路是指从一个节点到另一个节点的一条通路，工期最长的一条线路称为关键线路，关键线路上工作的时间必须保证，否则会出现工期的延误。网络图的绘制如下。

1. 网络图的元素

任何一项任务或工程都是由一些基本活动或工作组成的，它们之间有一定的先后顺序和逻辑关系。在网络图中，用箭头“→”来表示活动（Activity）或工序，用圆圈“○”来表示两个工序的分界点即节点。按工作的先后顺序和逻辑关系画成的工作关系图就是一张网络图。每一个节点称为“事项”（Event），它表示一项工作的开始或结束，在节点处可依照先后关系标上数字，以便于注明哪项工作的结束和哪项工作的开始。每个网络图的总起点事项和总终点事项是唯一的，即网络图总是封闭的。图 3-8 表示某一项工程由 10 项工作组成，共有 10 个节点，第①节点表示项目开始，第⑩节点表示项目结束。

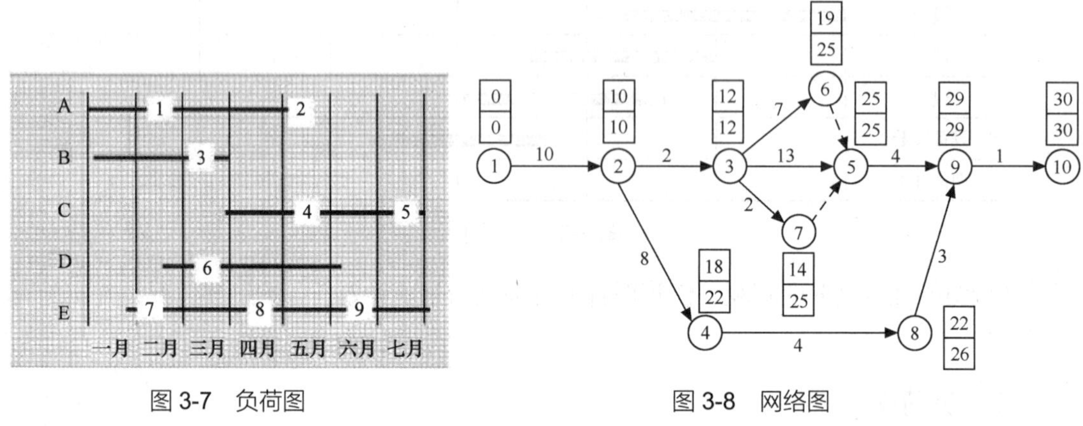

图 3-7　负荷图　　　　图 3-8　网络图

2. 网络图的绘制原则

在绘制网络图时，要注意以下原则。

（1）网络图只能有一个总起点事项和一个总终点事项。

（2）网络图是有向图，不允许有循环回路，否则将造成逻辑上的错误，使回路上的活动永远到达不了终点。

（3）网络图两节点之间不允许有两个或两个以上的活动。

（4）网络图必须正确、如实地表达工序之间的前后逻辑关系。

（5）必要时可引入虚活动。虚活动的引入，大致有两种情况：一种是并行工序的情况，即先后两个节点之间的工作过程只能代表一项活动，当两个或两个以上的活动具有同一个起点和终点时，需要引入虚活动，予以区别；另一种是为了正确表达难以表达的先后承接关系时，需要引入虚活动。

3. 网络图的绘制步骤

网络图的绘制一般可分为 3 步。

（1）任务的分解。一个任务首先要分解成若干项活动或工序，并从逻辑上分析清楚这些活动或工序之间在工艺上和组织上的前后联系及制约关系，确定各活动的先后顺序，列出活动紧前紧后关系分析表。

（2）绘制网络图。按照活动紧前紧后关系分析表中所示的活动，遵循网络图的绘制规则，绘出网络图。

（3）节点编号。事项节点编号要满足前述的要求，即从起点到终点要从小到大编号，对表示任一活动的箭线，箭尾节点编号小于箭头节点编号。编号不一定连续，可留些间隔便于修改和增添活动。

4. 作业所需的时间

网络图中的各个工序（或作业）需注明时间，确定的方法如下。

（1）凭经验能明确知道时，可用其经验值。

（2）在没有经验的作业或包含不确定因素的作业中，应把它看成统计值，用三点时间估计法（即使用乐观时间、悲观时间与最可能的时间分别配以 1/6、1/6、2/3 的权重所计算得到的加权平均值）。

有可能遇到意外的问题，从而相应的活动周期比预想的要长；也有可能事情进展得比预期要顺利，相应的活动提前完成了。因此，将这类不确定性加入我们的分析是有实际意义的。经验表明，一项作业的周期往往可以用 β 分布来描述。这种分布看上去是一个倾斜的正态分布，具备一种很有用的特性——其均值和方差可以通过估算 3 种时间而求得：T_o 为乐观判断所需时间；T_m 为最可能的时间；T_p 为悲观估计所需时间。

作业期望的时间和方差可根据六分之一原则（Rule of Sixths）来计算，即

$$\text{期望时间 } T_e = (T_o + 4T_m + T_p) / 6$$

$$\text{方差 } \sigma^2 = (T_p - T_o)^2 / 36$$

假设某作业所需的时间是概率变量，概率密度 β 分布如图 3-9 所示，概率密度 $\rho(T_o) = \rho(T_p) = 0$，$\rho(T_m)$为最大值，则均值 T_e 与方差 σ^2 由下式公式计算。

$$T_e = (T_o + 4T_m + T_p) / 6$$

$$\sigma^2 = (T_p - T_o) / 36$$

式中，均值 T_e 就被取为作业所需的时间。

为简便起见，在以后的阐述中只处理平均所需天数，而不考虑方差。

在以下分析中，设 i 和 j 为两个相邻节点，则作业（i，j）所需的时间记作 T（i，j）。

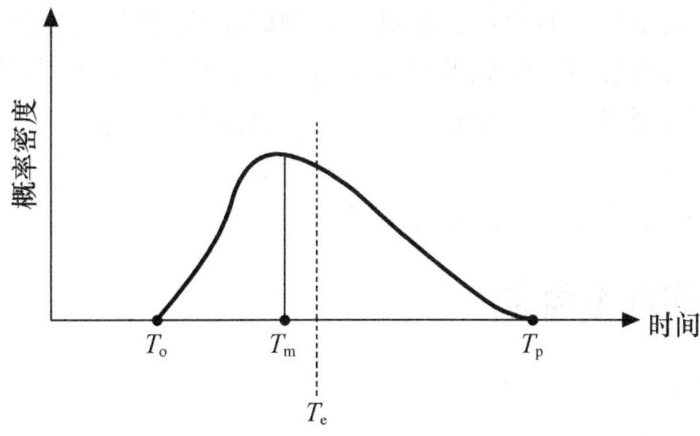

图 3-9　作业所需时间的分布

5. 关键路径的确定

在网络图中，从起点到终点的最长路径称作关键路径，全部工程所需时间不可能比它更短。也就是说，关键路径上的各作业所需时间的总和为该工作的总工期，即关键路径的长度决定了总工期。关键路径以外的作业由于日程有富裕，即使前后稍微移动时间，整个工期也不会改变。因此，可以对其进行调整以满足劳力和设备的制约条件。在图 3-8 所示的网络图中，关键路径长为：

$$T_e=\max\left|\begin{array}{l}①\to②\to③\to⑤\to⑨\to⑩=T(1,2)+T(2,3)+T(3,5)+T(5,9)+T(9,10)=30\\①\to②\to④\to⑧\to⑨\to⑩=T(1,2)+T(2,4)+T(4,8)+T(8,9)+T(9,10)=26\\①\to②\to③\to⑦-⑤\to⑨\to⑩=T(1,2)+T(2,3)+T(3,7)+T(5,9)+T(9,10)=19\\①\to②\to③\to⑥-⑤\to⑨\to⑩=T(1,2)+T(2,3)+T(3,6)+T(5,9)+T(9,10)=24\end{array}\right.$$

=30（天）

网络图关键路线为①→②→③→⑤→⑨→⑩。对于连续进行的作业，如果每一项作业的时间与其他作业的时间不相关，则整个工程的时间服从正态分布。全部工程所需的天数期望值 T_e 和方差 σ^2 可根据中心极值定理由下式决定。

全部工程总天数期望值为关键路径上所有作业的期望值之和，即

$$T_e=\sum t_e$$

方差为关键路径上所有作业的方差之和，即

$$\sigma_E^2=\sum G_e^2$$

所以，关键路径上的所有作业时间之和 30 天就是工程的最短工期。

3.3 目标与目标管理

目标是计划的核心要素，计划就是确立目标并筹划如何实现目标的过程。科学地编制计划首先就必须正确地设定目标。目标是管理活动的起点，也是实施目标管理的基础和出发点。

现代管理理论与实践一般将目标管理（Management by Objectives，MBO）作为一种管理制度，目标管理与以往的任务管理有很大不同，既适应了现代大型组织对管理的要求，也提高了计划工作的科学性、有效性，保证了计划职能的发挥。目标管理一般由 4 个组成部分：目标具体化、参与决策、明确的时间规定、绩效反馈，即目标是对期望成果的简要概括，由上下级共同选择目标，每个目标都有一个具体的时间段，通过反馈调整行为。目前不少企业采用了目标管理方式，这不仅是一种有效的激励，而且很大限度上避免了任务进程的不协调，极大地提高了组织的运作效率。

3.3.1 目标的基本概念

一、目标的含义

所谓目标，就是一个组织在未来一段时间内所要达到的目的或要实现的成果。这种成果不仅是个人而且是小组甚至整个组织努力的结果，目标是组织行动的出发点和归宿，为管理决策指明了方向，并同时作为标准用来衡量实际的绩效。

任何一个目标的设定都必须符合以下 5 个方面的要求。

（1）目标必须是明确具体的（Specific）。与任职者的工作职责或部门的职能相对应，目标的工作量、达成日期、责任人、资源等都是一定的，并且是可以明确的。目标要简明扼要、易懂易记；目标越容易理解，就越容易起作用。

（2）目标值必须是可衡量的（Measurable）。如果目标无法衡量，就无法检查实际与

期望之间的差异，从而无法指导组织成员不断改进工作，无法使目标的作用落到实处。目标值要尽可能用数字或程度、状态、时间等准确、客观地表述，衡量方法不应是主观判断而应是客观评价。

（3）目标值必须是能实现的（Attainable）。目标值过高或过低都会影响目标作用的发挥。

（4）目标内容必须是相关联的（Relevant）。目标内容的确定必须与组织的宗旨和远景相关联，必须与员工的职责相关联。

（5）目标必须是有时限的（Time-bound）。目标应有起点、终点和固定的时间段，否则就无法检验，容易被拖延。

以上 5 个方面，简称为 SMART 原则。

二、目标的作用

（1）导向作用。明确的目标具有很强的导向作用，如果没有明确的目标，就难以找到清晰的方向。也就是说，目标应尽量清晰、简明。

（2）激励作用。目标是行动所要得到的预期结果，是满足人的需要的对象。目标同需要一起调节着人的行为，把行为引向一定的方向，所以目标本身就是行为的一种诱因，具有激励行为的功能。因此，设置适当的目标，能够激发人的动机，调动人的积极性。目标应该是经过努力可以实现的，而不是可望而不可即的；同时，目标要具有挑战性。

（3）考核作用。目标具有考核作用，管理者可以根据目标对工作完成情况进行绩效考核。考核的公式：绩效=目标达到程度+目标复杂程度+执行中的努力程度。

（4）凝聚作用。目标具有提高组织凝聚力的作用，一个好的目标可以帮助管理者顺利地凝聚团队。组织的目标与员工个人的目标要相一致。

三、目标的特性

组织目标的特性有层次性、系统性、多样性、时间性、可考核性、难度适中性、两面性。

1. 层次性

层次性是指组织目标从上到下可分为多个等级层次，从而形成一个有层次的体系。目标的层次性与组织的层次性密切相关，组织一般可分为 4 个层次：高层管理人员、中层管理人员、基层管理人员及组织成员个人。相应地，从广泛的组织目标到个人目标，也分为多种层次。图 3-10 表现的是目标层次与组织层次之间的关系。一般而言，下层目标是由上层目标派生出来的，是实现上层目标的前提和保证。上层目标一般较为模糊，而下层目标则相对具体。

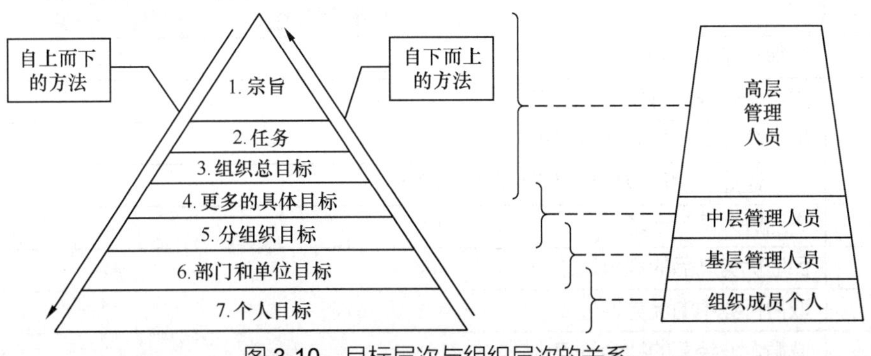

图 3-10 目标层次与组织层次的关系

2. 系统性

巴纳德认为，目标是一个组织最基本的要素。每一个组织都有自己的目标，并且其目标都不是单一的，往往是一个目标系统。系统性是指组织的各种目标之间很少表现为简单的线性关系，即并不是当一个目标实现后接着就去实现另一个目标，而是各个目标构成一种比较复杂的网络系统，不同目标之间都有直接或间接的联系，相辅相成。这就要求在设定目标时，必须使构成网络的各个具体目标之间保持协调。目标与目标之间左右关联、上下贯通，融汇成一个整体，相互支持和相互联结，否则组织的利益就会受到损害，组织的目标就难以实现。

如企业的目标既可能有经济性的，即追求利润与发展；又可能有社会性的，即为社会做贡献，树立良好的形象。它们是相互关联、相互支持的。图 3-11 所示为一个企业开发新产品的目标网络示意图。在新产品开发的规划图中，目标和计划之间构成了一个网络，融为一体。

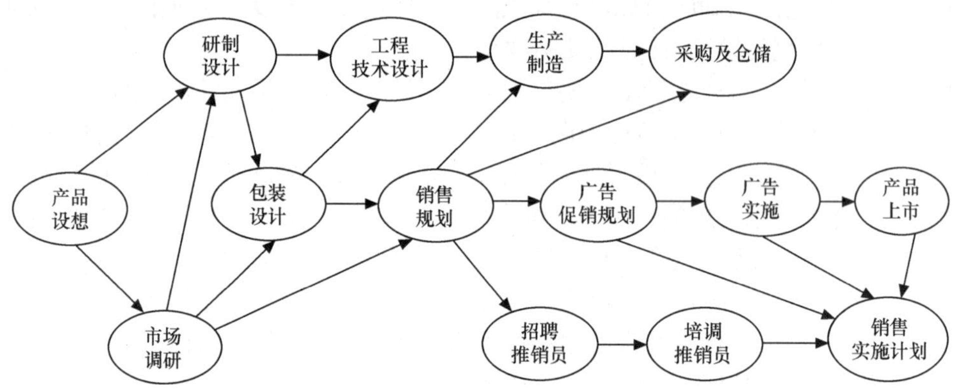

图 3-11 一个企业开发新产品的目标网络示意图

3. 多样性

对于一个组织来说，目标往往有很多。即使是主要目标，一般也是多种多样的，表 3-4 就列出了某企业的 8 个主要目标。总体来说，企业目标是生产更多的产品和尽可能多地创造利润，但在其总目标中，许多内容是不可缺少的。除了主要目标，还有次要目标。可见，组织的目标是多样的。了解了目标的多样性，高层管理人员应当注意：目标并非越多越好，过多的目标会导致顾此失彼，应该尽量减少目标的数量，突出主要目标，充分发挥目标的作用。

表 3-4 某企业的 8 个主要目标

序号	主要目标
1	获得一定的利润和投资收益率
2	重点研究连续开发的适当产品
3	扩大公众持有的股票所有权
4	主要通过利润再投资和银行贷款筹措资金
5	产品进入国际市场
6	保证优势产品的竞争地位
7	取得行业中的优势地位
8	遵循企业经营的社会价值

4. 时间性

所有的目标都要有预定的达成时间，没有预定达成时间的目标是没有意义的。

5. 可考核性

如果不对目标进行科学的考核，就无法检查实际与期望之间的差异，也就无法发现项目实际运作过程中存在的问题，目标的作用也就无从落实。所以，对目标的考核是为了更好地达成目标。

6. 难度适中性

目标的设定要从实际情况出发，不能设定得太简单，也不能设定得太难。目标的设定要遵循难度适中的原则，目标是要能达到的，但又不是伸手就能拿到的，就如篮球比赛中对篮球架高度的设定，一个“跳一跳，够得着”的目标最有吸引力，面对这样的目标，人们才会以高度的热情去追求。

7. 两面性

凡事都具有两面性，目标也不例外。目标不是万能药，目标可能会给组织带来利益，也有可能会给组织带来损失，所以在目标设定过程中，要明确目标所带来的好处与不足，权衡利弊，最终做出最适合的决策。

3.3.2 目标管理的含义及过程

目标管理是由美国著名管理学家彼得·德鲁克在1954年所写的《管理实践》一书中提出的一种管理方法。目标管理提出后，逐步发展成为许多组织普遍采用的一种系统地设定目标并据此进行管理的有效方法。

一、目标管理的含义及特点

目标管理又称为成果管理或标的管理，是一种新型的管理制度。它是一种由组织的管理者与组织成员共同决定具体的工作目标，组织成员在工作中“自我控制”，管理者定期检查目标执行的进展情况，并根据目标的完成情况来确定对组织成员奖惩的管理制度。

目标管理的思想是1978年引入我国的。伴随着各项计划指令层层分解落实方式的应用，特别是全面质量管理的开展，目标管理的思想在我国也得到了广泛的应用，现已成为我国企业和各级政府组织普遍使用的行之有效的管理方法之一。

1. 目标管理的含义

我国一般对目标管理做如下定义：目标管理是一种程序和过程，在此过程中，组织中的上级和下级一起商定组织的共同目标，由此决定上下级责任和分目标，并以此作为经营、评估和奖励每个单位与个人贡献的标准。

目标管理不仅保证了组织成员的“承诺意识”，而且也使得目标认定真正成为提高工作绩效的动力，激发组织成员去为实现组织目标而努力。

2. 目标管理的特点

目标管理具有3个方面的特点。

（1）目标管理强调了目标的重要性——结果管理。

（2）目标的设定和分解过程也是下级参与管理的过程——参与性。

（3）目标的实现要以自我管理和自我控制为主，因此也较好地体现了以人为中心的主动式管理——自我控制性。

二、目标管理的过程及相关知识

1. 目标管理的过程

目标管理的过程可以分为建立目标体系、目标分解、组织实施、考评和反馈4个步骤。

（1）建立目标体系。目标管理一般开始于组织的高层管理者。高层管理者首先要根据组织的愿景和使命，分析客观环境带来的机会和挑战，正确认识优势和劣势，制订组织的目标和战略。

（2）目标分解。设定总目标后，再将总目标层层分解，设定下级的分目标。在目标分解过程中，上下级要进行充分沟通、共同商定下属的目标，下属必须根据计划的前提条件、组织的总目标和上级建议的目标提出自己的目标设想，而不是盲目服从上级提出的目标。上级管理者要指导下属树立一致性和支持性目标，拥有最后的审批权。下属的目标确定之后，将对上级的目标产生影响，会促进上级部门调整自己的目标，从而形成目标设定的自上而下和自下而上的循环过程。每个员工和部门的分目标要具体量化，和其他的分目标协调一致，以便于考核；同时，分目标要具有挑战性，使员工经过努力有实现的可能，从而激发员工不断学习，提高技能和能力，实现本部门和组织的目标。

（3）组织实施。在目标的实施过程中要强调员工的自我控制。上级管理者要进行定期检查，双方经常沟通、互相协调。下属要主动汇报任务进展，上级要向下属通报进度，帮助下属解决工作中出现的困难。当环境变化而影响组织目标实现时，可以通过一定的程序调整原定的目标。

（4）考评和反馈。上级管理者要对各级目标的完成情况进行定期检查，并根据目标进行评价，评价结果应及时反馈。反馈对绩效有积极的影响，它可以使人们了解自己行动方式的效果，知道自己努力的水平是否足够，使人们在实现了原定的目标后进一步提高对自己的要求。经过评价和反馈，目标管理进入下一个循环过程，如图3-12所示。

2. 目标管理的要求

一个良好的目标管理应该具备以下要求。

（1）明确目标。没有明确的目标，目标管理就无从谈起。通过目标管理设定的目标要定量，要能对其进行度量和评价。

（2）规定期限。目标管理过程中对于时间的控制也是一项重要的工作；对于目标中各个环节的规定期限要进行严格的管理和控制，从而保证目标的整体达成。

（3）参与决策。目标管理要采用下级参与的方式设定目标。

（4）反馈绩效。目标管理要求上级及时地将目标实现的进展情况反馈给下属人员，以便下属能够及时地采取调整行动。

3. 目标管理的基本思想

（1）强调以目标为中心的管理（以目标为导向和依据，注重效果第一）。

（2）强调以目标网络为基础的系统管理（保证组织目标的整体性和一致性）。

（3）强调以人为中心的主动式管理（促使权力下放，强调自我控制）。

（4）实质是目的—手段的展开。

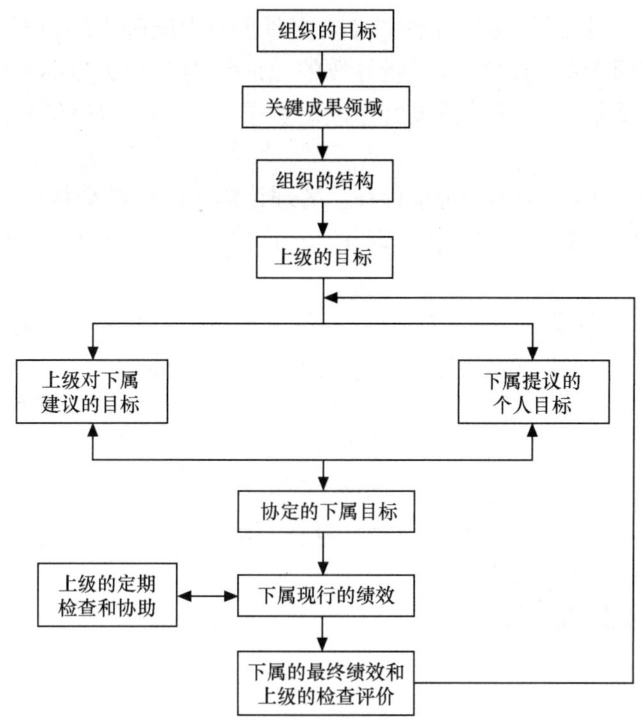

图 3-12　目标管理的过程

4. 目标管理的优点与局限性

（1）优点。

目标管理具有以下几个优点。

①有助于提高工作绩效。②有助于优化组织结构和职责分工。③有助于实现有效控制。④可提高组织整体工作的协调一致性，增强全体员工的团结协作精神和凝聚力。⑤目标管理强调参与，能进一步调动员工的主动性、积极性和创造性，促进意见交流和相互了解，改善人际关系。

（2）局限性。

尽管目标管理有很多的优点，但方法本身和方法的运用过程中，也存在一定的局限性。

① 对目标管理的原理和方法宣传不够。目标管理常常使人误认为简单易行，从而疏忽了对它的深入了解和认识。如果目标管理付诸实施的管理者及下属人员对有关原理，如目标管理是什么，它怎样发挥作用，为什么要实行目标管理，在评价业绩时它起什么作用以及参与目标管理的人能够得到什么好处等缺乏重视和理解，就会影响目标管理实施的效果。

② 设定目标缺乏统一指导。实施目标管理必须给目标设定者提供必要的指导准则，使他们了解计划工作的前提条件和组织的基本战略和政策。否则，就无法设定正确的目标，计划工作必然会脱离实际，目标管理也就无法发挥作用。

③ 设定有利于考核的目标难度很大。一方面，要建立始终具有挑战性又有限度的可考核目标难度很大，它需要做很多的研究工作；另一方面，设定目标过于注重经济效果或脱离实际，除了会对个人产生过大的压力外，还可能会出现下属人员为追求过高目标而不择手段。

④ 过多强调短期目标。很多组织在目标管理计划中所确定的目标往往是一个季度或更短的短期目标。过分强调短期目标所导致的短期行为对长远目标的安排可能会带来不利影响，这就要求高层管理者对各级目标设定者予以指导，以确保短期目标为长期目标服务。

⑤ 目标管理的哲学假设不一定都存在。Y理论对于人们的动机所做的假设过于乐观，实际上，人是有“机会主义本性”的。因此，在许多情况下，目标管理所要求的承诺、自觉、自治气氛难以形成。

⑥ 缺乏灵活性。明确的目标和责任是目标管理的主要特点，也是目标管理取得成效的关键。但是，计划是面向未来的，而未来存在许多不确定因素，这就需要根据已经变化了的计划工作对目标进行修正。管理人员对修改目标往往表现出迟疑和犹豫不决。一是因为如果目标经常修改就说明它不是深思熟虑和周密计划的结果，目标本身便无价值可言；二是若修正一个目标体系，那么所花费的精力可能与设定一个目标体系相差无几，涉及面广且付出代价较大。因此，实行目标管理，存在不能随时按组织目标、计划前提条件、组织政策等变化而迅速做出改变的危险。

5. 目标管理应注意的问题

（1）思想上切忌简单理解。

（2）基础工作一定要到位。

（3）切忌只下任务，不检查、不协调。

（4）切忌“赶浪潮”，搞一阵、歇一阵。

（5）既要掌握具体的操作，又要特别注意把握工作的性质，分析将其分解和量化的可能。

（6）要不断提高员工的职业道德水准，培养协作精神，建立健全各项规章制度，注意改进领导作风和工作方法，使目标管理的推行建立在一定的思想基础和科学管理基础之上。

（7）要逐步推行，长期坚持，不断完善，从而使目标管理发挥预期的作用。

随堂思考 3-3

目标管理的核心思想是什么？它和前面所学的“人际关系学说”的核心思想有哪些联系和区别？

3.4 战略计划

3.4.1 战略计划的概念及特征

一、战略计划的概念

1. 战略计划的含义

战略计划是指应用于整体组织的，为组织未来较长时期（通常为5年以上）设立总体目标和寻求组织在环境中的地位的计划。

2. 战略计划的提出过程

提出企业的战略展望和组织使命，建立企业的目标体系，以及制订企业的战略是确立企业发展方向的根本性任务。这些任务确定了企业的方向，确定了企业的长期和短期经营目标，以及用来达到设定目标的竞争行动和内部经营方式。有些企业，特别是经常评价战略并制订明确的战略计划的企业，战略计划往往用文件的形式明确地表达出来，分发给全企业的管理者和员工。而在有些企业中，战略往往不诉诸文字，不广泛分发，而是在企业的管理者之间以口头的形式存在，只要企业的管理者理会并对下列要素做出应有的承诺就行：企业的发展方向、企业的发展目标和企业的经营方式。

组织目标体系通常是战略中予以清晰的表达并同企业的管理者和员工进行广泛交流的部分。有的企业在递交给股东的企业年度报告中或在给新闻媒体的材料中清晰地将战略计划的关键因素写出来，而有的企业则往往因为竞争敏感性而故意回避对企业的战略进行公开的讨论。

不过，战略计划很少能够预见所有在未来出现的、在战略上具有重要意义的事件。未预见的事件、未预见的机会和威胁以及不断出现的各种有益的建议往往会促使企业的管理者改变计划好的行动而做出一些在计划中没有的反应。如果企业的管理者将企业的战略工作狭隘地定义为有着固定日程安排的计划，那么，他们对企业管理者的战略制订责任完全是一种误解。“不得不做”情形下的一年一度的战略制订工作并不能保证管理者取得管理上的成功。

二、战略计划的特征

战略计划的特征有 4 个方面：①战略计划在空间上的特征是高瞻性；②战略计划在空间上的一个延伸特征是对抗性；③战略计划在时间上的特征是远瞩性；④战略计划在时间上的一个延伸特征是风险性。

3.4.2 战略计划的制订方法

一、SWOT 分析法

1. SWOT 分析法的含义

SWOT 分析法是对企业内外部环境进行综合分析的经典方法。它通过对企业内外部因素的分析，找出企业内部的优势和劣势以及外部面临的机会和威胁。SWOT 是优势（Strength）、劣势（Weakness）、机会（Opportunity）和威胁（Threat）4 个英文单词的词头缩写，其中，S、W 是内部因素；O、T 是外部因素。按照企业竞争战略的完整概念，战略应是一个企业“能够做的”（即组织的强项和弱项）和“可能做的”（即环境的机会和威胁）之间的有机组合，如图 3-13 所示。

图 3-13　SWOT 分析法

2. SWOT 分析法的优点

SWOT 分析法最早由伦德等人于 1965 年提出，在战略管理领域中被广泛运用。对企业内部分析而言，从最初简单的检核表（Check List），到独特能力（Distinctive Competence）、价值链及核心能力等概念的提出都可以看作对优势的发展。对企业的外部分析，PEST 分析法、五力分析法等都对战略管理理论和实践的发展产生了重要影响。

与其他的分析方法相比较，SWOT 分析法从一开始就具有显著的结构化和系统性的特征。就结构化而言，首先在形式上，SWOT 分析法表现为构造 SWOT 结构矩阵，并对矩阵的不同区域赋予了不同的分析意义；其次在内容上，SWOT 分析法的主要理论基础也强调从结构分析入手对企业的外部环境和内部资源进行分析。另外，早在 SWOT 分析法诞生之前的 20 世纪 60 年代，就已经有人提出过 SWOT 分析中涉及的内部优势、弱点、外部机会、威胁这些变化因素，但只是孤立地对它们加以分析。SWOT 分析法的重要贡献就在于用系统的思想将这些似乎独立的因素相互匹配起来进行综合分析，使得企业战略计划的制订更加科学、全面。

SWOT 分析法自形成以来，被广泛应用于企业战略研究与竞争分析，成为战略管理和竞争情报的重要分析工具。分析直观、使用简单是它的重要优点。即使没有精确的数据支持和更专业化的分析工具，也可以得出有说服力的结论。

3. SWOT 分析法的不足

与其他的战略分析方法一样，SWOT 分析法带有时代的局限性。以前的企业可能比较关注成本、质量，现在的企业可能更强调组织流程。例如，以前的电动打字机被印表机取代，这类企业该怎么转型？是应该做印表机还是其他与机电有关的产品？从 SWOT 分析法来看，电动打字机厂商的优势在机电，但是发展印表机市场机会比较大。结果有的企业朝印表机发展，最后搞得血本无归；有的企业朝剃须刀生产发展，转型得很成功。这就要看企业要的是以机会为主的成长策略，还是以能力为主的成长策略。SWOT 分析法没有考虑到企业改变现状的主动性。事实上，企业是可以通过寻找新的资源来创造企业所需要的优势，从而达到过去无法达成的战略目标的。其次，虽然 SWOT 分析法具有直观简单的优点，但是，正是这种直观和简单，使得 SWOT 分析法不可避免地带有精度不够的缺陷。例如，SWOT 分析法采用定性方法，通过罗列 S、W、O、T 的各种表现，形成一种模糊的企业竞争地位描述。以此为依据做出的判断，不免带有一定程度的主观臆断。所以，在使用 SWOT 分析法时要注意避免方法的局限性，在罗列作为判断依据的事实时，要尽量真实、客观、精确，并提供一定的定量数据弥补 SWOT 分析法定性分析的不足，构筑高层定性分析的基础。

二、波士顿矩阵分析法

波士顿矩阵分析法是对企业内部各个独立业务的经典分析方法。它根据相对市场份额和预计市场增长率的高低将企业内部各个独立业务划分为 4 类，分别为问题业务、明星业务、金牛业务和瘦狗业务，如图 3-14 所示。

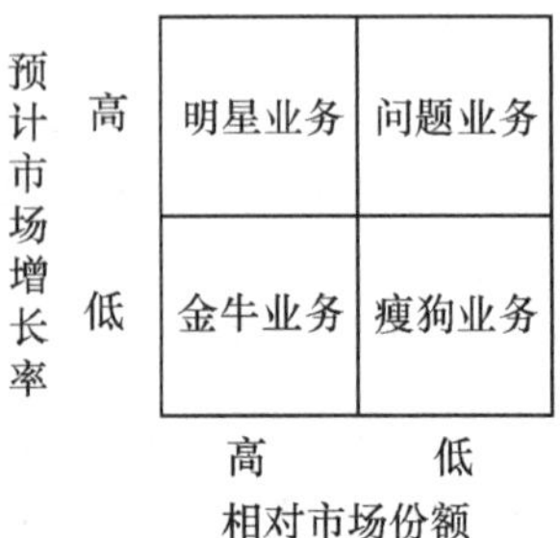

图 3-14 波士顿矩阵分析法

波士顿矩阵区分出 4 种业务组合。

1. 问题业务（Question Marks，指高增长率、低市场份额）

处在这个领域中的是一些投机性产品，带有较大的风险。这些产品可能利润率很高，但占有的市场份额很小。这往往是一个企业的新业务，为发展问题业务，企业必须建立工厂，增加设备和人员，以便跟上迅速发展的市场，并超过竞争对手，这些意味着大量的资金投入。“问题”非常贴切地描述了企业对待这类业务的态度，因为这时企业必须慎重回答“是否继续投资，发展该业务”这个问题。只有那些符合企业发展长远目标，企业具有资源优势，能够增强企业核心竞争力的业务才能得到肯定的回答。得到肯定回答的问题业务适合于采用增长战略，目的是扩大市场份额，甚至不惜放弃近期收入来达到这一目标。因为要将问题业务发展成为明星业务，其市场份额必须有较大的增长。得到否定回答的问题业务则适合采用收缩战略。

如何选择问题业务是用波士顿矩阵制订战略的重中之重，也是难点，这关乎企业未来的发展。对于增长战略中各种业务增长方案来确定优先次序，波士顿矩阵也提供了一种简单的方法。

2. 明星业务（Stars，指高增长率、高市场份额）

这个领域中的产品处于快速增长的市场中并且拥有占有支配地位的市场份额，但也许会或也许不会产生正现金流量，这取决于新工厂、设备和产品开发对投资的需要量。明星业务是由问题业务继续投资发展而来的，可以视为高速成长市场中的领导者，它将成为企业未来的金牛业务。但这并不意味着明星业务一定可以给企业带来源源不断的现金流，因为市场还在高速成长，企业必须继续投资，以保持与市场同步增长，并击退竞争对手。企业如果没有明星业务，就失去了希望，但“群星闪烁”也可能会“闪花”企业高层管理者的眼睛，导致其做出错误的决策。这时高层管理者必须具备识别“行星”和“恒星”的能力，将企业有限的资源投入在能够发展成为金牛业务的“恒星”上。同样地，明星业务要发展成为金牛业务，适合采用增长战略。

3. 金牛业务（Cash Cows，指低增长率、高市场份额）

处在这个领域中的产品会产生大量的现金，但未来的增长前景是有限的。这是成熟市场中的领导者，它是企业现金的主要来源。由于市场已经成熟，企业不必进行大量投资来扩展市场规模；同时作为市场中的领导者，该业务享有规模经济和高边际利润的优势，因而给企业带来大量现金流。企业往往用金牛业务来支付账款并支持其他三种需要大量现金的业务。金牛业务适合采用稳定战略，目的是保持市场份额。

4. 瘦狗业务（Dogs，指低增长率、低市场份额）

这个剩下的领域中的产品既不能产生大量的现金，也不需要投入大量现金，这些产品没有希望改进其绩效。一般情况下，这类业务常常是微利甚至是亏损的，瘦狗业务存在的原因更多的是感情上的因素，虽然一直微利经营，就像喂养了多年的狗一样恋恋不舍而不忍放弃。其实，瘦狗业务通常要占用很多资源，如资金、管理部门的时间等，多数时候是得不偿失的。瘦狗业务适合采用收缩战略，目的是出售或清算业务，以便把资源转移到更有利的领域。

波士顿矩阵的精髓在于把战略规划和成本预算紧密结合起来，把一个复杂的企业行为用两个重要的衡量指标来分为4种类型，用4个相对简单的分析来应对复杂的战略问题。该矩阵帮助多种经营的公司确定哪些产品宜于投资，宜于操纵哪些产品以获取利润，宜于从业务组合中剔除哪些产品，从而使业务组合达到最佳经营成效。

三、PEST分析法

PEST分析法是对企业所处外部宏观环境进行分析的经典方法。它分析的内容主要包括政治因素、经济因素、社会因素和技术因素等方面。PEST 是政治（Political）因素、经济（Economical）因素、社会（Social）因素和技术（Technical）因素的英文单词首字母的缩写。

1. 政治因素

政治因素主要包括政治制度与体制，政局，政府的态度以及政府制定的法律、法规等。其因素主要包括：①政治环境是否稳定；②国家政策是否会改变法律从而增强对企业的监管并收取更多的赋税；③政府所持的市场道德标准是什么；④政府的经济政策是什么；⑤政府是否关注文化与宗教；⑥政府是否与其他组织签订过贸易协定，如欧盟、北美自由贸易区等。

2. 经济因素

构成经济因素的关键战略要素包括国内生产总值、利率水平、财政货币政策、通货膨胀、失业率水平、居民可支配收入水平、汇率、能源供给成本、市场机制、市场需求等。

3. 社会因素

对企业经营影响最大的是人口环境和文化背景，即社会环境。社会因素包含以下几点：①这个国家的人对于外国产品和服务的态度如何；②语言障碍是否会影响产品的市场推广；③消费者有多少空闲时间；④这个国家的男人和女人的角色分别是什么；⑤这个国家的人是否长寿，老年阶层是否富裕；⑥这个国家的人对于环保问题是如何看待的。

4. 技术因素

技术因素不仅包括发明，而且还包括与企业市场有关的新技术、新工艺、新材料的出现和发展趋势以及应用背景。其分析的因素主要有：①科技是否降低了产品和服务的成本并提高了质量；②科技是否为消费者和企业提供了更多的创新产品与服务，如网上银行、新一代手机等；③科技是如何改变分销渠道的，如网络书店、机票、拍卖等；④科技是否为企业提供了一种全新的与消费者进行沟通的渠道，如 Banner 广告条、客户关系管理（Customer Relationship Management，CRM）软件等。

四、五力分析法

五力分析法是对企业所处外部产业环境的经典分析方法。它分析的内容主要包括业内竞争者、替代品竞争者、潜在进入者、买方和供应商五大产业环境力量，因此被称为产业环境的五力分析法。

1. 五力分析法的内容

（1）业内竞争者的竞争程度。

大部分行业中的企业，相互之间的利益都是紧密联系在一起的，作为企业整体战略一部分的各企业竞争战略，其目标都在于使得自己的企业获得相对于竞争对手的优势，所以，在实施中就必然会产生冲突与对抗现象，这些冲突与对抗就构成了现有企业之间的竞争。

（2）替代品的威胁。

两个处于同行业或不同行业中的企业，可能会由于所生产的产品是互为替代品，从而在它们之间产生相互竞争行为，这种源自于替代品的竞争会以各种形式影响行业中现有企业的竞争战略。

（3）潜在进入者的威胁。

潜在进入者在给行业带来新生产能力、新资源的同时，将希望在已被现有企业瓜分完毕的市场中赢得一席之地，这就有可能会与现有企业发生原材料与市场份额的竞争，最终导致行业中现有企业盈利水平降低，严重的话还有可能危及这些企业的生存。

（4）购买者的议价能力。

购买者主要通过其压价与要求提供较高的产品或服务质量的能力，来影响行业中现有企业的盈利能力。

（5）供应商的议价能力。

供应商主要通过其提高投入要素价格与降低单位价值质量的能力，来影响行业中现有企业的盈利能力与产品竞争力。

2. 五力分析法的理论假定与局限性

五力分析模型是建立在以下 3 个理论假定的基础之上。

（1）制订战略者可以了解整个行业的信息。

（2）同行业之间只有竞争关系，没有合作关系。

（3）行业的规模是固定的，只有通过夺取对手的份额来占有更大的资源和市场。

显然，这些理论假定是理想化的，现实中往往难以做到。例如：现实当中，制订战略者往往难以掌握全部信息；同业之间往往既有竞争又有合作，表现为竞合关系；行业规模也不是一成不变的。因此，上述理论假定使得五力分析法在实践运用中具有一定的局限性。关于五力分析法的实践应用一直以来也存在争论。目前较为一致的看法是：该模型更多时候是一种理论思考工具，而非可以实际操作的实务性战略工具。五力分析模型的意义更多在于，五种竞争力量的抗争中蕴涵着三类成功的战略思想即：总成本领先战略、差异化战略、专一化战略。

五、价值链分析法

价值链分析法是由美国哈佛商学院教授迈克尔·波特提出来的，是一种寻求确定企业竞争优势的工具，即运用系统性方法来考察企业的各项活动及其相互关系，从而找寻具有竞争优势的资源。

1. 价值链的核心内涵

价值链思想认为，按照经济和技术的相对独立性，企业的价值增值过程可以分为既相互独立又相互联系的多个价值活动，这些价值活动形成一个独特的价值链。价值活动是企业所从事的物质上和技术上的各项活动，不同企业的价值活动划分与构成不同，价值链也不同。

对制造业来说，价值链的基本活动包括内部后勤、外部后勤、市场营销、服务；辅助活动包括企业基础设施（企业运营中各种保证措施的总称）、人力资源管理、技术开发、采购。每一项活动都包括直接创造价值的活动、间接创造价值的活动、质量保证活动3个部分。企业内部某一项活动是否创造价值，要看它是否提供了后续活动所需要的资产、是否降低了后续活动的成本、是否改善了后续活动的质量。

价值链的含义可以概括为：第一，企业各项活动之间都有密切联系，如原材料供应的计划性、及时性和协调性与企业的生产制造有密切的联系；第二，每项活动都能给企业带来有形或无形的价值，如售后服务这项活动，如果企业密切注意顾客所需或做好售后服务，就可以提高企业的信誉，从而带来无形价值；第三，价值链不仅包括企业内部各链式活动，而且更重要的是，还包括企业外部活动，如与供应商之间的关系、与顾客之间的关系。

2. 价值链分析的特点

（1）价值链分析的基础是价值，各种价值活动构成价值链。价值活动是企业所从事的物质上和技术上的界限分明的各项活动。它们是企业制造对买方有价值的产品的基石。

（2）价值活动可分为两种活动：基本活动和辅助活动。基本活动是涉及产品的物质创造及其销售、转移给买方和售后服务的各种活动。辅助活动是辅助基本活动并通过提供外购投入、技术、人力资源以及公司范围的各种职能以相互支持。

（3）价值链列示了总价值。价值链除价值活动外，还包括利润，利润是总价值与从事各种价值活动的总成本之差。

（4）价值链的整体性。企业的价值链体现在更广泛的价值系统中。供应商拥有创造和交付企业价值链所使用的外购输入的价值链（上游价值），许多产品通过渠道价值链（渠道价值）到达买方手中，企业产品最终成为买方价值链的一部分，这些价值链都在影响企业的价值链。因此，获取并保持竞争优势不仅要理解企业自身的价值链，而且也要理解企业价值链所处的价值系统。

（5）价值链的异质性。不同的产业具有不同的价值链。在同一产业，不同的企业的价值链也不同，这反映了它们各自的历史、战略以及实施战略的途径等方面的不同，同时也代表着企业竞争优势的一种潜在来源。

3. 价值链分析的内容

（1）识别价值活动。识别价值活动要求在技术上和战略上有显著差别的多种活动相互独立。如前所述，价值活动有两类：基本活动和辅助活动。

（2）确立活动类型。在每类基本活动和辅助活动中，都有3种不同类型。

① 直接活动：涉及直接为买方创造价值的各种活动，如零部件加工、安装、产品设计、销售、人员招聘等。

② 间接活动：指那些使直接活动持续进行成为可能的各种活动，如设备维修与管理、工具制造、原材料供应与储存、新产品开发等。

③ 质量保证：指保证其他活动质量的各种活动，如监督、视察、检测、核对、调整和返工等。

这些活动有着完全不同的经济效果，对竞争优势的确立起着不同的作用，应该加以区分，权衡取舍，以确定核心和非核心活动。

4．价值链分析的角度

每一种最终产品从其最初的原材料投入到送达最终的消费者手中，都要经过无数个相互联系的作业环节，这就是价值链。价值链分析法由波特首先提出，它将从基本的原材料到最终用户之间的价值链分解成与战略相关的活动，以便理解成本的性质和差异产生的原因，是确定竞争对手成本的工具，也是供应链管理（Supply Chain Management，SCM）中确定本公司竞争策略的基础。我们可以从内部、纵向和横向 3 个角度展开分析。

（1）内部价值链分析。这是企业进行价值链分析的起点。企业内部可分解为许多单元价值链，产品在企业内部价值链上的转移完成了价值的逐步积累与转移。每个单元链上都要消耗成本并产生价值，而且它们有着广泛的联系，如生产作业和内部后勤的联系、质量控制与售后服务的联系、基本生产与维修活动的联系等。深入分析这些联系可减少那些不增加价值的作业，并通过协调和最优化两种策略的融洽配合，提高运作效率、降低成本，同时也为纵向和横向价值链分析奠定基础。

（2）纵向价值链分析。它反映了企业与供应商、销售商之间的相互依存关系，这为企业增强竞争优势提供了机会。企业通过分析上游企业的产品或服务特点及其与本企业价值链的其他连接点，往往可以十分显著地降低自身成本，甚至使企业与其上下游共同降低成本，提高这些相关企业的整体竞争优势。例如，施乐公司通过向供应商提供其生产进度表，使供应商能将生产所需的元器件及时运送过来，同时降低了双方的库存成本。在对各类联系进行分析的基础上，企业可求出各作业活动的成本、收入及资产报酬率等，从而看出哪一活动较具竞争力、哪一活动价值较低，由此再决定往其上游或下游并购的策略或将自身价值链中一些价值较低的作业活动出售或实行外包，逐步调整企业在行业价值链中的位置及其范围，从而实现价值链的重构，从根本上改变成本地位，提高企业竞争力。例如，川投集团整体兼并四川峨铁、嘉阳电厂和嘉阳煤矿，重组后占四川峨铁生产成本 60%的电价大幅降低，每年可节约成本数千万元。通过调整，四川峨铁的产量上了一个台阶，实现了规模经济，又降低了单位固定成本。而对嘉阳电厂和嘉阳煤矿而言，则有了一个稳定的销售市场，其销售费用亦大幅降低。同时川投集团还并购了长钢股份，为四川峨铁打开了销路。这一重组并购使 3 家劣势国有企业“重获新生”。

如果从更广阔的视野进行纵向价值链分析，就是产业结构的分析，这对企业进入某一市场时如何选择入口及占有哪些部分，以及在现有市场中外包、并购、整合等策略的制订都有极其重大的指导作用。

（3）横向价值链分析。这是企业确定竞争对手成本的基本工具，也是企业进行战略定位的基础。例如，通过对企业自身各经营环节的成本测算，不同成本额的企业可采用不同的竞争方式，面对成本较高但实力雄厚的竞争对手，可采用低成本策略，扬长避短，发挥成本优势，使得规模小、资金实力相对较弱的小企业在主干企业的压力下能够求得生存与发展；而相对于成本较低的竞争对手，可运用差异化战略，注重提高质量，以优质服务吸引顾客，而非盲目地进行价格战，使自身在面临产品价格低廉的小企业的挑战时，仍能立于不败之地，保持自己的竞争优势。

本章内容小结

计划是一项重要的不可或缺的管理职能。计划借助于提高组织的应变能力，由此降低有关风险：指引方向，协调工作；降低风险，掌握主动；优化资源配置，减少浪费，提高效益；提供检查控制标准是计划职能的体现。

计划具有多种类型。对计划进行分类有利于人们在实际工作中理解和掌握有关计划工作的规律和方法，掌握计划的主要表现形式。

计划工作的程序分为 9 个步骤，包括 3 个方面的工作：分析环境与预测、制订实现目标的活动方案并择优、计划方案的细化和预算化。常用的计划工作的方法有滚动计划法、网络计划技术和运筹学方法等。

目标管理是计划工作的一项主要内容。目标是计划者期望的成果。组织目标的特点是层次性、系统性、多样性、时间性、可考核性、难度适中性、两面性。目标管理是一个全面的管理系统，它用系统的方法，通过目标的分解、制订、落实等环节将许多关键活动结合起来，以有效地实现组织目标和个人目标。

目标管理分为建立目标体系、目标分解、组织实施、考评和反馈 4 个步骤。对目标管理在实践中的应用要注意其优点与不足，更好地发挥目标管理的作用。

案例思考

向华为学习目标管理

华为技术有限公司成立于 1987 年，总部位于广东省深圳市龙岗区。华为是全球领先的信息与通信技术（ICT）解决方案供应商。2020 年 8 月 10 日，《财富》公布世界 500 强企业名单，华为排在第 49 位。华为作为我国优秀的企业之一，在目标管理上也有自己的心得。

一、先有目标，再工作

有些企业的员工每天一来上班，就开始埋头苦干，虽然工作态度值得肯定，实则处于忙乱的状态，像无头的苍蝇一样。华为也遇到过类似的问题。员工工作都非常努力，还经常加班，但就是工作结果离预期的目标相差甚远，这不得不引起华为管理者的深思。他们经过深入调查发现，大多数华为员工都是坚定的指令接受者，接受任务后就埋头苦干，却很少思考自己的工作目标究竟是什么。因此，他们往往不清楚何时应该完成什么样的任务，任务完成的程度如何以及有没有合理的操作手段等。就是这种毫无目的性的工作方式导致员工工作混乱，他们选择错误的工作方法，擅自改变工作目标，做了很多无用功。

针对这种情况，公司创始人兼总经理任正非就提出了“先瞄准目标，再开枪”，也就是永远不能“先干起来再说”。员工个人应有自己的工作目标，而且这个目标应该是与企业目标是一致的，这样才能让员工明白自己目前做什么才能满足企业的发展需要。

华为在培训员工的时候，让每一名员工在开始工作之前必须弄清楚 5 件事：做什么？如何做？做多少？在哪儿做？为什么做？员工明白这 5 点，才是做好工作的前提，这样才能引导员工正确地去做工作。

二、目标要切实可行

企业中绝大多数员工还是希望自己能够做得更多更好，从而能更大限度地证明自己，但从现实来讲，在设定目标的时候，他们对于目标缺乏基本的判断，他们只知道自己想要什么，而不知道自己究竟能够做什么。虽然我们说目标要高于现实，但不能超出范围，否则目标就变成空中楼阁，甚至是天上的星星而无法触及。正因为如此，华为在进行目标管理，为员工设定目标之前，总是先进行一番调查，同时做好可行性研究，了解目标工作的难度，了解目标是否能够完成。任正非也说过任何目标必须是可执行的，任何缺乏执行性或者无法达到的目标，都毫无用处。在华为内部，很少会有人提出一些不切实际的计划，公司也绝对不赞成、不鼓励员工提出此类计划。在他们看来，目标不是越大越好，一旦遥不可及，就会变成负担。

三、工作目标要明确、要量化

目标管理的原则要求目标必须是可度量的。而华为员工都有明确的可执行的工作目标，都明白各自的工作任务。在执行目标时，他们通常会根据员工具体的工作过程，按照基本的流程设定相对独立的工作步骤或工作单元，指定 3 个量化指标：时量、数量、质量。比如对于产品的数量、检查次数等可直接量化的目标，完全可以用数量去衡量，而无法直接量化的指标可以从质量、时量的角度考虑。比如人员投诉率、服务及时性可以反映员工对职能部门的满意程度；文件的通过率可以反映文件起草的好坏程度。

上述 3 个量化指标，既是布置工作的要求，也是衡量工作效果的指标。它们贯穿于整个工作的全过程，有了这 3 个指标，员工才能确保工作执行到位。比如华为在进行考勤统计时，他们会要求“3 小时内完成 15000 人的考勤统计，形成考勤表，并及时上报行政主管”。在这个工作目标中，就包含了 3 个量化指标：时量是 3 个小时，数量是 15000 人的考勤统计，质量是形成考勤表，上报行政主管。任何一个量化指标缺失，都会影响目标的实现。

这种工作方法有效保证了员工的工作目标不会过多地偏离现实，更不会变得遥不可及。

四、目标要一步一个脚印

华为在发展的过程中，虽然采用的是“群狼战术”，但它并不是爆发式增长，而是通过一小步、一小步，一步一个脚印扎扎实实地走出来的。比如 20 世纪 90 年代，任正非提出“从城市到国内再到国际”的发展路径，使得华为慢慢在城市站稳脚跟，接着华为瞄准国内市场，等到在国内市场占据大部分市场份额后，开始将目光转向海外市场。华为一步步走来，每个目标都很明确，而且是逐步实现每个目标，并没有进行跳跃式发展，确保了华为保持总体战略目标方向上稳步前进。

华为的发展有迹可循，而且一直以来都在循序渐进，它的发展绝对不是一两天内就完成的，它所有的目标也不是一两天内实现的。这种逐步发展壮大的方式在日常工作中也得以体现，华为的每个员工平时都严格按照“设定目标—执行—完成目标—设定新目标”的方式进行工作。

五、目标要有时限性

以华为市场部员工为例，市场销售人员通常会接到任务，要求第一年完成多少销售额，紧接着第二年会增加多少，第三年增加更多，而到了第五年要确保市场份额占到了多少，第十年的市场份额又增加多少。这些都会纳入员工的工作计划，成为工作的核心。此外，在华为的会议上，无论是领导还是员工都会提出一个短期计划和中期计划，这些计划通常都是相对稳健的。每个人都知道自己在短期内应该做什么，接下来应该做什么，以此来推进自己的工作。

华为通常会制订一个五年计划和十年计划，而对于公司部门以及团队内部之间，目标与计划则控制在两三年以内，因为短期目标和短期计划的存在能够有效保证管理者以及员工不会冒进。不过，对于有些企业来说，部分员工常常欠缺自制力和耐心，也没有充分考虑目标实现的难易程度，因此常常会急功近利，总想着一蹴而就，在短时间内就实现目标。而这样一来，往往会让自己陷入困境。

华为员工常常将公司的发展比作长跑马拉松，一般的跑步者在跑步过程中很容易因为路程太远而放弃。如果跑步者能够将目的地进行切割和分解，将路程中的大树、房子、河流等作为标志，那么每当跑步者通过一个标志时，就会产生一种实现目标的成就感，这会带来更多的动力。所以，低着头硬撑的人往往难以坚持到最后，而沿途做好标记并随时进行观察的人，则能够更好地坚持跑下去。

思考题：

（1）华为公司的目标管理体现了什么原则？

（2）华为公司的短、中、长期计划体现在哪些方面？

（3）华为公司的战略发展计划体现在哪些方面？

管理者价值点分享

推荐阅读：
鱼竿和鱼

1. 没有目标，哪来的劲头。
2. 有什么样的目标，就有什么样的人生。
3. 让我们将事前的忧虑，换为事前的思考和计划。
4. 要实现目标，就要把目标写在纸上，记在心上，体现在行动上。
5. 学会写工作日志，把日志中的所有工作按重要性分类。
6. 如果你的工作表上全是A类任务，那么就请委托别人代办或重新分类。
7. 根据情况的变化和新信息的出现，不断变更工作的优先级。
8. 每天给自己一段安静的时间。
9. 工作按时完成后，应该自我奖励。
10. 计划的制订比计划本身更为重要。

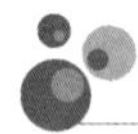

练习与应用

第3章练习与应用

第 4 章
决策

学习目标

知识目标：掌握决策的概念及分类，理解决策原则及决策要素。

素质目标：提高决策的风险意识和责任意识，培养学生果断决策和勇于担当的精神。

技能目标：掌握定性与定量的决策方法。

能力目标：能够运用决策的理论和方法，分析、解决现实中的决策问题。

开篇故事

田忌赛马

齐国大将田忌喜欢赛马。有一回，他和齐威王约定，要进行一场比赛。他们把各自的马分成上、中、下三等，比赛的时候，上马对上马，中马对中马，下马对下马。由于田忌的马比齐威王相同等级的马实力稍差一些，所以，比赛下来，田忌连输了3场。

田忌觉得非常扫兴，正准备垂头丧气地离开赛马场，恰巧遇到了自己的好朋友孙膑。孙膑对田忌说："我刚才看了赛马，齐威王的马比你的马快不了多少。"孙膑还没有说完，田忌瞪了他一眼："想不到你也来挖苦我！"孙膑笑说："并非挖苦你，我是说你再同他赛一次，我有办法让你赢他。"田忌疑惑地看着孙膑说："除非另换好马，可这已经是我最好的马了。"孙膑摇摇头说："连一匹马也不需要更换。"田忌毫无信心地说："那还不是照样得输！"孙膑却胸有成竹地说："你就按照我的安排办吧。"齐威王正在得意洋洋地夸耀自己马匹的时候，看见孙膑陪着田忌迎面走来，便站起来讥讽地说："怎么，莫非你还不服气？"田忌说："当然不服气，咱们再赛一次！"说着，"哗啦"一声，把一大堆银钱倒在桌子上，作为他的赌注。齐威王一看，心里暗暗好笑，于是吩咐手下，把前几次赢得的银钱全部抬来，另外加了一千金，也放在桌子上。齐威王轻蔑地说："那就开始吧！"一声锣响，比赛开始了。孙膑先以下等马对齐威王的上等马，第一局输了。齐威王站起来说："想不到赫赫有名的孙膑先生，竟然想出这样拙劣的对策。"孙膑不去理他。接着进行第二场比赛。孙膑用上等马对齐威王的中等马，胜了一局。齐威王有点心慌了。第三局比赛，孙膑用中等马对齐威王的下等马，又胜了一局。这下，齐威王目瞪口呆。比赛的结果是田忌三局两胜赢了齐威王。还是同样的马匹，由于调整了一下出场顺序，就得到转败为胜的结果。同样的资源，不同的决策常常导致不同的结果。可见，在管理中，决策正确比资源优势更为重要。

互动游戏

头脑风暴

形式：4～6人为一组最佳。
时间：10分钟。
材料：回形针，可移动的桌椅。
场地：教室。

活动目标

给学生练习创造性解决问题的机会。

操作程序

调查研究表明，创造性可以通过简单实际的练习培养出来。然而，大多数时候，革新想法往往被一些诸如"这个我们去年就已经试过了""我们一直就是这么做的"之类的话所扼杀。

为了使参与者发挥先天的创造性，我们可以进行头脑风暴的演练。头脑风暴的基本准则如下。

（1）不允许有任何批评意见。

（2）欢迎异想天开（想法越离奇越好）。

（3）我们所要求的是数量而不是质量（以量求质）。

（4）我们寻求各种想法的组合和改进。

有了这些基本准则后，将全体人员分成每组 4 ~ 6 人的若干小组。他们的任务是在 60 秒内尽可能多地想出回形针的用途（也可以采用其他任何物品或题目）。每组指定一人负责记录想法的数量，而不是想法本身。在 1 分钟之后，请各组汇报他们所想到的主意的数量，然后举出其中“疯狂的”或“激进的”主意。有时，一些“傻”念头往往会被证实是很有意义的。

学习内容

4.1 决策概述

决策是人类社会的一项重要活动，它涉及人类生活的各个领域，如经济发展规划、军事预测、企业经营管理、社会政治的重大改革等都离不开决策。决策是决策者在若干可能方案中做出选择的过程。在某些情况下，我们可以自动地做出决策或按程序做出决策，如我们从熟悉的地点到熟悉的目的地去，很少在可供选择的方案中进行有意识的比较，而代之以经验决策。经验决策是低层次的决策形式，科学决策是在这种决策形式上发展起来的，科学决策是建立在严密的理论分析和科学计算的基础上的，遵从严格的程序，运用科学的方法所做的决策。每一次科学决策都有其特定的决策目标，决策者在进行决策时借助于自己的经验，通过获取可靠的有用信息，运用科学分析的方法，做出符合实际情况的决定，用以指导未来的行动计划。由于情况总在不断变化，所以小到个人生活、企业的日常经营管理，大至国家的方针政策，经常都需要做出决策。决策正确与否，不仅关系到个人的得失、企业的成败、事业的兴衰，甚至影响到国家的发展。研究决策的理论和方法，用以指导我们的决策行为，力求减少和避免决策失误，具有十分重要的意义。

4.1.1 决策的概念和类型

一、决策的概念

微课：决策的概念

1. 决策的含义

对于什么是决策，众说纷纭，不同的学者有着不同的看法，直到目前尚无一个公认的定义。

有人认为，决策就是从两个及两个以上的备选方案中选择一个方案的过程。

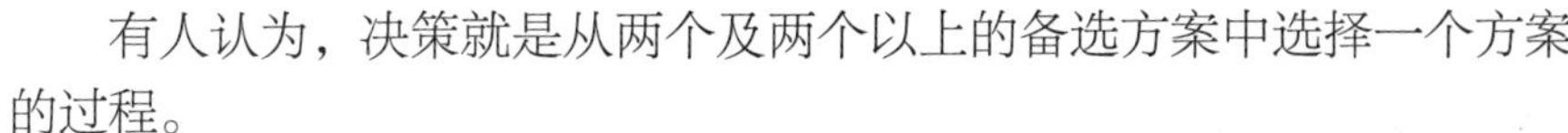

也有人认为，决策是指组织或个人为了实现某种目标而对未来一定时期内有关活动的方向、内容及方式的选择或进行调整的过程。

美国《现代经济辞典》对于决策的解释：“决策是指公司或政府在制定政策或选择实施现行政策的有效方法时所进行的一整套活动，其中包括收集必要的事实以对某一建议做出判断，以及分析可以达到预定目的的各种可选择的方法等活动。”

在本书中，我们按照“目的（Why）、方法（How）、结果（What）”的学理思路给出决策的定义：决策是指决策者为了实现某一决策目标，在掌握大量必要信息的基础上，借助一定决策方法，从两个及两个以上的可行方案中选择一个满意方案的分析判断过程。

决策的定义蕴涵4层内容：①决策是为实现既定目标服务的，在对决策方案做出选择前一定要有明确的目标；②决策必须有两个以上的备选方案；③决策要进行方案的分析比较，选择一个满意的方案；④决策是一个多阶段、多步骤的分析判断过程。

决策在管理活动中占有重要地位，决策的正确性和科学性对管理活动的成败起着决定性的作用，直接关系到企业或组织的生存和发展。

随堂思考 4-1

决策方案一定是最优的方案吗？

2. 决策的特征

现代决策所面临的对象，已不再是单个物体机械的组合，而是极为复杂的系统。越来越多的高功能、大规模、相互交织的新系统，如大经济、大科学、大文化、大农业、大工程相继出现。它们不但内部结构日益错综复杂，而且彼此之间相互制约、依赖和渗透，某方面的决策很快会影响到其他诸多方面，甚至会导致“一着不慎、满盘皆输”的后果。在这种趋势下，决策有了一些新的特点和要求。

（1）高速化。社会、经济和科技的迅猛发展和迅速变化对决策提出了高速化的要求，时间的价值在现代决策中表现得极为突出和明显。

（2）准确化。现代决策必须做到准确，这主要是指决策信息要做到质（概念、性质）的准确和量（范围、幅度）的准确。

（3）相关化。现代决策面临交织多变的事物，往往“牵一发而动全身”，尤其是高层决策更是如此，所以现代决策必须全面考虑各种相关因素。

（4）网络化。决策系统的结构将一改传统的直线式和“金字塔”型，趋向纵横交叉的矩阵网络和立体网络，在横向联系中从多维空间获取信息，从而获得生命力。

（5）两极化。现代决策活动趋向于把大量规范性决策向下转移，由中下层决策者和计算机来完成；高层决策者主要承担起战略性的和随机非程序化的决策，将精力转移到保证和提高决策的可行性和有效性上来。

二、决策的类型

在企业生产经营活动中存在着大量的决策问题，内容也十分广泛。根据不同的标准，可以将决策分为多种类型。

1. 按决策问题的重要程度分类

从决策问题的重要程度来看，可把决策分为战略决策、战术决策与业务决策。

（1）战略决策。战略决策是所有决策问题中最重要的，是针对组织大政方针、战略目标等重大事项进行的决策活动，是有关组织全局性的、长期性的，关系到组织生存和发展的根本性决策。它包括组织资本的变化、国内外市场的开拓与巩固、组织机构的调整、高级经理层的人事变动等决策。

（2）战术决策。战术决策是组织在内部贯彻执行的决策，属于执行战略决策过程中的具体决策，旨在实现组织内部各环节活动的高度协调和资源的合理使用，以提高经济效益和管理效能，如企业的生产计划、销售计划、更新设备的选择、新产品定价、流动资金筹措等决策。

（3）业务决策。业务决策是涉及组织中的一般管理和工作的具体决策活动，直接影响日常工作的效率，主要的决策内容包括工作任务的日常分配与检查、工作日程（生产进度）的监督与管理、岗位责任制的明确与执行、企业的库存控制、材料采购等方面的决策。

在不同类型的决策活动中，不同的管理层因面对的问题和所拥有的权限不同，所能负责的决策也不同。高层管理者主要负责战略决策，中层管理者主要负责战术决策和部分业务决策，基层管理者负责大部分业务决策。

随堂思考 4–2

公司考虑投资新建一个分公司，可以由财务经理进行决策吗？

2. 按决策的层次分类

从决策的层次来看，可把决策分为高层决策、中层决策和基层决策。

（1）高层决策。高层决策是指由企业最高领导人所做出的决策。高层决策解决的是企业全局或涉及面较大、比较重要、政策性较强、利害关系较大的决策。

（2）中层决策。中层决策是指由企业中级管理人员所做的决策，如企业执行性的管理决策和部分业务决策，大多属于安排一定时期的任务，解决工作或生产过程中的问题。

（3）基层决策。基层决策是指由基层管理人员所做的决策，主要是解决作业任务的安排问题。

随堂思考 4–3

车间加工某个零件的工作任务安排由谁决策？

3. 按决策的主体分类

从决策的主体不同来看，可以将决策分为集体决策和个体决策。

（1）集体决策。集体决策是指企业通过各种委员会或领导机构及所属机构有关人员参加的形式，按一定程序和方法，对某些重要问题所做出的决策。这类决策适用于对关系到组织全局的、长远发展的战略问题等。集体决策方式有利于交流信息、集思广益，该方法比较客观和科学，也有利于减少或避免决策失误；但这种决策常常有拖延时间、影响效率、产生“从众现象”和“群体思维”（Group Think），以及责任不明、遇到紧迫性问题时容易丧失良机等缺点。

（2）个体决策。个体决策是指决策者个人使用自己已掌握的信息，凭借自己的实践经验和智慧，对某些问题做出的决策。它适用于对许多紧迫性问题和常规性业务问题的处理，虽然有利于提高管理效率，但因个人的知识、经验有限，容易出现决策失误。

4. 按决策的重复程度分类

从决策所涉及问题的重复程度来看，可把决策分为程序化决策与非程序化决策。

组织中的问题可被分为两类：一类是例行问题，另一类是例外问题。西蒙根据问题的性质把决策分为程序化决策与非程序化决策。程序化决策涉及的是例行问题，而非程序化决策涉及的是例外问题。

（1）程序化决策。程序化决策是按原来规定的程序、处理方法和标准去解决管理中经常重复出现的问题，又称重复性决策。例如，当库存减少到一定程度时，再次订购货物加以补充；当开支超出预算（10%或 10%以上）时，向上级报告；每次学校放完长假过后，学校都要求每个班进行点名，确定学生返校人数。以上这些例子都属于程序化决策。

（2）非程序化决策。非程序化决策是指解决以往无先例可循的新问题，所决策的问题具有极大的偶然性和随机性，很少发生重复，通常是有关重大战略问题的决策，如新产品开发、组织结构调整、市场开拓、企业发展等。

程序化决策与非程序化决策的比较如表 4-1 所示。

表 4-1 程序化决策与非程序化决策的比较

决策类型	问题性质	组织层次	进行决策的技术		举例
			传统式	现代式	
程序化决策	例行问题（重复出现的、日常的）	中层 基层	1. 按惯例 2. 按标准操作规程 3. 明确规定的信息通道	1. 系统运筹学、结构分析模型、计算机模拟 2. 管理信息	企业：处理工资单 大学：处理入学申请 医院：准备诊治病人 政府：采购国产汽车
非程序化决策	例外问题（新的、重大的）	高层	1. 根据决策者的判断、直觉和创造性进行 2. 主观概率法 3. 通过经理的精选和培训	探索式解决问题技术适用于： 1. 培训决策者 2. 编制人工智能程序	企业：引入新的产品 大学：购建新的教学设施 医院：对突发疫情采取措施

在企业中，大量的决策是程序化决策，而且不同的管理层所面对的程序化决策数量也不同，如图 4-1 所示。高层管理者所做出的重复性决策至少有 40%，中层管理者可达 60%～70%，基层管理者或操作者则高达 80%～90%。

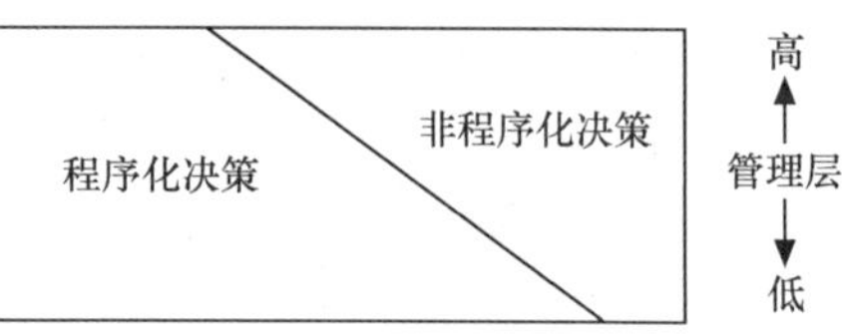

图 4-1 不同管理层面对不同数量的程序化决策

5. 按决策问题的可控程度分类

从决策问题的可控程度来看，可把决策分为确定型决策、风险型决策和非确定型决策。

（1）确定型决策。确定型决策是在稳定（可控）条件下进行的决策，是指决策者确知某一自然状态的发生（即未来的自然状态是确定的），每种方案只有一个确定的结果，方案的选择结果取决于对各方案结果的直接比较（有时方案数量很多，难以进行直观比较，这时可以借助线性规划等运筹学方法）。由于这种决策对未来的自然状态以及各方案的结果都是已知的、肯定的，故称为确定型决策。

确定型决策具有以下几个特征：①决策者希望达到的目标是明确的；②只存在一个确定的自然状态；③存在两个以上可供选择的行动方案；④不同行动方案的结果是确定的，其损益值可以计算出来。

相关链接：一个游泳场经营者的决策

（2）风险型决策。风险型决策是指决策者在自然状态不能完全确定的情况下，只能根据几种不同自然状态可能出现的概率进行的决策。在这类决策中，自然状态不止一种，决策者不能预知哪种自然状态会出现，但可以知道有多少种自然状态以及每种自然状态出现的概率。由于这种决策是以事先估计的概率为依据的，最后出现的实际情况（自然状态）不一定与预先估计的概率完全相符合，所以这种决策带有一定的风险性，故称为风险型决策。

风险型决策具有以下特征：①决策者期望达到的目标是明确的；②存在着两个以上可供选择的行动方案；③存在着不以决策者的意志为转移的两种以上的自然状态；④决策者虽然不能确定未来可能出现的自然状态，但对其出现的概率可以大致估计出来；⑤不同行动方案在不同自然状态下的损益值可以计算出来；⑥每种决策方案在执行过程中，由于存在着不同自然状态下的不可控因素，因此没有一种确定的结果，可能会出现几种不同的结果。

这类决策的关键在于衡量各备选方案成败的可能性（概率），权衡各自的利弊，做出最优选择。

（3）非确定型决策。非确定型决策是指决策者在客观自然状态完全不能确定的情况下进行的决策，即决策目标、备选方案可知，但多个自然状态都有可能出现，同时很难估计各种自然状态出现的概率。

在不确定条件下，决策者不清楚所有的备选方案有哪些，也不清楚与其相关的风险和可能的后果是怎样的。因此，此类决策主要凭借决策者的经验、智力、胆略（甚至勇气），以及对未来承担风险的态度。

相关链接：非确定型决策

非确定型决策与风险型决策的主要区别：风险型决策虽然对两种以上的自然状态在未来究竟出现哪一种自然状态不能肯定，但对其出现的概率可预先估计或预测出来；而非确定型决策则无法预先估计或预测这些自然状态出现的概率。因此，非确定型决策很大程度上取决于决策者的主观判断和实际经验，取决于决策者对待风险的态度。它是一种风险性最大的决策。

随堂思考 4-4

在对需要决策的条件及相关信息掌握得非常少，对实现的可能性（概率）也不清楚的情况下，适宜采用风险型决策还是非确定型决策？

6. 按决策的起点分类

从决策的起点来看，可以将决策分为初始决策与追踪决策。

（1）初始决策。初始决策是零起点决策，它是在有关活动尚未进行从而环境未受到影响的情况下进行的。

（2）追踪决策。初始决策实施以后，组织环境会发生变化，在这种情况下所进行的决策就是追踪决策。因此，追踪决策是非零起点决策。

4.1.2 决策的程序、原则与要素

一、决策的程序与原则

1. 决策的程序

决策程序也称决策流程，是指决策过程中所形成的各环节、步骤及其活动的总和。它

作为一个动态的行为模式，是由前后相继的政策步骤、环节所构成的。在决策环境非常复杂的情况下，有秩序地做决策比随意性决策更有效率，能够避免许多不必要的浪费。

决策的程序是实现决策目标的过程和手段。坚持正确的决策程序，依照决策的基本步骤，就要占有大量的资料、数据和信息，集中各方面的正确意见，从社会、经济、技术等方面对多个备选方案进行定性和定量分析，从中确定优选决策方案和最佳实施办法。因此，必须坚持正确的决策程序和方法，有效避免主观主义、盲动主义以及“个人说了算”的弊端，使人为的决策失误减小到最低程度，以保证最佳的决策质量，实现最佳决策目标。

决策程序主要包括发现问题、确定目标、寻求可行方案、明确相关或限制因素、分析评估备选方案、方案选择、检测和实施以及评价决策效果等步骤。

（1）发现问题。发现问题是决策过程的起点。及时发现问题的苗头，正确界定问题的性质和问题产生的根源是解决问题、提出改进措施的关键，这就要求企业各级管理人员具备准确发现问题的能力。问题是从调查中发现的，有时候问题很明显，如设备突然发生故障，但有时问题又很难发现。作为管理人员，不能坐等问题的出现，应预见问题的到来。

（2）确定目标。这个阶段的重点在于澄清解决问题的最终目的，明确应达成的目标，并对目标的优先顺序进行排序，从而减少以后决策过程中不必要的麻烦。决策目标是由上一阶段明确的有待解决的问题决定的。在确定过程中，首先必须把要解决问题的性质、结构、症结及其原因分析清楚，才能有针对性地确定合理的决策目标。决策目标往往不止一个，而且多个目标之间有时还会有矛盾，这就给决策带来了一定的困难。

（3）寻求可行方案。确定好目标后，可以通过采用以下 3 种方法来寻求可行方案：①把要解决的问题尽可能地集中起来，减少目标数量；②依照重要程度对目标进行排序，对重要程度高的目标先行安排决策，减少目标间的矛盾；③进行目标的协调，即以总目标为基准进行协调，寻求可行方案。

在诊断出问题的根由、澄清解决此问题的真正目标之后，应寻求所有可能用来消除此问题的对策。这些可能的备选方案间应互相具有替代作用。选用何种方案，视其在各相关或限制因素中的优劣地位及成本效益而定。

通常来说，一个问题往往可以用一个以上的办法来解决，所以在选择方案之前，应先把所有可能的候选者及相关因素罗列出来，以便更好地评估。提出的可行方案应尽可能详尽无遗，方案的数量越多、质量越好，决策者选择的余地就越大。

（4）明确相关或限制因素。明确相关因素与限制因素，列出各种对策所可能牵涉的有利或不利的因素。所谓备选方案的相关因素或限制因素，是指评价方案优劣后果应考虑的对象。例如，采购问题的决策考虑因素有价格（成本）、品质、交货时间、供货持续性、售后服务、互惠条件、累计折扣等。不同的决策问题将有不同的考虑因素，决策者必须针对特定问题，思考可能的相关因素，以免遗漏。

（5）分析评估备选方案。在制订出各种可行方案及确定相关因素与限制因素之后，接下来要做的就是进行评估，选择一个最有助于实现目标的方案。首先，要建立各方案的数学模型，并计算出各模型的结果，对其结果进行评估。评估时，要根据目标来考核各个方案的费用和功效。

其次，采用科学的分析评估方法，对各种比较方案进行综合评价。一是运用定性定量的分析方法，评估各比较方案的效能价值，预测决策的后果以及来自各阶层、各领域的反应。二是在评估的基础上，权衡对比各比较方案的利弊得失，并将各比较方案按优先顺序排列，提出取舍意见，送交最高决策机构。

（6）方案选择。方案选择是决策程序中最为关键的环节，由决策系统完成。要进行选择，就要比较可供选择方案的利弊，运用效能理论进行总体权衡、合理判断，然后选取其一或综合成一，做出决策。

决策者在决策时必须研究某一个方案对其他各方面的影响，以及其他方面的事物对这个方案的影响，并估计其后果的严重性、影响力和可能发生的程度。在仔细估量并发现各种不良后果以后，决策者最终才会选择原来目标中的次好方案，因为它比较安全，危险性小，是较好的方案。

在方案的评价和选择中，应注意以下问题。

① 确定评价的价值标准。评价的价值标准要根据决策目标而定。凡是能够定量化的都要规定出量化标准，如利润达到多少等；难以定量化的，可以做出详细的定性说明，如安全可靠性。

② 注意方案之间的可比性和差异性，即把不可比的因素转化为可比因素，着重对其差异进行比较与分析。

③ 从正反两个方面进行比较，目的在于考虑方案可能带来的不良影响和潜在的问题，以权衡利弊得失，做出正确的决断。

（7）检测和实施。当决策者在几个备选方案中选定自己认为最优的方案后，科学决策分析过程并未结束。为了确保决策能推动目标的达成，决策者还应该在执行前进行方案的可靠性检测，即进行局部试验，以验证方案运行的可靠性。若成功的话，即可进入普遍实施阶段；若所有先前考虑的后果都变成可能发生的问题，就需要进一步分析研究其原因所在，然后采取预防性措施以消除这些因素；若无法消除，还应该制订一些应急措施来对付可能发生的问题，或反馈回去进行“追踪检查”。

（8）评价决策效果。这一步需要建立管理信息系统，并对决策实施进行控制。如果决策在实施过程中出现了问题，就需要追溯之前决策的各个步骤，查明在哪个环节出现了问题以及出现问题的原因，及时给予纠正。

管理实践中的决策程序可参照图 4-2。

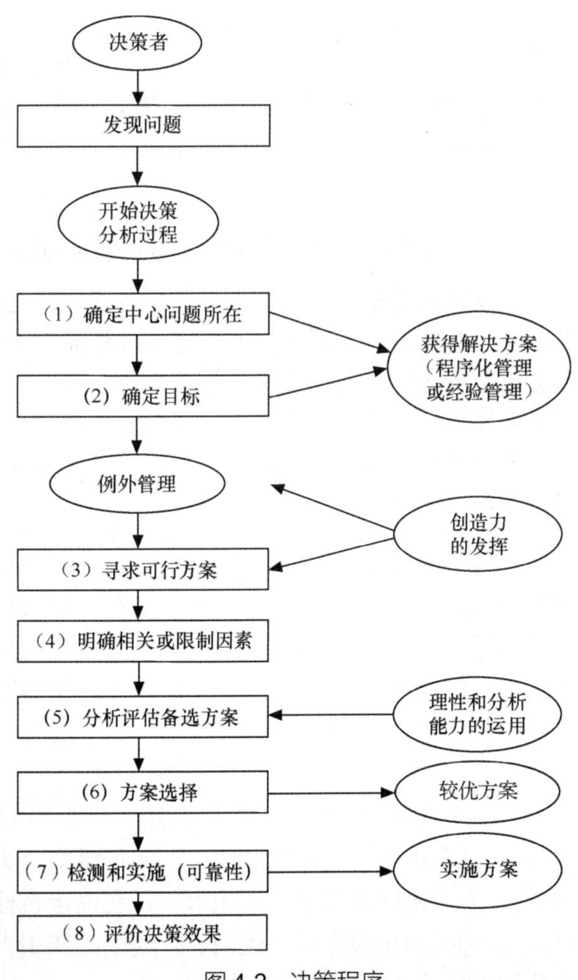

图 4-2　决策程序

2. 决策的原则

决策者要做出科学的决策，必须遵循以下原则。

（1）信息准确、全面原则。信息准确、全面原则是指进行决策前所收集的信息必须全面、准确地反映决策对象的内在规律与外部联系。信息是决策的基础和前提，没有准确、全面、及时、适用的信息，决策就成了无源之水、无本之木，势必导致决策的失误，甚至造成不可挽回的损失。信息的准确性是指信息要能真实地反映经济发展的客观规律；信息的全面性是指要从多渠道收集各种信息，并对其进行必要地综合整理和筛选，使其能够全面地反映所要研究的问题。

需要注意的是，信息也不是越多越好，决策者不能毫无目的、不计成本地收集各方面的信息，决策者在决定收集什么样的信息、收集多少及从何处收集等问题时，都要进行详细分析，这样才能保证获得的信息准确、全面，而不杂乱。

（2）可行性原则。可行性原则是指决策方案必须与企业现实的资源条件相适应。可行性程度的高低是衡量决策正确性的重要标志，决策方案决不能超越企业现有的主观及客观条件。为此，决策者应从实际出发，对各种备选方案进行定性、定量分析，进行方案的可行性论证和评价。任何只考虑需要而不考虑约束条件的决策都会导致决策的失误。

（3）优选原则。优选原则是指要坚持对各种备选方案进行比较和筛选的工作方法，对各种备选方案的优劣进行综合评价和分析论证。评价方案优劣的关键在于方案实施后经济效益的高低。优选令人满意的方案，是在保证达到决策目标的条件下，从多个备选方案中，选择耗费人力、物力、财力最少，费用最少，速度最快，耗时最短，经济效益最高的方案。

相关链接 4-1：最优原则与满意原则

按照优选原则，在最优决策和满意决策之间，我们应该选择后者而不是前者。这是因为，在现实的决策中，由于可供选择的方案相当多，实际上很难找出最优的方案，或者说很难肯定某个方案一定是最优的。同时，最优方案的实现往往需要严格的条件，这些条件现实中很难完全满足，因而最优方案不一定导致最优结果。而满意决策则是在现实条件可行的前提下，寻求一个相对较优的方案。西蒙认为："决策遵循的是满意原则，而不是最优原则。"

（4）系统性原则。系统性原则是指在决策过程中，要运用系统分析的理论和方法，对决策对象进行全面的分析和论证，在决策过程中兼顾各种利益关系，协调各种矛盾，以获得整体功能最优的效果。现代决策都是在错综复杂的动态系统中进行的，这就要求决策者必须针对系统所处的特定环境和条件，坚持整体优化的思想，深入分析系统中各部分、各层次之间的相互关系，进行整体构思、统筹安排、全面考虑，使其产生最佳的系统整体功效。

（5）利用"外脑"原则。利用"外脑"原则是指在决策过程中，要充分发挥专家智慧，广泛利用"智囊团"的作用，实行民主决策。现代决策面临着非常复杂的外部环境和条件，为了提高决策的科学化水平，在确定目标、拟订方案、优选方案、组织实施等各个阶段，都必须重视专家、顾问、智囊团的作用，充分利用集体智慧，把决策方案真正建立在民主化、科学化的基础上。

（6）追踪监控原则。追踪监控原则是指在决策方案付诸实施的过程中，必须及时进行信息反馈，密切注视环境变化，采取措施及时有效地调查发生的各种偏差。在决策方案实施过程中，往往会出现一些事先无法预料的偶然情况，为了保证目标的顺利实现，必须追踪监控决策的执行情况，掌握反映决策的进程以及实际情况与目标要求之间的差距，以便于采取有效的调节和控制措施，减少或消除各种偏差，确保决策目标的顺利实现。

二、决策的要素

决策的要素是指对决策行为有重要影响的各种因素，包括决策者、决策目标、决策准则、备选方案以及自然状态等。

1. 决策者

决策者是指做出决策的群体或个人，是决策行为的主体，其素质、水平、眼光和个性等对决策结果有着直接影响。

2. 决策目标

决策目标是指决策所期望产生的成果或价值，是决策行为的出发点和归宿。明确决策目标是正确决策的前提。决策目标是根据所要解决的问题来确定的，因此，必须把握所要解决问题的要害。只有明确了决策目标，才能避免决策的失误。

3. 决策准则

决策准则是决策者在决策全过程中应该遵循的原则，其中包括决策的思维方式、决策组织、拟定备选方案等方面的原则要求。

4. 备选方案

任何决策都应有两个或两个以上的备选方案，否则就无须决策。决策过程实际就是对几个备选方案进行比较选优的过程，备选方案的质量也是影响决策的重要因素。

5. 自然状态

决策备选方案的自然状态是指不以决策者的主观意志为转移的客观条件或外部环境，也是影响决策的重要因素。

4.2 决策理论与效用理论

4.2.1 决策理论

微课：决策理论

决策理论是指把第二次世界大战以后发展起来的系统理论、运筹学、计算机科学等综合运用于管理决策问题，形成的一个有关决策过程、准则、类型及方法的比较完整的理论体系。具有代表性的决策理论有以下 3 种。

一、古典决策理论

古典决策理论又称规范决策理论，是基于“经济人”假设提出来的，主要盛行于 20 世纪 50 年代以前。古典决策理论认为，应该从经济的角度来看待决策问题，即决策的目的在于为组织获取最大的经济利益。

古典决策理论的主要内容如下。

（1）决策者是理性的，决策者必须全面掌握有关决策环境的信息情报，决策者要充分了解有关备选方案的情况。

（2）最优化标准，决策者追求最优化的决策结果。

（3）经济的角度，决策者进行决策的目的始终在于使本组织获取最大的经济利益。

（4）完美的决策者应建立一个合理的自上而下的执行命令的组织体系。

古典决策理论忽视了非经济因素在决策中的作用，而非经济因素在企业的决策中有时起着很重要的作用，因此这种理论不能准确地指导实际的决策活动，从而逐渐被更为全面的行为决策理论所替代。

二、行为决策理论

行为决策理论的发展始于20世纪50年代，是基于"社会人"假设提出来的。西蒙在《管理行为》一书中指出，理性的标准和经济的标准都无法确切说明管理的决策过程，进而提出"有限理性"标准和"满意度"原则。其他学者对决策者行为做了进一步的研究，他们在研究中也发现，影响决策者进行决策的不仅有经济因素，还有其个人的行为表现，如态度、情感、经验和动机等。

行为决策理论的主要内容有：人的理性介于完全理性和完全非理性之间，人的理性是有限的。因为在高度不确定和极其复杂的现实决策环境中，人的知识、想象力和计算力是有限的，决策者在识别和发现问题中容易受知觉偏差的影响，从而使其对环境和决策方案的认知产生偏差，影响决策的确定；同时，由于受决策时间和可利用资源的限制，决策者即使充分了解和掌握有关决策环境的信息情报，也只能做到尽量了解各种备选方案的情况，而不可能做到全部了解，决策者选择的理性是相对的；在风险型决策中，与对经济利益的考虑相比，决策者对待风险的态度起着更为重要的作用。决策者往往厌恶风险，虽然风险较大的方案可能带来较为可观的收益，但是决策者倾向于接受风险较小的方案。因此决策者在决策中往往只求满意的结果，而不愿费力寻求最佳方案。

行为决策理论的核心内涵可以概括为以下5点。

（1）决策者的理性介于完全理性和完全非理性之间。

（2）决策者易受直觉的影响，即在对未来状况做出判断时，直觉的运用往往多于逻辑分析方法的运用。

（3）决策不能只遵守一种固定的程序，应根据组织内外环境的变化进行适时的调整和补充。

（4）决策者在决策中往往只求满意的结果，而非最佳结果。

（5）方案的执行也并非完美的。

三、当代决策理论

继古典决策理论和行为决策理论之后，在这两种理论的基础上，产生了当代决策理论。当代决策理论的核心内容：决策贯穿于整个管理过程，决策程序就是整个管理过程。

对当今的决策者来说，在决策过程中应广泛采用现代化的手段和规范化的程序，应以系统理论、运筹学和电子计算机为工具，并辅之以行为科学的有关理论，从研究组织的内外环境开始，继而确定组织目标，设计可以达到该目标的各种可行方案，比较和评估这些方案并进行方案选择，最后实施决策方案，并进行追踪检查和控制，以确保预定目标的实现。这种决策理论对决策的过程、决策的原则、决策的方法、决策的组织机构的建立与决策过程的联系等方面做了深入研究，把古典决策理论和行为决策理论有机地结合起来，既重视科学的理论、方法和手段的应用，又重视人的积极作用。

4.2.2 效用理论

效用的概念是丹尼尔·伯努利在解释圣彼得堡悖论时提出的，目的是挑战以金额期望值作为决策标准的观点。

效用理论是领导者进行决策方案选择时采用的一种理论。决策往往受决策领导者主观意识的影响，领导者在决策时要对所处的环境和未来的发展予以展望，对可能产生的利益和损失做出反应。在管理科学中，把领导人这种对于利益和损失的独特看法、感觉、反应或兴趣称为效用。效用实际上反映了领导者对于风险的态度。高风险一般伴随着高收益。面对数个方案，不同的领导者会采取不同的态度，进行不同的抉择。

1. 效用函数

运用数学函数式所建立的模型称为“效用函数”，这是一种理论假设。按照这类模型，人都被假设为可以决定在每一种可能的时间分配中产生的利益，并且追求利益最大化的选择。效用函数是用以表示消费者在消费中所获得的效用与所消费的商品组合之间数量关系的函数。它被用以衡量消费者从消费既定的商品组合中所获得满足的程度。

2. 效用曲线

效用曲线是用于反映决策者对风险态度的一种曲线，又称“偏好曲线”。在决策中，决策者的个性、才智、胆识、经验等主观因素，使不同的决策者对相同的损益问题（获取收益或避免损失）做出不同的反应；即使是同一个决策者，由于时间和条件等客观因素不同，对相同的损益问题也会做出不同的反应。决策者这种对于损益问题的独特感受和取舍称为“效用”。效用曲线就是用来反映决策后果的损益值与决策者的效用（损益值与效用值）之间的关系的曲线。通常以损益值为横坐标，以效用值为纵坐标，把决策者对风险态度的变化在此坐标系中描点而拟合成一条曲线，如图 4-3 所示。

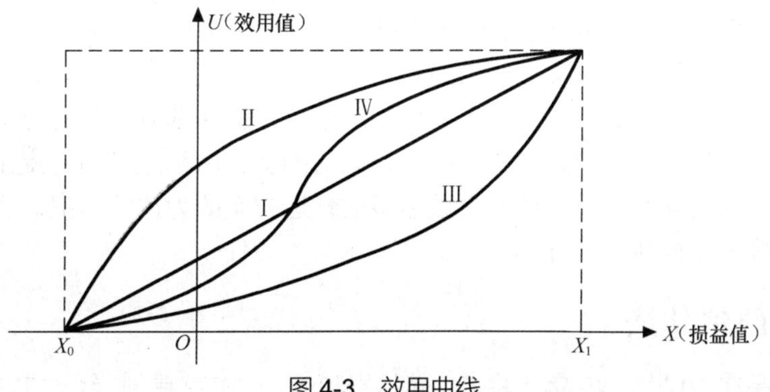

图 4-3 效用曲线

4.3 定性决策方法

定性决策方法也称主观决策法，是人们运用社会学、心理学、经济学和政治学等有关专业知识以及决策者个人的经验和能力，对决策方案进行评价与选择的一种方法。定性决策方法通常有头脑风暴法、名义群体法、德尔菲法、戈登法和对演法。

4.3.1 头脑风暴法

头脑风暴法也叫畅谈会法，它是美国学者A.F.奥斯本于1939年首创的。头脑风暴法是指在宽松的环境中以专题讨论会的形式，通过专家们的自由交流，引起各位专家的智力碰撞，从而产生新的智力火花，使专家的论点不断集中和优化，以形成满意方案的一种集体决策的方法。

微课：头脑风暴法

其做法是以召开会议的形式，由主持人充分地说明会议的主题，提供必要的相关信息，创造一个自由的空间，让各位专家充分表达自己的想法。为此，参加会议的专家的地位应当大致相当，以免产生权威效应，从而影响另一部分专家创造性思维的发挥。专家人数不应过多，应尽量适中，一般5～12人比较合适，因为人数过多，会议成本会相应增大。另外，会议的时间也应当适中，时间过长，容易偏离策划者的主题；时间太短，策划者又很难获取充分的信息。这种方法要求会议主持人具备很强的组织能力与指导艺术，能够抓住决策的主题，调节讨论气氛，调动专家们的兴奋点，从而更好地挖掘专家们潜在的智慧。

头脑风暴法应用的原则有以下几点。

（1）独立思考，开阔思路，不重复别人的意见。

（2）意见和建议越多越好，不受限制。

（3）对别人的意见不做任何评价。

（4）可以补充和完善已有的意见。

相关链接：坐飞机扫雪

4.3.2 名义群体法

在集体决策中，管理者如果对问题的性质不完全了解且意见分歧严重，则可采用名义群体法。采用这种方法时，小组的成员互不通气，也不在一起讨论、协商，因此小组只是名义上的。这种名义上的小组可以有效地发挥个人的创造力和想象力。

具体做法是：管理者先召集一些与问题相关的人员，把要解决的问题的关键内容告诉他们，并请他们独立思考，要求每个人尽可能地把自己的备选方案和意见写下来。然后再让他们按次序分别陈述自己的方案和意见。在此基础上，由小组成员对提出的全部备选方案进行投票，根据投票的结果，赞成人数最多的备选方案即为决策方案。当然，管理者最后仍有权决定接受或拒绝这一方案。

4.3.3 德尔菲法

德尔菲法是在20世纪40年代由O. 赫尔姆和N. 达尔克首创，经过T. J.戈尔登和兰德公司进一步发展而成的。1946 年，兰德公司首次采用这种方法进行预测，后来该方法被迅速广泛采用。

微课：德尔菲法

德尔菲法又名专家调查法，是指依据系统的程序，采用匿名发表意见的方式，即团队成员之间不得互相讨论，不发生横向联系，只能与调查人员联系，反复地填写问卷，以集结问卷填写人的共识及收集各方意见的方式来构造团队的沟通流程，解决复杂任务难题的决策方法。

德尔菲法可用于预测，也可用于决策，其特点就是请专家“背对背”地对问题进行预测或决策。

德尔菲法有 3 个明显的特点：匿名性、多次反馈、小组统计回答。

（1）匿名性。匿名是德尔菲法极其重要的特点，从事预测的专家都不知道还有哪些人参与预测，他们是在完全匿名的情况下交流思想的。

（2）多次反馈。小组成员的交流是通过回答组织者的问题来实现的，它一般要经过若干轮反馈才能完成预测。

（3）小组统计回答。统计回答是根据专家反馈的数据，经过统计明确一个中位数和两个四分点，其中一半落在两个四分点以内，一半落在两个四分点之外。这样，每种观点都包括在这样的统计中，避免了专家会议法的缺点。

用德尔菲法决策的实施步骤具体如下。

相关链接：书刊经销商的销量预测

第一步，选择参与决策的专家，专家之间在空间上是分离的（背对背）。

第二步，将决策问题提交给各位专家，请他们独立地、匿名地提出各自的意见。

第三步，汇总专家意见并反馈给各位专家。

第四步，各位专家在获得汇总意见的基础上再次提出意见。

第五步，重复第三步和第四步，直至意见大致趋同。

随堂思考 4-5

采用德尔菲法需要把专家召集到一起开会商讨吗?

4.3.4 戈登法

戈登法也叫教学式头脑风暴法或隐含法，它是指利用非推理因素、采取迂回探索的办法来激发专家创造力的特殊创新会议。这种方法也是以小组集体讨论的方式激发专家创造性想法和观念的方法。戈登法是抽象地提出问题，会议主持人是唯一知道要解决某一特定问题的人，会议的参加者并不知道要解决的具体问题是什么，他们被告知的只是一个慎重选择出来的关键词，即把问题高度抽象化，让大家自由联想发挥创意。之所以要这样做，或是由于决策问题需要暂时保密，或是由于决策问题同与会者有个人利害关系、避免对其造成心理上的干扰，或是出于防止束缚与会者的思想的考虑，目的是打破传统观念，激发新思路。

4.3.5 对演法

对演法也称"逆头脑风暴法"。对演法是一个进行理性决策的快速方法，它是靠相互批评激发创造性的方法。其做法是以召开会议的形式来解决问题。会议上有几个持不同观点的小组，这些小组各抒己见，通过"唱对台戏"的方法进行辩论，攻其所短，申己之长，充分揭露矛盾，展现各种方法的优缺点，暴露出各方案的片面性。也可拿出一个方案，人为设置对立面去批评，挑剔反驳，以使一些潜在的危险性问题得到较充分、彻底的揭露，使新见解更加成熟、完善。运用这种方法能对方案筛选起到一定作用。这种方法在互斥方案的选择中尤为重要。

4.4 定量决策方法

定量决策方法是指根据现有数据，运用数学模型进行决策的一种方法，它能使决策精确化和程序化。

4.4.1 确定型决策方法

确定型决策方法是指决策者确切地知道不可控的环境因素的未来表现，即只有一种确定已知的自然状态需要加以考虑，每一个方案对应一个特定的结果。在确定型决策下，决策方案的选择简化为对每个方案结果值进行直接比较的过程。其主要方法有线性规划法和盈亏平衡分析法。

1. 线性规划法

线性规划法（Linear Programming，LP）是运筹学方法中较为系统的一个分支，由其研究的问题中变量之间均为线性关系而得名。它作为经营管理决策中的数学手段，在现代决策中的应用是非常广泛的。

线性规划法是解决多变量最优决策的方法，是在各种相互线性关联的多变量约束条件下，解决或规划一个对象的线性目标函数最优的问题。比如，在资源有限的情况下，如何安排生产决策，使总产出最大；或者在目标任务限定的情况下，如何安排生产决策，使总消耗或总成本最小。其中目标函数是指决策者要求达到目标的数学表达式，用一个极大或极小值表示。约束条件是指实现目标的能力资源和内部条件的限制因素，用一组等式或不等式来表示。

线性规划法一般可采取以下4个步骤：①确定影响决策目标的决策变量；②建立目标函数；③找出实现目标的约束条件；④求解各种待定参数的具体数额。在目标最大的前提下，根据各种待定参数的约束条件的具体限制，找出一组最佳的组合。

例4-1 某机械制造工厂生产A配件和B配件，生产数据如表4-2所示。工厂生意不错，所有生产出的配件都能卖掉，但是使管理者困惑的是：两种配件的制造流程是类似的，每种配件应当生产多少才能够使利润最大化呢？

表4-2 某机械制造工厂的生产数据

部门	每单位产品所需工时（小时）		月生产能力（小时）
	A配件	B配件	
制造	2	4	1200

续表

部门	每单位产品所需工时（小时）		月生产能力（小时）
	A 配件	B 配件	
装配	2	2	900
每单位产品利润（元）	100	180	

解：（1）确定影响目标大小的变量。在本例中，目标是利润 V，影响利润的变量是生产 A 配件的数量 X 和生产 B 配件的数量 Y。

（2）建立目标函数：

$$V=100X+180Y$$

（3）找出约束条件。在本例中，两种产品在一道工序上的总时间不能超过该道工序的月生产能力，即：

制造工序：$2X+4Y\leqslant 1200$

装配工序：$2X+2Y\leqslant 900$

除此之外，还有两个约束条件，即非负约束：$X\geqslant 0$，$Y\geqslant 0$，从而线性规划问题成为如何选取 X 和 Y，使 V 在上述 4 个约束条件下达到最大的问题。

（4）求出最优解——最优产品组合。上述线性规划问题的最优解为 $X^*=300$ 和 $Y^*=150$，即生产 300 个 A 配件和 150 个 B 配件能使企业的利润最大，最大利润 $V_{max}=57000$ 元。

2. 盈亏平衡分析法

微课：盈亏平衡分析法

盈亏平衡分析法（Break-Even Analysis）也叫量本利分析法，是指将成本划分为固定成本和变动成本并假定产销量一致，根据产销量、成本、利润之间的函数关系，来确定盈亏平衡点（或者叫保本点），进而帮助管理者进行合理决策的一种分析方法。

在一般的情况下，生产任何一种产品的总成本都是由固定成本、变动成本组成的。固定成本是指在一定的产量范围内，不随产量变化而变化的成本费用，如厂房租金、机器设备折旧费和管理费等；变动成本是指随产量的变化而变化的成本费用，如原材料费、包装费和工人的计件工资等。对固定成本与变动成本进行分析的目的，是研究产量变化对成本的影响，从而得出生产某种产品至少要达到的临界产量，只有达到这个产量，企业才不会亏本。

企业利润 V 是销售收入（Total Revenue，TR）扣除成本（Total Cost，TC）后的余额，即 $V=TR-TC$；销售收入 TR 是产品销售量 Q（Quantity）与销售单价 P（Price）的乘积，即 $TR=P\times Q$；产品成本包括工厂成本和销售费用在内的总成本 TC，分为总固定成本 TFC 和总变动成本 TVC，即 $TC=TFC+TVC$。

总固定成本（Total Fixed Cost，TFC）是指总额在一定期间和一定业务量范围内不随产量的增减而变动的成本，主要是指固定资产折旧、厂房租金和管理费用等。

总变动成本（Total Variable Cost，TVC）是指总额随产量的增减而成正比例关系变化的成本，主要是指原材料费、包装费和计件工资等。就单件产品而言，单位变动成本 VC 部分是不变的，故 $TVC=VC\times Q$。

单位边际贡献：单件产品售价与单件产品的变动成本之差称为单位边际贡献，即 $P-VC$。

边际贡献率：单位产品的边际贡献与单件产品售价之比，即$\frac{P-VC}{P}$。

盈亏平衡分析法的核心是寻找盈亏平衡点，弄清上述变量关系后，我们就可以分别用图解法和公式法来寻找盈亏平衡点了。

（1）图解法。图解法是指以横轴表示产量（或销售量），纵轴表示成本（收入），绘成直角坐标图，如图4-4所示。

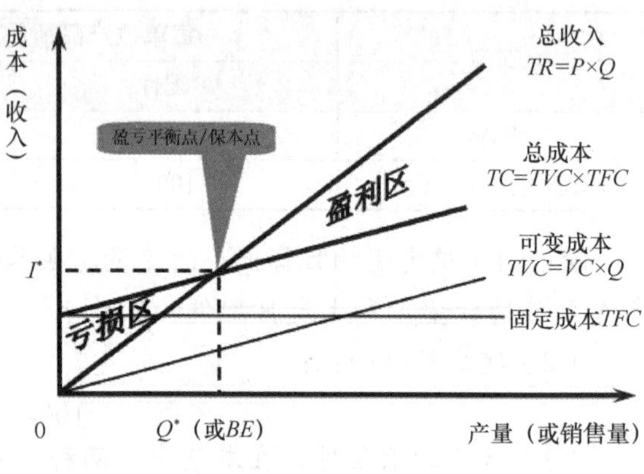

图4-4 图解法

由图4-4可知，当产量（或销售量）低于Q^*时，企业必将亏损；当产量（或销售量）大于Q^*时，企业就将赢利。

（2）公式法。为了计算盈亏平衡点Q^*，管理者需要知道产品的单位售价P，产品的单位变动成本VC和总固定成本TFC。

当一个组织的“总销售收入TR=总成本TC”时，这个组织就达到了盈亏平衡。同时，总销售收入$TR=P\times Q$，总成本$TC=TFC+TVC=TFC+VC\times Q$。

盈亏平衡时（即$TR=TC$时）的销量Q，我们用Q^*表示。

即：$P\times Q^*=TFC+VC\times Q^*$，

容易得到盈亏平衡点销量：$Q^*=\frac{TFC}{(P-VC)}$。

例4-2 某复印部规定，复印每张纸的价格为0.2元。如果固定成本为每年27000元，变动成本为每张纸0.05元。求该复印部的盈亏平衡产量。

解：根据题意，该复印部的盈亏平衡产量为：

$$Q^*=\frac{TFC}{(P-VC)}=\frac{27000}{(0.2-0.05)}=180000\text{（张）}$$

盈亏分析就是对企业产品的成本、产品的产量（或销售量）和企业利润的综合分析。如果我们用V表示利润，则$V=TR-TC$，此时的盈亏分析模型如下所示。

$$\begin{aligned}V&=TR-TC\\&=TR-（TFC+TVC）\\&=P\times Q-（TFC+VC\times Q）\\&=（P-VC）\times Q-TFC\end{aligned}$$

上式中，V——销售利润，P——产品销售价格，TFC——总固定成本，VC——单位变动成本，Q——销售数量，TR——销售收入。

盈亏分析的应用步骤可归纳如下。

（1）只要知道总固定成本TFC，产品的单价P和单位产品的可变成本VC，则：盈亏平衡点的产销量计算公式如下。

$$Q^*=\frac{TFC}{(P-VC)}。$$

盈亏平衡点的销售额为$I^*=P\times Q^*$。

（2）如果知道企业的实际产销量 Q，则：经营安全率 $L=(Q-Q^*)\div Q\times 100\%$。

（L：0～10%表示危险；10%～15%表示要警惕；15%～25%表示一般；25%～30%表示较安全；30%以上表示很安全）

此时，企业获利 $V=(P-VC)\times(Q-Q^*)$，或 $V=Q\times(P-VC)-TFC$，或 $V=TR-TC$，三者均可。

（3）如果给定目标利润 V_0，求在刚好实现目标利润 V_0 的情况下，企业需支付的总成本 TC_0（为叙述方便，在这里我们暂且称为目标成本 TC_0），则：目标成本 TC_0=销售额−目标利润$=P\times[(TFC+V_0)\div(P-VC)]-V_0$；或者 TC_0=总固定成本+总变动成本$=TFC+VC\times[(TFC+V_0)\div(P-VC)]$。二者均可。

例 4-3 已知某企业每年固定成本为 100 万元，每件产品原材料费用为 10 元，包装费为每件 2 元，销售单价为每件 22 元。试求：

（1）该企业的盈亏平衡点。

（2）假如该企业年生产能力为 15 万件，问：其是否有利润？如果有，利润为多少？并对其经营安全状况进行分析。

（3）假如该企业预定的目标利润为 50 万元，则目标成本是多少？

解：（1）根据题意，已知 $P=22$（元），$VC=VC_1+VC_2=10+2=12$（元），$TFC=100$（万元），则盈亏平衡点产销量为：$Q^*=TFC\div(P-VC)=100\div(22-12)=10$（万件）；盈亏平衡点的营业额为：$TR^*=P\times Q^*=22\times 10=220$（万元）。

（2）因为（$Q=15$ 万件）>（$BE=10$ 万件），处于盈利区，所以该企业有利润；利润为 $V=(P-VC)\times(Q-BE)=(22-12)\times(15-10)=50$（万元）。

该企业的经营安全率 $L=(Q-Q^*)\div Q\times 100\%=[(15-10)\div 15]\times 100\%=33.3\%$，$L$ 值大于 30%，说明经营状况为“很安全”。

（3）已知目标利润 $V_0=50$ 万元，所以目标成本 TC_0=销售额−目标利润$=P\times[(TFC+V_0)\div(P-VC)]-V_0=22\times[150\div 10]-50=280$（万元）。

或者，TC_0=总固定成本+总变动成本

$=TFC+VC\times[(TFC+V_0)\div(P-VC)]$

$=100+12\times[(100+50)\div(22-10-2)]=100+180=280$（万元）。

随堂思考 4-6

企业生产的产量低于盈亏平衡点的产量就必须停止生产吗？

4.4.2 风险型决策方法

风险型决策方法是指决策者能预知各种自然状态出现的概率，并在此基础上进行计算、比较和分析，依据判断的标准，选取其中一个合理的方案，验证后作为决策的依据。

由于概率是决策者根据历史统计资料和经验推断出来的，带有一定的主观性，所以决策存在一定的风险。风险型决策主要用于远期目标的战略决策或随机因素较多的非常规决策，如投资决策、筹资决策、组织发展决策等。

风险型决策必须具备以下条件：①存在着决策者期望达到的目标；②有两个以上方案可供决策者选择；③存在着不以决策者的意志为转移的几种自然状态；④各种自然状态出

现的概率已知或可估计出来；⑤不同行动方案在不同自然状态下的损益值可以估算出来。风险型决策常用的决策模型是决策树。

1. 决策树的构成

决策树由决策点、决策枝（亦称方案枝）、状态节点、概率枝和期望值构成。决策树的决策点为决策的出发点，用□表示；决策点引出若干条决策枝，每条决策枝代表一个方案，决策枝的末端为状态节点，用○表示；状态节点又引出概率枝，每一条概率枝代表一种自然状态，概率枝的末端为期望值，用△表示。整个决策的形状像一棵树，故称为决策树，如图4-5所示。

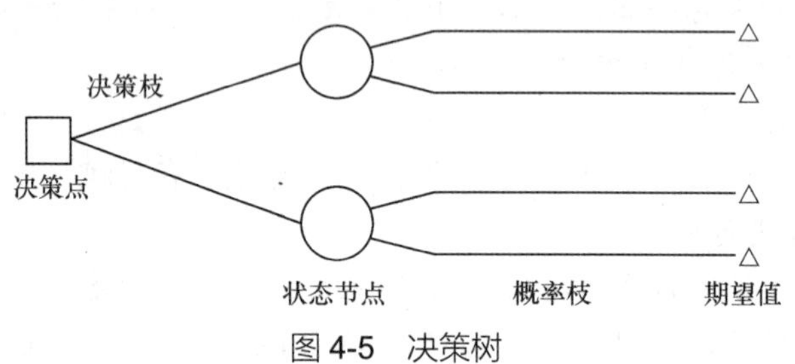

图4-5 决策树

2. 决策树分析

决策树分析的步骤如下。

（1）绘制决策树形图。绘制的树形图要自左向右展开。绘制时必须先对决策条件进行细致分析，确定所有可供选择的方案以及方案所在的自然状态。对于多级决策，要逐级展开其决策枝、状态节点和概率枝。

（2）计算期望值。从右向左按逆向顺序进行计算，即先将每种自然状态的损益值分别乘以各自概率枝上的概率，再乘以决策期限，然后将各概率枝的值相加，再标于状态节点上。

$$\text{期望值}E=\sum(Pi)$$

式中，P为损益值；i为概率。

（3）选择决策方案，比较不同方案的期望值，从中选出期望值最大的方案作为决策方案，并将此最大值标于决策点方框上。同时，未被选用的方案用两条平行短线截断，称为“剪枝”。

例4-4 某公司计划未来3年内生产某种产品，需要确定产品批量。根据预先估计，这种产品的市场状况的概率是畅销为0.2，一般为0.5，滞销为0.3。现提出大、中、小3种批量的生产方案，各方案的损益值如表4-3所示，求取得最大经济效益的方案。

表4-3 各方案损益值表　　单位：万元

方案	损益值		
	畅销（0.2）	一般（0.5）	滞销（0.3）
大批量	40	30	−10
中批量	30	20	8
小批量	20	18	14

解：（1）绘制决策树形图，计算期望值，如图 4-6 所示。

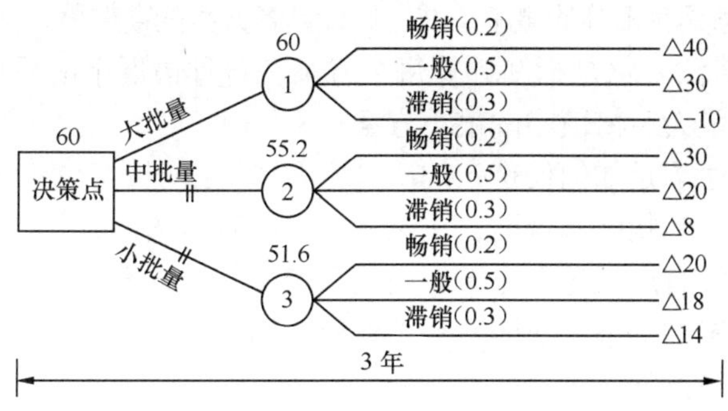

图 4-6 决策树计算图

（2）计算期望值。

大批量生产期望值=[40 × 0.2+30 × 0.5+(−10) × 0.3] × 3=60（万元）

中批量生产期望值=[30 × 0.2 + 20 × 0.5 + 8 × 0.3] × 3 = 55.2（万元）

小批量生产期望值=[20 × 0.2+18 × 0.5+14 × 0.3] × 3 =51.6（万元）

（3）选择决策方案。经过比较，大批量方案的期望值最大，因此选择大批量方案为决策方案，并把此决策方案的期望值写在决策节点方框的上面，以表示选择的结果。中批量和小批量未被选用的方案用两条平行短线进行“剪枝”。

随堂思考 4–7

在决策树计算图中，如何表示所选择的决策方案及放弃的方案？

4.4.3 非确定型决策方法

在非确定型决策问题中，各自然状态出现的概率为未知，不能以客观概率来求得各项行动的预期收益，则可由决策者运用主观判断来评定其概率，并借助上述技术进行分析决策。但由于概率的评定受决策者经验、认识能力的影响较大，风险较大。因此，可借助其他一些决策准则来选择最佳方案。

（1）乐观法（大中取大准则）。它是指找出每种方案在各种自然状况下的最大损益值，然后取其中最大者。

此准则适用于乐观的决策者，比较各方案所产生的最大收益，从而选取其中最大的一个。这种决策方法的主要特点是依据“乐观”原则，不放弃任何一个获得最好结果的机会，争取好中之好。决策者采用此准则须冒一定的风险，但也可能获得最大的收益。

（2）悲观法（小中取大准则）。它是指找出每种方案在各种自然状况下的最小损益值，然后取其中最大者，即比较各方案所产生的最小收益，而选取其中最大的一个。采用此准则可保证决策者至少获得一定的收益，因为不论实际情况如何，都不会得到更差的结果。

悲观法的着眼点是实际中无论自然状态发生什么变化，各个方案收益值不会低于一定限度，损失值不会高于一定限度。它把最小收益的自然状态视为必然出现的自然状态，从“最不利”的情况出发，寻找“最有利”的方案。因此，这是一种留有余地的分析方法，尽管比较保守、“悲观”，但却稳妥可靠。

（3）莱普勒斯法（等概率法）。当无法确定某种自然状态出现的可能性的大小及其顺序时，可以假定每一自然状态具有相等的概率，并以此计算各方案的期望值，然后进行方案抉择。

（4）最小后悔值法。它是指在计算每个方案在各种情况下的后悔值后，找出各方案的最大后悔值，选择最大后悔值中的最小方案。

这种方法的基本思想是如何使选定的决策方案可能出现的后悔值达到最小，即蒙受的损失最小。因为当某自然状态出现时，决策者会很明确地选择收益值最大的方案为决策方案。如果决策者当时没有选择这个方案，而是采取了其他方案，就会感到后悔。这种方法以后悔值作为评价方案的标准，依据的是“遗憾”原则。它既不过于保守，又不过于冒险，是一种比较稳妥的决策方法。

应用这种方法时，先计算同一自然状态下各方案比较的后悔值，计算公式如下。

后悔值=该自然状态下最优方案的损益值–该自然状态下其他方案的损益值

然后，从所有后悔值中选取各方案最大的后悔值，再从这些最大后悔值中取出最小者作为最佳方案。

（5）乐观系数法。乐观系数法又称贺威兹决策准则、折衷原则。它是介于乐观决策法和悲观决策法之间的一种决策方法。

随堂思考 4-8

需要决策的各方案在各自然状态出现的概率为未知，无法求得各项行动的预期收益，这时应采用哪种决策方法？

例 4-5 某公司计划生产一种新产品。该产品在市场上的需求量有 4 种可能：需求量较高、需求量一般、需求量较低、需求量很低。对每种情况出现的概率均无法预测。现有 3 种方案：A 方案是自己动手，改造原有设备；B 方案是全部更新，购进新设备；C 方案是购进关键设备，其余自己制造。该产品计划生产 5 年。根据测算，各方案在各种自然状态下 5 年内的预期损益如表 4-4 所示。请分别用乐观法、悲观法、最小后悔值法、莱普勒斯法、乐观系数法（乐观系数法$\alpha=0.8$）选择决策方案。

表 4-4 各方案在各种自然状态下 5 年内的预期损益值　　单位：万元

方案	损益值			
	需求量较高	需求量一般	需求量较低	需求量很低
A 方案	70	50	30	20
B 方案	100	80	20	−20
C 方案	85	60	25	5

解：（1）采用乐观法。可将各方案在不同自然状态下的最大收益值计算出来，再比较三个方案的最大收益值，取最大的收益值方案为决策方案，如表 4-5 所示。

表 4-5 各方案的最大收益值计算表　　单位：万元

方案	损益值				
	需求量较高	需求量一般	需求量较低	需求量很低	最大收益值
A 方案	70	50	30	20	70
B 方案	100	80	20	−20	100
C 方案	85	60	25	5	82

根据表 4-5 中所示的最大收益值，全部更新设备的 B 方案收益值最大（100 万元），应为乐观法的决策方案。

（2）采用悲观法。可将各方案在不同自然状态下的最小收益值计算出来，再比较 3 个方案的最小收益值，取最大收益值方案为决策方案，如表 4-6 所示。

表 4-6　各方案的最小收益值计算表　　单位：万元

方案	损益值				
	需求量较高	需求量一般	需求量较低	需求量很低	最小收益值
A 方案	70	50	30	20	20
B 方案	100	80	20	−20	−20
C 方案	85	60	25	5	5

根据表 4-6 所示的最小收益值，自己动手改造原有设备的 A 方案收益值最大（20 万元），应为悲观法的决策方案。

（3）采用最小后悔值法。先将各方案在同一状态下的后悔值计算出来，再选出各方案在不同自然状态下的最大后悔值，在最大后悔值中进行比较，取后悔值最小的方案为决策方案，如表 4-7 所示。

表 4-7　各方案的后悔值计算表　　单位：万元

方案	损益值				
	需求量较高	需求量一般	需求量较低	需求量很低	最大后悔值
A 方案	100−70=30	80−50=30	30−30=0	20−20=0	30
B 方案	100−100=0	80−80=0	30−20=10	20−(−20)=40	40
C 方案	100−85=15	80−60=20	30−25=5	20−5=15	20

根据表 4-7 所示的最大后悔值，购进关键设备、其余自己制造的 C 方案后悔值最小（20 万元），所以，选择 C 方案为最小后悔值法的决策方案。

（4）采用莱普勒斯法。将每个方案在各种自然状态下的概率进行平均，并计算和比较各方案的平均期望值，取最大者，如表 4-8 所示。

表 4-8　各方案的平均期望值计算表　　单位：万元

方案	损益值				
	需求量较高（0.25）	需求量一般（0.25）	需求量较低（0.25）	需求量很低（0.25）	平均期望值
A 方案	70	50	30	20	（70+50+30+20）×0.25=42.5
B 方案	100	80	20	−25	（100+80+20−25）×0.25=43.75
C 方案	85	60	25	10	（85+60+25+10）×0.25=45

根据表 4-8 所示，各方案在每种自然状态下的概率均为 0.25，计算出每个方案平均期望值，取最大者，可知应选择 C 方案。

（5）采用乐观系数法。选择各方案中的最乐观自然状态和最悲观自然状态，计算和比较各方案的加权平均，取加权平均值最大者，如表 4-9 所示。

表 4-9 各方案的平均期望值计算表　　单位：万元

方案	损益值				
	需求量较高（0.8）	需求量一般	需求量较低	需求量很低（0.2）	平均期望值
A 方案	70	50	30	20	70×0.8+20×0.2=60
B 方案	100	80	20	−25	100×0.8−25×0.2=75
C 方案	85	60	25	10	80×0.8+10×0.2=70

根据表 4-9 所示，设需求量较高的乐观系数为 0.8，则需求量很低的乐观系数则为 0.2，计算出各方案的平均期望值，取最大者，所以采用乐观系数法时，应选择 B 方案。

本章内容小结

决策是为了实现组织的某一决策目标，在掌握大量必要信息的基础上，借助一定决策方法，从若干个可以相互替代的可行方案中选择一个满意方案的分析判断过程。在组织中，决策具有普遍性和多样性。根据不同的分类原则，可以把决策分为多种类型。按决策的重要程度分为战略决策、战术决策和业务决策；按决策的主体分为集体决策和个体决策；按决策的层次分为高层决策、中层决策和基层决策；按决策的重复程度分为程序化决策和非程序化决策；按决策问题的可控程度分为确定型决策、风险型决策和非确定型决策；按决策的起点分为初始决策与追踪决策。决策的原则有信息准全原则、可行性原则、优选原则、系统性原则、利用“外脑”原则、追踪监控原则。决策的理论有古典决策理论、行为决策理论和当代决策理论。决策的方法分为定性决策方法和定量决策方法。定性决策方法通常有头脑风暴法、名义群体法、德尔菲法、戈登法和对演法；定量决策方法中的确定型决策常采用线性规划法、盈亏平衡分析法；风险型决策常采用决策树法；非确定型决策常采用乐观法、悲观法、莱普勒斯法、最小后悔值法和乐观系数法等。

案例思考

娃哈哈的成长之路

1994 年，长江三峡开始施工，但也同时产生了一个难题，就是百万移民如何安置，这是全国关注的难题。

1994 年 8 月，娃哈哈集团的创始人宗庆后跟随由浙江省副省长带队的浙江省人民政府及企业对口支援代表团来到了三峡库区——有着 2000 多年历史的涪陵。在 3 天的考察时间里，宗庆后天天忙碌于考察涪陵工厂，调查了解涪陵的交通、工业生产能力等。3 天后，宗庆后提出了一份计划：娃哈哈同意在涪陵合并 3 家当地特困企业，投资 4000 万元组建娃哈哈涪陵分公司，初步决定成立矿泉水、果奶、罐头食品、保健酒等 4 个项目。

为增强杭州干部对涪陵公司的感性认识，宗庆后回杭州后组织近 20 名中层干部再次考察了涪陵。涪陵自然条件恶劣，崎岖的公路，湿漉漉的空气，生产条件艰苦，配套生产落后，而且当地人的思想观念也很落后，所有这些都令前往考察的干部们大为踌躇。回到杭州后，大部分干部都反对这些项目，“到穷地方来背个大包袱，风险太大”“弄不好前功尽弃，也拖累整个集团的发展”。反对意见充斥在宗庆后的耳边。

宗庆后知道干部们的反对有一定道理：涪陵地区运输不畅；劳动力虽然便宜，但是就业观念、纪律观念淡薄，对现代企业的快节奏、高效率生产模式还不适应；3 家特困企业厂房破落，恢复生产代价很大。更大的问题在于杭州与涪陵相隔千里，指挥协调及其不便，而公司干部还没有在外独立工作的经验。总的来说，风险确实很大。

然而，宗庆后认为成立这些项目还是有很多有利条件，主要理由如下。

1. 政策优势。

对口支援，对口扶贫，是我国的国策，贫困地区发展经济的愿望比发达地区更强烈，国家也会给予贫困地区十分优惠的政策扶持。

2. 企业发展的需要。

在涪陵建厂，可以实现销地产，进一步占领西南大市场，实现跨省经营，为将来形成跨国集团公司打好基础。

3. 可以培养出一支能够独当一面的干部队伍。

4. 可以树立良好的企业形象。

权衡利弊，宗庆后最终决定开展涪陵公司相关项目。

思考题：

（1）宗庆后所做的决策是什么性质的决策？为什么？

（2）他的决策依据是什么？

管理者价值点分享

推荐阅读：
背水一战

1. 管理就是决策。
2. 正确的决策来自众人的智慧。
3. 在没有出现不同意见之前，不做出任何决策。
4. 做长期决策时，同时将短期选择铭记在心。
5. 抓住时机并快速决策是现代企业成功的关键。
6. 尝试预测以及准备应对任何情势上的改变。
7. 问一下自己：我的决策可能会发生什么错误。
8. 做决策时，要考虑所有可能的结果。
9. 用理性的逻辑分析去平衡直觉式的预感。
10. 评估你的决策能力，并且努力提高它。

练习与应用

第 4 章练习与
应用

第 5 章
组织

学习目标

知识目标：掌握组织的含义、基本内容和作用，了解组织结构的构成。

素质目标：培养学生形成组织管理的基本思想，使学生具备合理安排的管理思维。

技能目标：能够识别组织结构的具体类型，判断组织结构的集权、分权程度。

能力目标：能够运用所学组织协调与变革技术分析现实组织的管理问题。

开篇故事

碧桂园的组织结构为何“折腾不休”？

2020年，碧桂园进行了多次组织结构调整和人事变动。

一、碧桂园的最新组织调整

2020年5月11日，碧桂园又开始了一场组织架构大调整，拆分沪苏、安徽、湖南、湖北、广西等15个大区，向下裂变；另外，还对6个区域的管辖范围进行了变动。调整后，碧桂园的区域数量由47个激增至73个。

碧桂园方面表示，这次调整是2019年以来集团主动进行一系列组织架构调整的最新延续，目的就是适应市场的变化，继续深耕三四线城市的房地产市场。这个新的市场变化就是“疫情”之后楼市开始复苏，“小阳春”初现，这种复苏不仅出现在一二线城市，也在一些三四线城市出现。而且，碧桂园根据最新的一些市场数据也发现，下沉市场并非像之前预想的那么差，复苏的力度超出预期。这次组织调整主要是根据所在区域的市场容量、业绩规模、管理半径、团队综合能力等实际情况，灵活采取合并或者裂变的措施。

与之前收缩精简组织调整不同的是，碧桂园这次新动作带有扩张的意味。并且，碧桂园的组织结构调整并没有结束。2020年4月3日，总裁莫斌在管理会上表示，未来可能会根据市场、内部管理需要继续调整，然后聚焦深耕、提高效能。

碧桂园从一个项目发展到上千个项目，从区域企业拓展为全国性企业，甚至发展海外市场，不仅搭上了我国新型城镇化建设的顺风车，而且更重要的是，一方面，碧桂园能够认清市场并快速布局；另一方面，碧桂园可提高组织力量，让组织发挥势不可挡的力量。深耕下沉市场的碧桂园被誉为房地产界的“拼多多”，势头强劲背后是组织的蓄力和支撑。

二、碧桂园不同阶段组织变革解读

1. 总部权力集中

碧桂园二级管控架构内容：总部定位于资源整合平台、重大决策平台和服务支撑平台，依靠集团的集中式强管控取得了相应的成绩。在这一架构下，各个中心部门需要承担起制度建设、计划管理、日常管理、知识管理及协作配合等职责。

但随着碧桂园规模日益壮大，这种模式显然难以推动公司发展。隐患在2008年碧桂园开启全国战略后开始显现，随之而来的便是效率下降等诸多问题。同时，在金融危机的影响下，碧桂园销售与利润均没有达到预期。

2. 区域协调

随后的2009年2月，碧桂园召开了项目管理改革启动会议，决定真正放权，总部仅管理区域，不再直接管辖项目。但由于放权有限，此时的区域仅能起到协调作用，一旦发生问题，项目负责人还是会先找总部。

3. 总部选择性放权

2010年7月22日，新任总裁莫斌的到来为碧桂园的改革和持续发展带来了新的动力，同时带来先进的“1+3”管理思想，突破了碧桂园以往垂直管理的局限性，真正将“总部—区域—项目”三级管控模式做实，为碧桂园的二次腾飞奠定了管理基础。

所谓“三级管控”，是指总部精干高效、区域做实做强、项目责任到人，各层级的定位如下。

- 总部：重大决策的平台、服务支撑的后台和过程检查中心。
- 区域：管理中心，负责所管辖范围内所有项目资源的整合与配置。
- 项目：完成任务中心，项目管理部作为项目实施主体，负责项目现场进度、质量、成本、安全的管理。

随后，碧桂园总部开始加大授权力度，助力区域做实做强。在“三级管控”模式下，碧桂园推出了“1+3”在内的一系列管理措施。何谓“1+3”呢？

- 1个目标：确保项目利益最大化从而实现公司利益最大化。
- 3个中心：职能部门以服务项目为中心、项目工作以保证营销为中心、营销策划以项目利润和现金流为中心。
- 3项抓手：抓工程质量、抓总部服务、抓绩效考核。
- 3级管控：总部精干高效、区域做实做强、项目责任到人。

但三级管控阶段的碧桂园，并没有平衡好总部与区域间的权责关系。总部认为区域承责能力不足，选择性放权；区域则觉得总部对其“束缚”太多。关于“集权”和“放权”，一直有两种声音在相互博弈。

为了让区域能够承担起责任，总部根据项目成熟度及地理位置不同，将区域划分为特级区域、一级区域及非一级区域，对不同类型区域公司采用不同的管控方式。其中特级区域是集团唯一不设拿地成本限制的区域；一级区域则可获得集团“9+X”授权，主要是在“拿地”方面拥有极大的自主权，其提议可直接交由土地决策委员会审理通过。

4. 四级管控——总部加大区域授权

随着一系列的组织调整和管理变革，碧桂园迎来业务爆发期。2017年，碧桂园实现合约销售约人民币5508亿元，首次超越万科、恒大，成功“登顶”国内房地产企业排行榜。

规模急速增长背后，是管理半径过大所带来的负面影响，为了更好地管理全国各地的上千个项目，碧桂园内部正在进行一场组织结构手术，即在“区域”与“项目”两个层级之间增设“城市公司”。也就是在区域内增设若干分区，各大区域开始权力下放，把项目交由城市公司直接管辖。

区域总部只做制度标准、管理考核、帮扶城市公司、帮扶项目方面的工作；城市公司则负责具体业务的落实执行，也相应对城市公司内各项目的管理指标负责。

在“总部—区域—城市—项目”四级管控模式下，总部还需进一步加大对区域的授权力度，让区域在管理城市公司时更加灵活。比如人才招聘，此前项目负责人的选聘和任用均由总部负责，而调整后这一权力逐步移交给部分发展快、能力强的区域自行开展。

5. 精简总部，拆部门“墙”

2018年，碧桂园又提出了“提质控速行稳致远”战略。在这一战略指导下，碧桂园开始了自创立以来规模最大的一次组织变革。

2019年年初，碧桂园对功能类似的部门进行了整合，使集团在财务、营销、成本、行政等重要业务板块效率更高，流程更精简。调整后，碧桂园总部的组织结构如下。

- 中心：共有 13 个，包括投资策划中心、财务资金中心、成本管理中心、运营中心、设计管理中心、品牌营销中心等。
- 部门：隶属于中心，共计 37 个，例如成本管理中心下设成本管理部、工程招标管理部 2 个部门。
- 事业部：共 5 个，包括产城发展事业部、新业务事业部、海外事业部、海外“1+1”事业部和创新投资事业部。

6. 进一步精简总部，区域合并

2020 年 2 月底，在一众房地产企业纷纷开启线上卖房的热潮时，碧桂园再一次进行了大刀阔斧的调整。这次改革涉及总部和区域两个层面。

- 总部层面：将投资策划、设计管理两个中心合并为投资策划中心，进一步精简。
- 区域层面：对部分业务规模偏小的、地域邻近的区域进行整合，以有效利用优势资源，提升区域工作效率和担责能力。

具体区域合并情况我们可以简单了解，但其中比较重要的是，有些区域是裂变后的再合并，例如苏南区域、滁州区域、皖东区域此前都是由江苏区域拆分出来的。此次苏南区域并入江苏区域，滁州区域和皖东区域合并为皖东区域。

互动游戏

举案齐眉

游戏人数：10 ~ 15 人。
场地要求：开阔的场地。
需要器材：3 米长的轻质塑料棍。
游戏时间：30 分钟左右。

活动目标

在团队中，如果遇到困难或出现了问题，很多人马上会找到别人的不足，却很少发现自己的问题。了解队员间的抱怨、指责、不理解对于团队的危害，提高队员在工作中相互配合、相互协作的能力。统一的指挥和所有队员共同努力对于团队成功起着至关重要的作用。

（1）体会到队员间的抱怨对于团队的危害性，找出正确的办法来处理工作中出现的问题。

（2）在一个团队中如果遇到困难或出现了问题，很多人马上会找到别人的不足，却很少发现自己的问题。这个项目将告诉大家“照顾好自己就是对团队最大的贡献”。

操作程序

（1）准备一根 3 米长的轻质塑料棍。

（2）小组成员站成相对的两排或并排，全部将一根手指头举到自己眉头的位置。

（3）将塑料棍放在每个人的手上。注意：保证每双手都接触到塑料棍，且手指均在其下面，规定谁的手指离开塑料棍将受到一定的惩罚。

（4）小组任务：在保证每个人的手指都不离开塑料棍的情况下水平往下移动，直到与膝盖持平，一旦有人的手指离开塑料棍，则该团队将受罚。

学习内容

5.1 组织工作的基础

5.1.1 组织的概念及性质

一、组织的概念

1. 组织的含义

作为动词来理解，组织是一种活动，是一种行为过程，体现为管理的一种职能；而作为名词来理解，组织则是管理的载体。

从动态观念来看，组织工作是一个过程，即组织工作是维持与变革组织结构，并使组织发挥作用、完成组织目标的过程。

> 本书将组织定义为：组织是指一种由两个及两个以上的人组成的，具有明确目的和系统性结构的实体。

组织工作就是在组织目标已经确定的情况下，将实现组织目标所必须进行的各项业务活动加以分类组合，并根据管理幅度原则划分出不同的管理层次和部门，将监督各类活动所必需的职权授予各层次、各部门的主管人员，以及规定这些管理层次和部门的相互配合关系的一系列活动的过程。

组织工作的基本内容包括以下几点。

（1）明确实现目标所必需的各种活动，并对之进行分类。

（2）将组织所必需的各种活动进行组合，以形成可以管理的部门或单位。对组织活动和组合方式的不同分类，形成各种不同的组织结构类型。

（3）将各部门或单位所必需的职权授予各个管理者。这就是组织工作中的职权配置。

（4）为组织中的职位配置适当的人员。这就是管理中的人员配备或人力资源管理工作。

（5）对组织结构进行协调和整合，使组织成为一个精干高效的有机整体。

组织工作的目的是建立和维持一个适宜的职务结构，组织通过职务结构和职权关系的设计，使每个人知道谁该做什么，谁对哪些后果负责，建立一个默契的工作环境。

2. 组织的作用

组织是实现总体目标和计划的保证，需要广大员工共同完成组织的总体目标和计划。员工若是一盘散沙，则将一事无成。所以，管理工作者要对所完成的总体任务进行了解和分析，进而将总体任务分解为一个个基本环节或要素，并明确分工，将任务落实到基层或个人，然后促使他们在分工的基础上紧密配合，有效地进行工作。

（1）组织能实现资源增效。组织能把各种资源组合成有机的整体，使各种分散的力量形成合力，从而产生“1+1 > 2”的效果，也就是整体大于部分之和。组织能使资源增效，这是以组织职能发挥正常为前提的；否则就不能增效，反倒会降低效能。

（2）组织是实现目标的依托。现代组织是一个综合系统，其目标具有复合性，不是个人或分散的力量能够实现的。要创造条件，改造环境，顺利地实现目标，就必须依靠组织。这当然是因为，对于自然界和人类社会来说，个人的作用是十分有限的，合理地组织起来就能形成每个人长处和短处的互补机制，可以产生新的力量。所以，只有依靠组织，才能更好地决策，更好地确定目标并有效地实施目标。在管理工作中，也只有依托组织，才能完成较为宏大的任务，最终实现目标。

（3）组织是管理者行使职能的实体。管理工作是管理者对被管理者的思想、行为施加影响，对管理的其他对象进行调配、使用的过程。在这个过程中，管理者必然要按一定的规则和程序把组织成员编排起来，形成一级制约一级的系统，以及对财、物、事、时等进行统筹安排，使之成为有机的整体。这个过程实质上就是管理者行使各种管理职能的过程。没有组织这个实体，这个过程就失去了赖以生存的形式。

随堂思考 5–1

组织作为管理的一项重要职能，基本内容包括哪些呢？

二、组织的性质

组织的性质是由组织本身决定的，或者说是由组织的构成要素决定的。组织的性质同时也反映了组织的构成要素，我们可以通过了解组织的外在性质进而了解组织的内在构成要素。

无论是社会组织还是生物组织，都具有目的性、整体性和开放性这 3 个主要特征。

1. 目的性

组织是一种控制系统，人们建立的各种社会系统的目标都是为了组织、协调自己的活动。在多层次的大系统中，通常有总的目标，各子系统除了服从总目标、为总目标服务外，常常还有自己的分目标。

2. 整体性

整体性是指组织系统作为整体所具有的性质不同于它的构成要素或组成部分的性质，组织系统的整体所能达到的功能也不同于它的构成要素或组成部分的功能，整体与其构成要素在运动规律上也是不同的。从组织系统中的要素来看，它们在整体中所表现出的性质与功能，与它们自身在独立存在时所表现出的性质和功能也是不相同的。整体性是组织系统最主要的一般特征，是组织系统的本质属性。组织系统之所以是组织系统而不是要素或集合，都是由组织系统的整体性决定的。

3. 开放性

组织的开放性指的是组织具有不断地与外界环境进行物质、能量、信息交换的性质和功能。任何组织作为整体都不是孤立存在的，它总是处于一定的环境之中，并且同环境相互联系、相互作用着，从而表现出自己的整体性能。组织向环境开放是组织得以向上发展的前提，也是组织得以稳定存在的条件。

5.1.2 组织理论的基础内容

一、职权

1. 职权的含义

在组织结构中确定各个组织成员的职务，这就涉及在特定职务上具有什么样的职权，即具有什么样的组织关系的问题。没有职权就不可能有组织的管理活动，因为只有授予组织成员相应的职权，才能使他们执行组织分派的任务。因此，职权是不可缺少的。一般来说，组织层次、组织部门越多，职务关系就越复杂。

职权是指管理职位所固有的发布命令和希望命令得到执行的一种权力。职权被视为把组织紧密结合起来的黏合剂。每个管理职位都具有某种特定的内在的权力，职权与组织内的职位有关，而与担任该职位的管理者的个人特性无关，它与任职者没有任何直接的关系。

2. 职权的类型

职权的类型可以分为3种：直线职权、参谋职权、职能职权。

（1）直线职权。直线职权是指给予一位管理者指挥其下属工作的权力，即管理者具有指挥权和决策权，无须征得他人意见。之所以称其为“直线”，主要是强调管理者是对组织目标的实现具有直接贡献的直线管理者。

（2）参谋职权。参谋职权是一种有限度的、不完整的职权，只是一种顾问性质或服务性质的职权。具有此种职权的管理者可以向直线管理者提出建议或提供服务，而并没有指挥权和决策权。

（3）职能职权。职能职权是指参谋人员或部门的主管人员所拥有的原属于直线主管的那部分权力。随着管理活动的日益复杂，主管人员不可能通晓各种专业知识，且仅依靠参谋人员的建议难以做出决策。为提高管理效果，直线主管人员把一部分本属于自己的直线职能授予参谋人员或某个部门的主管人员，就产生了职能职权。

二、分权与集权

随着组织规模的日益扩大，组织管理不可避免地会出现等级层次，也必然要求管理的职权在不同的等级层次中进行分配，因而产生了组织中分权与集权的关系。

1. 影响分权与集权程度的因素

（1）决策的代价。对于比较重要的、耗费较多的决策，一般由较高管理层做出决策。因为基层主管人员的能力及获取信息量的有限性，限制了他们的决策。再者，重大决策的正确与否责任重大，因此往往不宜授权。

（2）政策一致性要求。当组织内部执行同一政策时，集权的程度较高。

（3）规模问题。如果组织规模大，决策数目多，协调、沟通及控制不易，宜于分权；反之，如果组织规模小，决策数目少，则宜于集权。

（4）组织形成的历史。若组织是由联合或合并而来的，则分权程度较高；若组织是由小到大扩展而来的，则集权程度较高。

（5）管理哲学。主管人员的个性与所持的管理理念也会影响权力的分散程度。

（6）主管人员的数量和管理水平。主管人员的素质及数量，也影响着权力的分散程度。主管人员数量充足，经验丰富，训练有素，管理能力较强，就可能较多地分权；反之则趋向于集权。

（7）控制技术和手段是否完善。通信技术、统计方法、会计控制以及其他技术的改进都有助于组织趋向分权。

（8）分散化的绩效。权力分散化后的绩效如何，将会影响职权的分散与否。

（9）组织的动态特征及职权的稳定性。如果组织正处于迅速发展中，就会要求分权；如果是原有的、较完善的组织或比较稳定的组织，一般趋向于集权。

（10）环境影响。决定分权程度的因素中，大部分是属于组织内部的，但影响分权程度的还有一些外部因素，如经济、政治等因素。这些因素常促使集权程度提高，即“困难时期和竞争的加剧可能助长集权”。

2. 衡量集权与分权的程度

一般来说，分权与集权的程度通常可以根据各管理层次拥有的决策权的情况来衡量，这些情况包括以下几种。

（1）决策的数目。基层决策数目越多，分权的程度就越高；反之，上层决策数目多，则集权的程度高。

（2）决策的重要性及其影响力。若较低管理层做出的决策事关重大，涉及面较广，就可以认为分权程度较高；相反，若下级做出的决策无关紧要，则说明集权程度较高。

（3）决策审批手续的繁简程度。在根本就不需要审批决策的情况下，分权的程度就高；在做出决策以后，还必须呈报上级领导审批，分权的程度就低；如果在做出决策前，必须请示上级，那么分权的程度就更低。此外，较低管理层次在决策时，需要请示的人越少，分权的程度就越高。

按照分权与集权的程度不同，可形成组织的两种运行方式：分权制与集权制。一个组织究竟遵循何种运行机制将直接影响其运行效率。因为组织的运行机制的实质可以说是权力划分与职责关系的问题。因此，在任何一个现实的组织中，如何实现分权与集权的平衡始终是组织管理者不能回避的问题。

3. 分权与集权的平衡

职权作为一种支配力量，在组织运行中起着双重作用。一方面，它可以积极地维护组织的稳定并推动组织的发展；另一方面，它也可以消极地破坏组织的稳定、瓦解组织。总之，过分分权和集权都会产生消极作用。

（1）分权的优缺点。

分权的优点：分权能使企业的决策在接近实际工作的各基层单位上进行，有助于实现组织的有效运行。

分权的缺点：分权不当也可能引起某些现实的危险，具体如下。

① 降低决策的整体性。决策有可能只是根据某一特定工作部门自身的最佳利益做出的，对公司整体上的最佳利益并未给予考虑。

② 降低组织的协调性。由于存在讨价还价的可能，公司作为一个整体难以有效地做出各项管理决策。

③ 降低组织的效率。分权不当还容易造成整个组织一盘散沙的局面，从而使整个组织毫无效率可言。

（2）集权的优缺点。

集权的管理方式具有指挥灵活和决策迅速等优点。当组织规模较小的时候，高度集权的方式可能是必要的，而且可以充分显示出其优越性。

但随着社会分工的发展、组织规模的扩大，如果仍将组织的执行权、信息权、咨询权、监督权等集于一身，则可能出现另外一些弊端。

集权不当易引发的危险有以下几点。

① 降低决策的质量。大规模组织的主管远离基层，基层发生的问题经过层层请示汇报后再由其做决策，这不仅会影响决策的正确性，更会影响决策的时效性。

② 降低组织的适应能力。过分集权的组织，可能使各部门失去自适性和自我调整的能力，从而减弱组织整体的应变能力。

③ 降低组织成员的工作热情。权力高度集中，容易使基层管理人员和操作人员的积极性、主动性、创造性下降。

因此，如何进行科学分权、寻找决策科学化和权力制衡的有效机制、实现分权与集权的平衡，是现代组织需要迫切解决的问题。

三、管理幅度与管理层次

微课：管理幅度与管理层次

1. 组织结构的管理幅度与管理层次

管理幅度也称管理跨度，是指一名管理者直接管理的下级人员的数量。一般而言，上级直接管理的下级人员多，称为管理幅度大或跨度宽；反之，则称为管理幅度小或跨度窄。

从形式上看，管理幅度仅仅表示了一名管理者直接管理的下级人员的人数；但由于这些下级人员都承担着某个部门或某个方面的管理业务，管理幅度的大小实际上又反映着上级管理者直接控制和协调的业务活动量的多少。因此，管理幅度的概念本身就表明，它既与人员（包括管理者和下属）的状况有关，也与业务活动的特点有关。

研究表明，在组织中，一个高层管理者通常可以有效地管理 4～8 人；一个低层管理者可以有效地管理 8～15 人。

管理层次也称组织层次，是指组织内部从最高一级管理组织到最低一级管理组织的各个组织等级。管理层次从表面上看只是组织结构的层次数量，但其实质上反映的是组织内部的纵向分工关系，各个层次将担负不同的管理职能。因此，伴随着层次分工，必然产生层次之间的联系与协调问题。

管理幅度与管理层次互相制约，它们之间存在着反比例的数量关系，其中起主导作用的是管理幅度。所谓起主导作用，就是管理幅度决定管理层次，即管理层次的多少取决于管理幅度的大小。这是由管理幅度的有限性所决定的。

产生这种有限性的原因有以下几点。

① 任何管理者的知识、经验和精力都是有限的。

② 下级人员受其自身知识、专业、能力、思想等素质条件和岗位工作的负担、分工条件的局限性影响。

同时，也应看到管理层次对管理幅度存在一定的制约作用。这是因为管理层次与管理幅度相比，具有较高的稳定性。这就要求管理幅度在一定程度上应服从既定的管理层次。

2. 管理幅度与管理层次设计

由于有效管理幅度是决定管理层次的基本因素，因此，在进行设计时，就需要首先根据企业的具体条件，正确规定管理幅度；然后，在这个数量界限内考虑影响管理层次的其他因素，提出管理层次的设计方案。

（1）管理幅度设计。管理幅度设计应考虑的因素从理论上可以归结为上下级关系的复杂程度。直接影响上下级关系复杂程度的因素主要有管理工作性质、人员素质状况、下级人员职能状况、计划与控制的有效性、信息沟通效率、组织变革速度、下级组织和人员空间分布状况等方面。

管理幅度设计常用的方法主要有两种。

① 经验统计法。这是指首先对不同类型组织的管理幅度进行抽样调查，再以调查所得的统计数据为参照，结合本组织的具体情况去确定管理幅度。经验统计法简便易行，它的局限性是缺少对影响特定组织管理幅度各因素的具体分析，提出的管理幅度建议难免与特定组织的实际情况不符。

② 变量确定法。这是把影响管理幅度的各种因素作为变量，采用定性分析与定量分析相结合的方法来确定管理幅度的一种方法。与经验统计法相比，变量确定法由于全面考虑了影响特定组织管理幅度的主要因素，并进行了定量分析，因此它所规定的管理幅度更为科学、合理。其缺点是在选择主要变量和确定变量时仍易受主观判断影响。

（2）管理层次设计。管理层次设计的制约因素主要包括有效管理幅度、纵向职能分工以及组织效率等。管理层次设计的步骤如下。

① 根据纵向职能分工，确定基本的管理层次。

② 按照有效管理幅度，推算具体的管理层次。

③ 按照提高组织效率的要求，确定具体的管理层次。

④ 按照组织的不同部分的特点，对管理层次做局部调整。

3. 组织设计中的典型组织结构

在组织设计中，可能会产生两种典型的组织结构。一是高耸结构，即管理层次较多，而管理幅度较小；二是扁平结构，即管理层次较少，而管理幅度较大。

（1）高耸结构。

高耸结构的优点如下。

① 主管人员管理幅度较小，能够对下属进行面对面、深入具体的领导。

② 主管人员管理幅度较小，一般不需设副职或助手，这有利于明确领导关系，建立严格的责任制。

③ 主管人员和人数较少的下属所组成的集体规模较小。

④ 由于层次多，各级主管职务相应较多，能为下属提供晋升机会，促使其积极努力工作，提高自身素质。

高耸结构的缺点如下。

① 由于层次较多，需要配备较多的管理人员，彼此之间的协调工作也相应增加，造成管理费用增加。

② 信息的上传下达要经过多个层次，速度慢，并容易发生误解。

③ 计划和控制工作较为复杂。

④ 最高管理层与基层人员相隔多个层次，最高管理层不容易了解基层现状并及时处理问题。

（2）扁平结构。

扁平结构的优点如下。

① 信息传递速度快、失真少。

② 管理费用低。

③ 便于高层管理者了解基层情况。

④ 主管人员与下属能够组成较大的集体，有利于解决较复杂的问题。

⑤ 有利于实现授权，激发下属的积极性，并培养下属的管理能力。

扁平结构的缺点如下。

① 高层管理人员的管理幅度大、负荷重，难以对下级进行深入具体的指导和监督。

② 对主管人员的素质要求较高，有时需配备副职协助，这又可能引起职责不清与协调不明的现象。

③ 主管人员与下属组成较大的集体，不利于同级间的相互沟通联络和主管人员对信息的利用。

无论高耸结构还是扁平结构，都要根据企业的具体要求加以选用，企业应扬其长而避其短，以取得良好效果。在现代企业管理中，注重采用扁平结构是一种趋势。

随堂思考 5-2

在管理幅度和管理层次中，起主导作用的是哪一个？

5.2 组织结构和组织结构设计

5.2.1 组织结构的基本形式和特点

组织结构形式是企业组织结构设置的具体模式。企业职能设计完成后，就可以进行组织结构框架设计，它包括纵向结构设计和横向结构设计两个方面。横向结构设计主要解决部门划分问题，建立分工协作关系；纵向结构设计主要解决层次划分问题，建立领导隶属关系。

微课：组织结构与组织结构设计

一、组织结构

1. 组织结构的含义

组织结构是指组织内的全体成员为实现组织目标，在管理工作中进行分工协作，通过职务、职责、职权及相互关系构成的结构体系。

组织结构的本质是成员间的分工协作关系。组织结构的内涵是人们的职、责、权关系，因此，组织结构又可称为权责结构。

2. 组织结构的内容

组织结构具体包括以下内容。

（1）职能结构，即完成组织目标所需要的各项业务工作及其比例和关系。如一个企业有经营、生产、技术、后勤、管理等不同的职能。各项工作任务为实现企业的总体目标服务，但各部分的权责关系却不相同。

（2）层次结构，即各管理层次的构成，又称组织的纵向结构。例如，公司机构的纵向层次大致可分为董事会—总经理—各职能部门。而各职能部门下又设基层部门，基层部门下又设立班组。这样就形成了一个自上而下的纵向的组织结构层次。

（3）部门结构，即各管理部门或业务部门的构成，又称组织的横向结构。如企业设置生产部、技术部、营销部、财务部、人事部等职能部门。

（4）职权结构，即各层次、各部门在权力和责任方面的分工及相互关系。如董事会负责决策，经理负责执行与指挥；各职能层次、部门之间是协作关系、监督与被监督关系等。

随堂思考 5-3

从企业组织结构的定义来看，组织结构的本质是权责关系的划分吗？

二、组织结构的基本形式及其特点

组织通过机构、职位、职责、职权及它们之间的相互关系，实现纵横结合，组成不同类型的组织结构。

1. 直线制

直线制是一种最早的和最简单的组织结构形式，它最初产生于手工业作坊时代。当时工场主都实行个人管理，对生产、技术、销售、财务等各项事务都亲自处理。因此，这种组织形式没有职能机构，从最高管理层到最低管理层，实现直线垂直领导，如图 5-1 所示。

直线制的优点如下。

① 机构简单，沟通迅速。

② 权力集中，指挥统一。

③ 垂直联系，责任明确。

其缺点是没有职能机构；管理者负担过重，而且难以满足多种能力要求。因此，只适用于小规模企业。

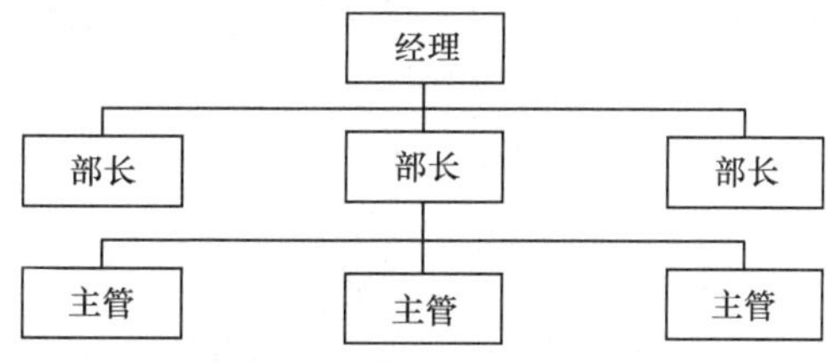

图 5-1　直线制组织结构形式

2. 职能制

职能制是指设立若干职能部门，各职能部门在自己的业务范围内有权向下级下达命令和指示，即各级负责人除了要服从上级直属领导的指挥外，还要受上级各职能部门的领导，如图 5-2 所示。

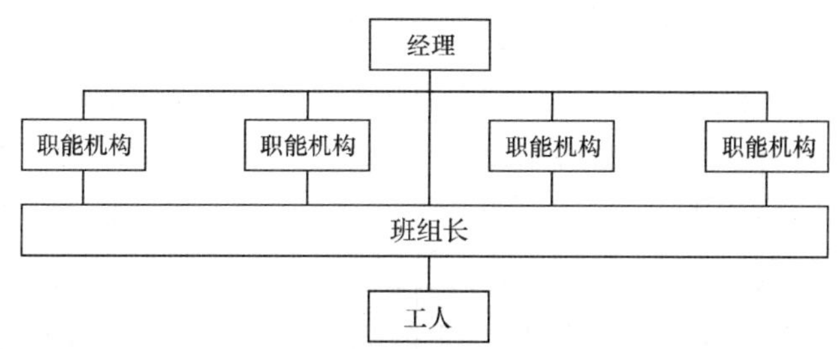

图 5-2　职能制组织结构形式

职能制的优点是管理分工较细，有利于工作深入，便于充分发挥职能机构的专业管理功能。但这种组织形式容易出现多头领导，政出多门，破坏统一指挥原则。事实上，职能制也只是表明了一种强调职能管理专业化的意图，无法在现实中真正实行。

3. 直线–职能制

直线-职能制又称直线参谋职能制或生产区域制。它吸取了直线制和职能制的长处，也避免了两者的短处。它把直线指挥的统一化思想和职能分工的专业化思想相结合，在组织中设置纵向的直线指挥系统和横向的职能管理系统，即在各级领导者之下设置相应的职能部门分别从事专业管理，如图5-3所示。

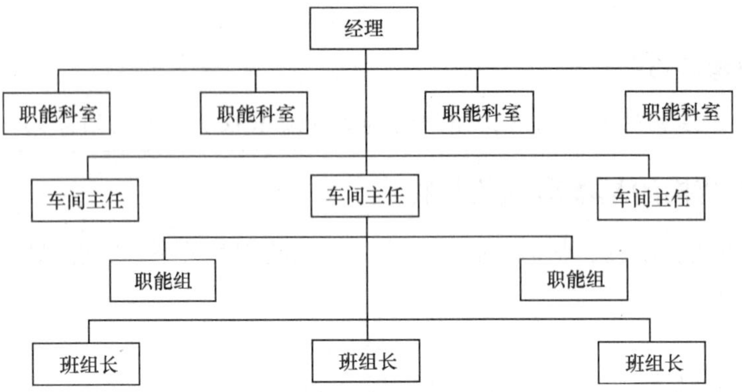

图5-3 直线-职能制组织结构形式

这种组织形式的特点是以直线指挥系统为主体，同时利用了职能部门的参谋作用。职能部门对下级部门无权直接指挥，只起业务指导作用。其在直线人员授权下可行使职能、职权。

直线-职能制既保证了组织的统一指挥，又有利于强化专业化管理，因此，这种组织形式普遍适用于各类组织。

直线-职能制也有不足之处，主要表现如下。

① 下级缺乏必要的自主权。

② 各职能部门之间联系不紧，易脱节，难以协调。

③ 直线人员与参谋人员的关系有时难以协调。

4. 事业部制

事业部制也叫联邦分权化，它是一种分权制的组织形式，是指在公司总部下增设相对独立经营的“事业部”，实行公司统一决策、事业部独立经营的一种体制，如图5-4所示。

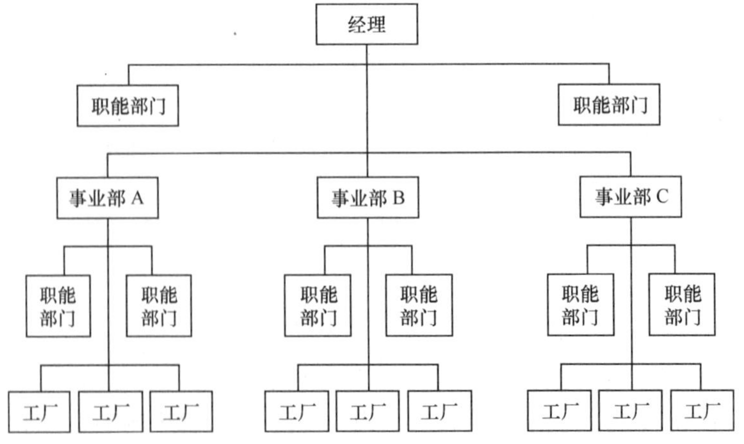

图5-4 事业部制组织结构形式

事业部是分权化单位，它分割了一定的直线指挥权限，有进行采购、生产、销售的自主权；是实际的利益责任单位，具有利益生产、利益核算、利益管理 3 种职能，是在总公司控制下的利益中心，在总公司领导下，实行独立核算，自负盈亏；每一个事业部都是一个责任中心，是产品责任单位或生产责任单位，有自己独立的市场。事业部可依据产品、地域、服务对象等的不同来划分。

事业部制的优点如下。

① 事业部制对产品的生产和销售实行统一管理，自主经营，独立核算，有利于发挥各事业部的积极性、主动性，使其更好地适应市场。

② 事业部制有利于最高层管理者摆脱日常事务，集中精力去考虑宏观战略。

③ 事业部制有利于锻炼和培养综合管理人员。

事业部制的缺点如下。

① 事业部制要求管理者精干得力，知识面广，经验丰富；如果管理者素质达不到要求，则会造成事业部管理的困难。

② 事业部制还存在着分权所带来的一些不足，如：指挥不灵，企业整体性差；职能机构重复设置，管理人员增多等。

事业部制主要适用于规模大、有不同市场的多种产品（服务）经营的现代化大企业。

5. 矩阵制

矩阵制结构又叫规划目标结构，它由纵横两套管理系统叠加在一起组成一个矩阵，其中纵向系统是按照职能划分的指挥系统，横向系统一般是按产品、工程项目或服务组成的管理系统，如图 5-5 所示。

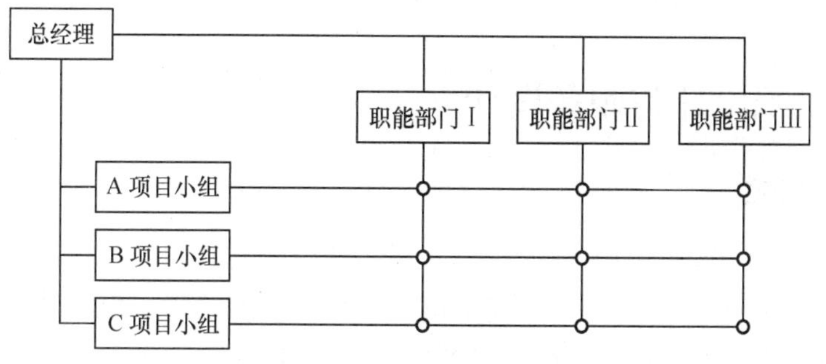

图 5-5 矩阵制组织结构形式

这种形式的组织结构最初出现在 20 世纪 50 年代末，被用于完成某些特殊任务。例如，企业为了开发某项新产品，在研究、设计、试制、生产各个方面都要求有关职能部门派人参加，组成一个专门小组。小组里的成员既同原职能部门保持组织上和业务上的联系，接受原部门主管的领导——主要是专业技术上的领导，又要对项目小组的主管负责，服从项目主管的管理——作为一个作业部门的领导者对其工作人员的全面管理。

矩阵制组织结构的优点如下。

① 使企业组织结构形成一种纵横结合的联系，加强了各职能部门之间的配合。

② 对人员的使用富有弹性，有利于发挥专业人员的综合优势，有利于改善整体工作效率。

矩阵制组织结构的缺点如下。

① 由于组织成员必须接受双重领导，破坏了统一指挥原则，下属会感到无所适从。

② 工作出现差错时，不易划分领导责任。

这种组织形式主要适用于变动性大的组织或临时性工作项目。

6. 委员会组织

委员会也是一种常见的组织形式，它是执行某方面管理职能并实行集体决策、集体领导的管理者群体。委员会组织形式在实践中被广泛采用，如董事会、监事会、职工委员会、学位评定委员会等。

组织中的委员会可以是临时的，是为某一特定目的而临时组织的，完成特定任务后即行解散；委员会也可以是常设的，它负责促进协调、沟通与合作，实施制定和执行重大决策的职能。委员会按职能不同可划分为两种类型：一种是直线形式的，如董事会，它的决策要求下级必须执行；另一种是参谋式的，它为直线管理人员提供咨询、建议和方法等。

委员会组织的突出优点是集体领导和决策，有效避免了因个人水平、能力有限造成的各种失误；缺点是决策速度慢，不利于责任划分，易导致责任人不清等情况。

这种组织形式主要适用于需要集体领导或专项职能的组织。

上述各种组织形式各有利弊，没有哪一种是十全十美的。组织应根据目标要求与实际情况进行灵活选择，必要时也可将几种形式有机结合起来，有效地保证目标实现。

随堂思考 5-4

跨国公司实行哪种组织结构形式最为合适？

5.2.2 组织设计与职务设计

一、组织职能

在我国，人们将组织职能解释为：是为了实现组织的共同任务和目标，对人们的生产经营活动进行合理的分工和协调，合理配备和使用组织的资源，正确处理人们相互关系的管理活动。或者说组织是为了实现组织经营目标，把构成组织生产经营活动的基本因素、生产经营活动过程的主要环节，以有秩序的、有成效的方式组合起来的工作。这两种解释都是针对组织的组织职能而言的，包括组织的生产组织、劳动组织、管理组织等，类似于法约尔的物质组织与社会组织。不过，正如法约尔侧重研究社会组织一样，我们所讨论的组织职能将仅限于管理组织工作，它适用于各类组织。

组织职能是指为了有效实现组织目标，建立组织结构，配备人员，使组织协调运行的一系列活动。所以组织的职能就是要设计和维持一套职位系统，以使人们更好地分工合作。一个良好的组织职位体系，必须体现以下特点：目标切实可行；主要的任务与业务清楚；职权范围明确，使每个工作人员都知道自己该干什么，以及能随时随地得到工作所需的信息和方法。

对一个组织来说，它的组织职能应包括以下几点。

（1）组织设计：设计并建立组织结构。选定合理的组织结构，确定相应的组织系统，规定各部门的职权和职责。

（2）组织联系：职权分配与授权。规定组织结构中各部门间的相互联系，以及命令下达和信息反馈的渠道，明确他们的协调原则和方法。

（3）组织运用：规定组织体系内各职能部门的工作顺序、业务运行的技巧，以及建立检查、报告制度等，进行组织协调与变革。

二、部门划分

管理幅度决定了组织的层次，而劳动分工原则又是划分组织部门的主要依据。要提高生产率、工作效率，就必须对整个组织的工作进行明确的分类。

部门是指组织中的主管人员为了完成规定的任务而有权管辖的一个特定的领域。部门划分的任务有两项：一是确定企业应该设置哪些部门；二是规定这些部门之间的相互关系，使之形成一个有机整体。

适合所有组织、所有情况的最佳部门划分模式是不存在的，管理者要结合自身特点及组织所处环境来决定最适合自己部门的划分模式。部门划分常采用的方法有以下几种。

（1）按人数划分。这是一种最原始、最简单的划分方法，如军队中的师、团、营、连就是采用这种方法划分的。

（2）按时间划分。这种方法也是一种很古老的划分部门的方法，多用于组织的基层。按时间划分部门的方法是由于经济、技术等，组织成员在正常工作日不能满足工作需要时采用的一种轮班的做法。例如，许多工业企业按早、中、晚三班制进行生产活动，其部门的设置就可以分为 3 个。

（3）按职能划分。这是使用最为普遍的一种部门划分方式，也是现代组织中采用最广泛的一种方法。这是按照专业化的原则，依据工作或任务的性质，把同类活动集中在一起来划分部门的方法。如企业可以采用这种划分方法将组织划分为销售、工程、生产、财务等部门。

（4）按地域划分。这种划分是指把某一地区内的全部活动集中起来合并在一个部门。对于活动地域分散在不同地区的组织来说，按地区划分部门是一种比较普遍采用的方法。按地域划分的方法经常被跨国公司采用。

（5）按产品划分。这种划分方法是把生产一种产品或产品系列的所有必需的活动组织在一起，用以开展业务活动。实施多元化经营的组织经常采用这种划分部门的方法。

（6）按服务对象划分。这种划分方法根据不同的服务对象来划分组织中的部门，它能够更好地迎合特定顾客群体的要求。

（7）按技术或装备划分。这种划分方法常与其他划分方法结合起来使用。其优点在于组织能够经济地使用设备，充分发挥设备的能力，同时也有利于发挥专业技术人员的特长。

三、组织设计的影响因素

管理职务及其结构的设计是为了合理组织管理人员的劳动。管理组织活动总是在一定的环境中，利用一定的技术条件，并在组织总体战略的指导下进行的，组织设计不能不考虑这些因素的影响。此外，组织的规模及其所处阶段不同，也会要求与之相适应的结构形式。

1. 战略

组织结构必须服从组织所选择的战略的需要。适应战略要求的组织结构，为组织战略的实施、组织目标的实现提供了必要的前提。

战略是实现组织目标的各种行动方案、方针和方向选择的总称。为实现同一目标，组织可在多种战略中进行挑选。比如，作为经济组织的企业，为实现利润和成长的目标，既可以生产低成本、低质量的产品，通过价格优势去争取众多的低收入用户，以求得销量优势，亦可利用高精技术和材料生产优质产品，争取高收入消费者，以求得质量优势；在同一类型产品的生产中，既可制造适应各类消费者需要的不同规格、不同型号的产品，也可专门制造满足用户某种特殊要求的产品。

战略选择的不同将会影响组织结构：不同的战略要求不同的业务活动，进而影响管理职务的设计、战略重点的改变，引起组织工作重点以及各部门与职务在组织中重要程度的改变，这会要求各管理职务以及部门之间的关系做出相应的调整。

如政府机关、工商企业、学校、医院、群众团体等，在组织结构上、性质上自然有所不同，性质的不同导致实现组织宗旨和目标的任务也不同。

2. 环境

任何组织作为社会的一个单位，都存在于一定的环境中，组织外部的环境必然会对组织内部的结构形式产生一定程度的影响。这种影响主要表现在3个不同的层次上。

（1）对职务和部门设计的影响。组织是社会经济大系统中的一个子系统。组织与外部的其他社会子系统之间也存在分工问题，社会分工方式的不同决定了组织内部工作内容的不同，从而使所需完成的任务、所需设立的职务和部门也不一样。

（2）对各部门关系的影响。环境不同，使组织中各项工作完成的难易程度以及对组织目标实现的影响程度亦不同。同样，在市场经济体制中，当产品的需求大于供给时，企业关心的是如何增加产量、扩大生产规模、增加新的生产线或生产车间，企业的生产职能就会比其他职能显得更加重要；但是一旦市场供过于求，产品从卖方市场转变为买方市场，则营销职能就会得到强化，营销部门自然会成为组织的中心。

（3）对组织结构总体特征的影响。外部环境的稳定性不同，对组织结构的要求也是不一样的。稳定环境中的经营，要求设计出被称为“机械式管理系统”的稳固结构，管理部门与人员的职责界限分明，工作内容和程序都有明确的规定，各部门的权责关系固定、等级结构严密；而多变的环境则要求组织结构灵活，各部门的权责关系和工作内容需要经常做适应性的调整，等级关系不甚严密，组织设计中强调的是部门间的横向沟通而不是纵向的等级控制。

例如，传统产业下的企业，外部环境较稳定，其机构设置、权责分工等就可以稳定一些，规定可以细致一些；而对于新兴产业下的企业，外部环境多变，其组织结构就不稳定，职责分工也不严格，组织工作重在临时协商和发挥员工的主动性。

由此可见，组织结构设计应有权变观点，从实际出发，具体情况具体分析。适用于一切组织的组织结构是不存在的。

3. 技术

组织的活动需要利用一定的技术和反映一定技术水平的物质手段来进行。技术以及技术设备的水平会作用于组织活动的内容划分、职务的设置和工作人员的素质要求。如信息处理的计算机化将改变组织中的会计、文书、档案等部门的工作形式和性质。

技术对组织结构的影响，最明显的可能表现在作为经济组织的企业上。现代企业的一个最基本特点是在生产过程中广泛采用先进的技术和机器设备。由人制造的设备和设备体系有其自身的运转规律，这个规律决定必须对运用设备进行作业的工人进行生产组织。在某些条件下，人们必须负责加工产品的全部流程；而在另外某些条件下，人们又可以让不同车间的生产专门化，只完成各类产品的某一道或某几道工序的加工。

例如，同是工业企业，如果分别属于不同的部门、行业，采用不同的生产技术，其组织结构就可能会有差别。

4. 规模与组织所处的发展阶段

规模是影响组织结构的一个不容忽视的因素，既适用于仅在某个区域市场上生产和销售产品的企业，也适用于在国际经济舞台上从事经营活动的巨型跨国公司。

组织的规模往往与组织的发展阶段相联系。伴随着组织的发展，组织活动的内容日趋复杂，成员会逐渐增多，活动的规模会越来越大，组织的结构也需要随之做出调整。

四、组织结构设计的原则

一个组织只有建立一个高效能的管理系统，才能保证管理工作有序地进行，才能使得管理中枢的决策得到有效的贯彻，并收到良好的效果。合理的组织结构能促使事物的发展，不合理的结构将阻碍事物的发展。要使组织结构合理，在设置机构时就应依照以下科学原则。

1. 目标明确化原则

任何一个组织的存在，都是由它特定的目标决定的。也就是说，每一个组织和这个组织的每一个部分，都是与特定的任务、目标有关系的。组织的调整、增加与合并都应以是否对其实现目标有利为衡量标准，而不能有其他标准。例如，企业中的管理组织结构是为了实现企业目标而设置的，其中每一分支机构的确立和每一岗位的设置，都必须与企业目标密切相关，由此来把各级管理人员和全体员工组织为一个有机整体，为生产符合社会需要的高质量的产品、创造良好的经济效益而奋斗。所以，在建立组织结构时，一定要首先明确目标是什么，每个分支机构的分目标是什么，以及每个人的工作是什么。这就是目标明确化原则。

2. 分工协作原则

分工就是按照提高管理专业化程度和工作效率的要求，把单位的任务和目标分成各级、各部门、个人的任务和目标，让其明确干什么、怎么干，不允许出现名义上是共同负责，实际上职责不清、无人负责的混乱现象。有分工还必须有协作，要明确部门之间和部门内的协调关系与配合方法。

在分工中必须尽可能按照专业化的要求来设置组织结构；工作上要有严格分工，每个员工在从事专业化工作时，应力争达到更熟练、更高的要求。人人都应当掌握基本的工作规范，在完成本身的业务活动时要有必要的专业知识和熟练的技巧，这样才可能提高效率。同时，还要注意分工的经济效益。

3. 权责统一原则

权责统一是建立组织机构和配置人员时必须遵循的原则。在组织机构中，权责分离是一大忌讳。一个权责分离的组织，总是难以完成好任务的。由于管理体制存在的弊病，在组织内部，往往有的机构或管理者有职责但无相应的职权，有的则是有职权而无职责。这往往会给工作造成很多矛盾并带来损失。所以，职权和职责是组织理论中的两个基本概念。职责是指职位的责任、义务。职权是指在一定职位上的管理者在其职务范围内，为完成其责任所应具有的权限，一般包括决定权、命令权、审查权、提案权等。在设置管理组织结构时，既要明确规定每一个管理层次和各职能机构的职责范围，又要赋予其完成职责所必需的管理权限。职责与职权必须协调一致。

管理者为了履行一定的职责，就必须有相应的职权。只有职责，没有职权或职权太小，管理者的积极性和主动性就会受到束缚；相反，只有职权而没有责任，就会造成滥用权力、瞎指挥，产生官僚主义。所以，设置什么样的机构、配备什么样的人员、规定什么样的职责，就要授予什么样的职权。

4. 统一指挥与分权管理原则

统一指挥与分权管理的原则，就是要求各级管理组织结构必须服从它的上级管理机构的命令和指挥，并且非常强调只能服从一个上级管理机构的命令和指挥。只有这样，才能保证命令和指挥的统一，避免多头领导和多头指挥。

统一指挥与分权管理原则在具体实行过程中要注意：各级管理机构在生产行政上都必须实行领导人负责制，下级领导对上级领导负责，副职对正职负责，以避免分散指挥和无人负责的现象。在一般情况下，各级管理机构都不应该实行越级指挥。但是，实行命令统一原则并不是把一切权力都集中在组织最高一级领导层，而应是既有集权又有分权，该集中的权力必须集中起来，该下放的权力就应当分给下级，这样才可以加强部门的灵活性和适应性。如果事无巨细，把所有的权力都集中于最高一级领导层，不仅会使最高层领导淹没于烦琐的事务当中、顾此失彼，而且还会助长其官僚主义和命令主义，有时甚至会使其“捡了芝麻，丢了西瓜”，忽视了全局性、方向性的大问题，成为庸庸碌碌的事务主义者。

5. 合理宽度原则

组织的机构多设了不行，少设了也不行；同样，一个机构中的人员多了是浪费，少了又不利于开展工作。这就涉及管理宽度的问题。一个领导者或一个上级机构能够有效地直接领导的人员数量就是管理的宽度。管理宽度的定量意义较大，在一定宽度范围内的管理，一般来说是有效的；突破这个宽度，对下属所给予的指导和监督自然就更为一般化，管理的作用就会降低。古典学派将管理宽度限制为 4 人，这对现代企业而言显得过于窄小。面对瞬息万变的环境，现代企业要求富有更大的弹性及应变能力，因此，为了缩短决策与行动者之间的距离，降低巨额管理成本，保持信息畅通无阻，使企业目标更为清晰与和谐，扁平型组织结构应运而生，并成为现代企业管理体制变革的主流。

6. 精简高效原则

组织机构是否精干直接影响到组织效能。所谓精干就是在保证完成目标、达到高效率和高质量的前提下，设置最少的机构，用最少的人完成组织管理的工作量，真正做到人人有事干，事事有人干，保质又保量，负荷都饱满。为此，要克服“人多好办事”的偏见，树立“用最少的人办最多的事”的新观念，使组织轻装前进，高效运转。

五、组织结构设计时机及程序

组织结构设计主要针对 3 种情况：一是新建组织需进行组织结构设计；二是原有组织结构出现较大问题或组织目标发生变化；三是组织结构需进行局部的调整和完善。在这 3 种不同的情况下，组织结构设计的基本程序是一致的。组织结构的设计一般按以下程序进行。

（1）确定目标。即按组织的性质和宗旨来提出设计的要求和原则。如公司一级的管理层面是宽还是窄，是实行集权式管理还是实行分权式管理等。

（2）收集和分析资料。包括调查研究同类组织的组织结构，结合上述目标分析它们的优缺点，为以下步骤的设计工作提供参考和借鉴。

（3）从组织自身的宗旨、目标和计划出发，对必须从事的工作和业务活动加以确认和分类，明确各类活动的范围和大概的工作量。

（4）设计组织结构框架。即设计承担这些管理职能和业务的各个管理层次、部门、岗位及其权责。按照划分的各类活动，设置组织机构，形成层次化、部门化的结构，绘制出组织图。这是组织结构设计中的关键性步骤。

（5）确定职务、岗位、职责和权限。即首先规定各层次、机构的职责；然后对机构内部的工作或业务进行分工，确定相应的职务、岗位和职责；最后按权责对等原则，规定各层次、机构、职务、岗位所拥有的权限。

（6）设计联系方式。即设计纵向管理层次之间、横向管理部门之间的协调方式和控制手段。设计信息沟通和协作方式，如信息的发出者、接收者，信息传递的内容、方式、频率等。协作方面特别要处理好跨单位的工作，防止无人负责。

（7）建立组织机构的各项规章制度。即设计管理规范，确定各项管理业务的管理工作程序、管理工作应达到的标准和管理人员应采用的管理方法等，以及部门和人员的考评制度、激励制度和培训制度等。

（8）人员配备和管理训练。即为组织机构运行配备相应的管理人员和工作人员，并训练他们适应组织机构的各要素的运作方式，使他们了解企业内的管理制度或掌握所需技术等。

（9）评价和批准组织结构设计方案，然后付诸实施，或对现有结构进行调整。即要在组织运行过程中，根据出现的新问题、新情况，对原有组织结构适时进行修正，使其不断完善。

组织结构受到多种因素的影响，绝非一成不变的。在影响因素发生重大变化时，必须对组织结构进行改革和创新。同时，对此应采取严肃态度和慎重步骤，有领导、有计划地进行。

随堂思考 5-5

组织结构设计的时机有哪些？

六、职务设计

职务设计是将职务任务组合起来构成一项完整职务的过程。职务设计是对现有职务的认定、修改或产生新的职务。职务设计的方法有：职务专业化、职务轮换、职务扩大化、职务丰富化及工作团队等。

1. 职务专业化

20世纪50年代以前，受亚当·斯密和泰勒等人理论的影响，职务设计基本上是按职务专业化的模式进行的，即把职务简化为细小的、专业化的任务。职务专业化的基本工具就是时间-动作研究，即通过分析工人的手、臂和身体其他部位的动作，工具、身体和原材料之间的物理机械关系，寻找工人的身体活动、工具和任务之间的最佳组合，实现工作的简单化和标准化，以使所有工人都能够达到预定的生产水平。

按职务专业化思路设计出来的职务简单、可靠、安全，但由于它很少考虑工人的社会需要和个人成长需要，产生了很大的副作用，包括工作的单调乏味，工人对工作产生厌倦和不满情绪，管理者和工人之间产生隔阂，离职率和缺勤率增高，怠工和工作质量下降等。

2. 职务轮换

避免职务专业化缺陷的一种方法是职务轮换，即通过让员工工作多样化，从而避免使其产生工作厌倦感。职务轮换有两种类型：纵向的和横向的。纵向轮换指的是升职或降职。但我们一般谈及职务轮换指的都是横向轮换。横向轮换往往被视为培训的手段，并企业是有计划地进行的。职务轮换的优点是明显的。首先，它拓宽了员工的工作领域，给予他们更多的工作体会，减少其工作厌倦感和单调感。其次，其带来更广泛的工作体会，可以使员工对企业中的多种活动有更多的了解，为其承担更大责任做更好的准备。

职务轮换设计的缺点是将一名员工从先前的职位上转入一个新的职位，需要增加培训成本，还会导致生产效率的下降。此外，职务轮换可能会使那些偏爱在所选定的专业领域中寻求更大发展的员工的积极性受到打击。国外一些企业的经验还表明，非自愿的职务轮换可能导致旷工和生产事故的增加。

3. 职务扩大化

避免职务专业化缺陷的另一种方法是职务扩大化，即通过增加某职务所完成的不同任务的数量，实现工作多样化。职务扩大化所增加的任务往往与员工以前承担的任务内容相类似，因此，它只是工作内容在水平方向上的扩展。

职务扩大化的结果并不尽如人意。因为职务扩大化只是工作内容在水平方向上的扩展，不需要员工具备新的技能，因此它并不能改变员工对工作的枯燥感。正如一位经历过职务扩大化设计的员工所说："以前，我只有一份烦人的工作；现在，我有了3份烦人的工作！"职务扩大化试图避免职务专业化造成的多样性缺乏，但它并没有给员工的活动提供更多的挑战性和兴趣。

4. 职务丰富化

职务丰富化是指赋予员工更多的责任、自主权和控制权。根据赫兹伯格的保健-激励理论，公司政策和薪酬等属于保健因素，如果这方面的因素达到了员工可以接受的水平，只能使员工没有不满，但产生不了激励作用。能够产生激励作用的因素是员工的责任感、成就感和个人成长。因此，在工作中增添激励因子，使工作更有趣、更有自主性和挑战性，就成为职务丰富化的基本思想。例如，在一般情况下，商店的营业员的职责主要是导购，如果还让他们负责处理退货和订货，就是将他们的职务丰富化了。

职务丰富化的途径有以下几个。

① 实行任务合并，即让员工从头到尾完成一项完整的工作，而不是只让其承担其中的某一部分。

② 建立客户关系，即让员工有和客户接触的机会，出现问题也由其负责处理。

③ 让员工规划和控制其工作，而不是由别人控制。员工可以自己安排工作进度，可以自己处理遇到的问题，并且自己决定上下班时间。

④ 建立畅通的反馈渠道，使员工能够迅速地评价和改进自己的工作绩效。

职务丰富化作为现今职务设计的主流思想而备受推崇，但职务丰富化也是有缺陷的，主要表现在以下几个方面。

① 如果绩效低下不是由于激励不足导致的，而是由于员工技能不够、工作环境恶劣等问题所致的，职务丰富化就没有多大意义了。

② 职务丰富化必须在经济上、技术上是可行的。

③ 员工必须愿意接受具有挑战性的工作。

5. 工作团队

工作团队作为职务设计的一种方案正被越来越多的组织接受。当职务是围绕小组，而不是围绕个人来进行设计时，就形成了工作团队。在工作团队中，每位员工都具有多方面的技能，他们不再从事某一特定的任务。当一系列任务被分派给团队后，由团队决定谁在什么时候做什么工作，并在需要时轮换工作。团队可以有管理者，也可以没有管理者。有管理者的团队，被称为综合性工作团队；没有管理者的团队，被称为自我管理式工作团队，在这类团队中，成员间的关系是协助式的，成员可以自主决定工作时间和合作伙伴，并让成员相互评价工作绩效。

5.3 人员配备

在确定了组织内的文化和职位后，就可以通过选拔、招聘、安置和提升职位来配备所需的管理者。要根据组织的实际要求和受聘者应具备的素质和能力进行选聘。

5.3.1 人员选聘

一、人员选聘的含义

人员选聘是指组织利用合格的人力资源对组织结构中的职位进行不断填充的过程。具体来说，人员选聘是指在职位分类和定编定员的基础上，选择和配备合适的人员去充实组织中的各项职务，通过培训上岗，以保证组织活动的正常进行，进而实现管理目标。选聘是竞选和聘用的总称，也就是组织通过各种信息途径寻找和确定组织成员候选人，从候选人中挑选最有可能胜任工作的组织成员。通过人员选聘，组织可以根据发展的需要吸收新成长起来的劳动力、技术人员和管理人员等。

二、人员选聘的意义

作为组织工作的基本内容之一，人员选聘对于组织的存在与发展有着极其重要的意义。

（1）人员选聘满足了组织发展对人员的需求。组织在发展的任何时期都会需要不同类型、不同数量的人员，即使在组织生命的成熟期或衰退期，也要不断地调整各类人员的结构和比例，使人力和物力达到最佳的结合状态。人员选聘正是满足了这种要求，依据组织所处的发展阶段来确定所需人员的类型、数量。

（2）人员选聘是确保组织成员具备较高素质的基础。在人员选聘的过程中，组织本着严格选择的原则进行层层选拔，最后被录用的人员一般都是组织认为最合适的人员，他们的知识、技能往往是符合组织需要的。通过选聘，组织最起码可以保证自己的队伍处于目前所拥有的人力资源的最高水平上。

（3）人员选聘能在一定程度上保证组织的稳定性。在变幻莫测的当今社会，组织成员具有很大的变动性，人员流动是难以避免的。在利益、价值观等因素地驱动下，人员流动呈现出日益加快的趋势。一般来说，任何组织都不希望自己的成员变更过于频繁，特别是当组织成员的变更会给组织带来损失的时候。所以，在人员招聘这个环节，组织就需要对此问题给予注意，即注意审查应聘者的背景和经历，以断定他们是否会很快离开而给组织带来损失，从而消除不稳定因素。

（4）人员选聘的过程也是组织树立自身形象的过程。选聘需要准备材料，这些材料中必然会包括关于组织的基本情况、发展方向、方针政策等的介绍，并通过广告形式扩散出去。对此，除了应聘者外，其他许多人也会注意到这些内容，有意无意地使人们对组织情况有一定的了解，从而有利于组织在公众中树立自身的形象。所以，这是组织对外宣传的一个极好的机会。

当然，人员选聘应依据一定的标准来进行，而这些标准正是组织需求的一种反映。每一个职位都有自身的要求，人员选聘就是要根据人力资源所包含的体力、智力、知识、技能4个方面内容进行选聘，选出最适合某一职位要求的人员。所以，在人员选聘中，依据特定的职位制定相应的标准，是顺利开展选聘工作的基础。

三、人员选聘的过程

人员选聘是一个系统的逻辑过程，这个过程受组织内外部许多因素的影响。尽管如此，仍可以按一定的系统逻辑内容和程序来描述这一活动过程。

（1）确定需要的人员数量。人员选聘是在组织结构设计的基础上进行的。所需人员数量的确定主要以设计出的职务数量和类型为依据。一个组织中人员的需求量，基本上取决于组织的计划、组织结构的规模与复杂程度，以及组织的扩充发展计划和人员的流动率。

（2）选配人员。为了保证担任职务的人员具备职务要求的知识和技能，必须通过面向组织外部的招募和选拔，以及从组织内部进行调整和提拔，筛选出最适合的人员并授予其相应职务。

（3）考核及评价。人员配备过程要对占据各个职位的人员的职务履行情况进行考核和评价。

（4）制订和实施人员培养计划。根据组织的成员、技术、活动、环境等特点，利用科学方法，有计划、有组织、有重点地进行全员培训，特别要加强对具有发展潜力的未来管理人员的培训。

5.3.2 选聘的途径和步骤

人员选聘有两种途径：一种途径是从组织内部选聘，另一种途径是从组织外部选聘。两种选聘途径各有自己的适用范围和优缺点，选聘者应将工作中的成功因素与人员选聘途径相联系，判定高素质人员的来源，从而根据组织发展的需求，来选择适当的人员，实现预期目标。

一、选聘的途径

1. 内部选聘

内部选聘是从组织内部挑选合适的人员加以聘用，具体包括内部提升、内部调动、岗位轮换 3 种方法。内部选聘途径是组织管理人员选聘的根本立足点，几乎所有的组织都乐于从组织内部选拔合适的人员。

当一个职位空缺时，选聘者首先想到的是从内部进行选聘，内部选聘具有以下优点。

① 内部选聘费用较低，手续简便，人员熟悉，组织对准备选聘的人员可以做长期细致的考察，掌握其能力和素质情况、优点和缺点，从而决定其最适合的工作。

② 从内部选聘的人员，由于已对组织的基本情况有所了解，能够比较快地进入角色。

③ 内部提升给组织成员提供了更具挑战性的发展机会，也有助于增加成员的工作经验和新鲜感；同时，内部选聘提供了组织内公平竞争的机会，有利于调动成员的积极性。

但是，从组织内部选聘所需人员也有一些缺陷。主要包括以下几点。

① 内部选聘容易造成“自我封闭，近亲繁殖”。

② 内部选聘不易吸收组织外优秀人才，导致企业缺乏新鲜血液。

③ 内部选聘对没有获得提升的人的积极性会有一定程度的挫伤。

内部选聘是人员选聘的主要途径。这种选聘能够从组织内部选出合适的人员安置到相应的职位上，也说明了组织前一阶段的人员选聘工作是成功的。但是组织的发展、所处环境的变化都会带来许多不可预测的不稳定因素。在这种情况下，要求人员选聘能够始终完美无缺是不太现实的，特别是那些对组织生存与发展有着重要影响的管理岗位，对人员的能力和素质要求较高；如果组织内部没有合适人选，绝不应当勉强在组织内部选拔，而应考虑从组织外部选聘。

2. 外部选聘

外部选聘主要包括组织内的员工介绍推荐、利用职业介绍机构、从大学和院校选聘、通过广告公开选聘 4 种方法。

实践证明，由组织内的员工介绍推荐的被选聘人员进入组织之后，流动的愿望就不会太强烈，较为可靠，值得信赖，但这种方法的缺点是易形成裙带关系。因此，要在组织成员推荐的基础上，认真审查和鉴别，严格把关，不要碍于人情或权力而勉强接受推荐，以至于影响组织未来的发展。

利用职业介绍机构选聘比较公正、公平，但许多应聘者素质不高，不易选聘到合适的人员。而且，这种方法需要一定费用。所以，一旦决定求助于职业介绍机构，组织就要选择信誉较好的机构，以确保其提供的信息准确、充分，并在此基础上再一次对应聘者做出自己的测试，以决定是否聘用。

从大学和院校的毕业生中选聘是人员选聘的较好途径，尤其是当组织需要专门人才时，可以在短期内选聘到大批受过一定训练、素质较好的人员。这种方法的不足之处是这些人员往往缺乏必要的工作经验，因而，在选聘后应为其提供相应的培训，使其满足组织的需求。

通过广告公开选聘是一种被广泛使用的方法，可以很容易地吸引大批量的各类人才，精心制作的广告可以让应聘者了解组织的基本情况及招聘要求，同时可以改善组织形象。但是广告选聘的费用往往较高，所产生的效果也会随着广告媒体的形式的不同而有很大的差别，因此，要根据成本和收益以及拟选聘人员对组织的重要程度而慎重选择。

总体来看，外部选聘具有以下优点。

① 外部选聘扩大了选择的范围，有利于招聘到一流的人才。

② 外部选聘实质上是吸收异质因素来克服组织停滞、僵化的危险，因为这些来自组织外部的人员常常能够带来一些新的观点和新的方法，能够为组织发展注入新的活力。

③ 可以避免内部招聘由于嫉妒等带来的组织成员之间的不团结。

④ 大多数应聘者都具有一定的理论知识和实践经验，因而可以节省大量的培训时间和费用。

外部选聘也具有一定的缺点，主要包括以下2点。

① 组织内部员工的士气和积极性会受到一定的影响。

② 应聘者对组织的历史和现状不了解，不能迅速地开展工作。

所以，现代组织往往把内部选聘和外部选聘结合起来，也就是为了进行内部选聘而把外部选聘提前，这是人力资源管理中的前瞻性行为，因为这种人员选聘方式具有良好的连续性。由于选聘者把从外部选聘人员的工作提前到若干年前进行，把可以培养的人员选聘进来加以培训，而使组织在需要的时候能够通过内部调动、内部提升等方式，把他安置到相应的职位上，使外部选聘成为内部选聘的准备，保证管理活动有条不紊地进行。

3. 人员选聘的标准

选聘人员时，必须明确选聘的依据是什么，也就是依据什么标准来选聘。总体来说，标准应该是德才兼备，但是从受聘者即将具体担任的职务的角度来说，选聘的依据可以概括为两个方面：职位本身的要求以及人员应具备的素质和能力。

（1）职位本身的要求。为了有效地选聘人员，首先必须对职位的性质和目的有一个清楚的了解。

（2）人员应具备的素质和能力，包括个人素质和各项技能。

二、选聘的步骤

人员选聘的步骤可视具体情况而定，同时要参照所设立的选聘标准和选聘方法。一般来说，选拔是按初次面试、审查申请表、录用面试、测试、综合评价这一系列程序进行的。

1. 初次面试

初次面试是指招聘者根据招聘的一些标准与条件来进行筛选，并决定对哪些人进行进一步考核，以及淘汰掉那些明显不符合职务要求的应聘者。在这一阶段，招聘者所提的问题大多直截了当，例如询问应聘者受过什么教育、接受过哪些培训等。初次面试可大大减少进一步选拔的工作量和费用，使选拔工作得以顺利进行。

2. 审查申请表

审查申请表是普遍使用的选拔手段，目的是帮助招聘人员具体了解应聘者，并根据其条件决定是否有必要对其进行进一步考核。申请表的内容依不同组织、不同招聘职务而定。一般来说，申请表的内容包括姓名、年龄、性别、家庭情况、受教育情况、特长、履历等。申请表的具体编排应依据企业及职务的要求而定，尽量做到与职务密切相关。同时，申请表的信息也应做到清晰明了，使招聘者通过申请人所填的具体内容即可做出有效的初步判断。

3. 录用面试

录用面试是最常用的一个选拔步骤。有些企业可能不对应聘者进行选择测试，但几乎所有的企业在录用某人之前，都要经过面试这一程序。面试的目的是进一步获取应聘者的信息，在初次面试和审查申请表的基础上，加深对应聘者的认识，有助于对应聘者合格与否做出判断。同时，计划得当的面试还可以达到使应聘者了解企业形象及企业文化的目的。

4. 测试

测试是指运用系统的标准及科学的工具，对不同应聘者的各种素质进行公正而客观的评价。它是选聘过程中重要的辅助手段，特别有助于测查那些使用其他方法无法确定的个人素质，如能力、个性特征、实际技能等。测试是不可或缺的补充手段，因而逐渐被企业关注和应用。最常用的测试包括智力测试、知识测试、个性测试和兴趣测试等。

5. 综合评价

综合评价是让应聘者参加系列管理情景模拟活动，让评价人员观察和分析应聘者在各个典型的管理情境中如何工作，以考查其实际管理技能。这些活动除了上面介绍的常规的笔试、面试和心理测试之外，大多是工作情景模拟测试，如“公文处理模拟测试”。利用综合评价招聘企业高层管理人员时，通常可以让待选聘岗位的直属领导参与最后评估，并由评估小组集体讨论之后做出评价，作为上级审批的依据。

随堂思考 5–6

企业进行人员选聘，是内部选聘好还是外部选聘好？

5.4 组织变革

组织要想维持和发展，必须根据外界环境的变化，不断地进行变革。

组织的变革是指对组织结构、组织关系、职权层次、指挥和信息系统所进行的调整与改变。组织的建立是为实现管理目标服务的，当管理目标发生变化时，组织也需要通过自身变革来适应这种新的变化要求。即使管理目标没有发生变化，但如果影响组织的外部环境和内部环境发生了变化，那么组织也必须对自身进行变革，这样才能保证管理目标的实现。因此，组织不是僵化的、一成不变的。管理目标的变化，或者影响组织存在和管理目标实现的各种因素的变化，必然会带来组织模式、组织结构、组织关系等的相应变化；否则，管理目标就无法实现。

一般来说，组织模式应力求稳定，频繁而不必要的变动对于管理目标的实现是不利的。但任何组织都处于动态的社会变动中，由于环境的变化，影响管理目标的各种因素的变化，组织也会通过变革而发生某些变化。一成不变的组织是不存在的，因为不变革的组织是没有生命力的，是必然要走向衰亡的。所以，组织的变革是绝对的，而组织的稳定是相对的。

随堂思考 5-7

组织变革时可以对组织加以改造、改组和重建吗？

在组织的稳定与变革之间，管理者会不会陷入无所适从的状况？管理者如果极力维护组织的稳定，就有可能导致组织的僵化；如果积极推进组织的变革，又有可能造成组织不稳定和人心涣散。而且，管理者盲目地推行变革，也同样会使组织消亡，甚至会使组织消亡得更快。这就要求管理者在推动组织变革时要非常谨慎，必须首先确定组织的变革是非常必要的，之后才能展开变革的进程。在组织的变革中，还需要有正确理论的指导，有计划、有步骤地进行。也就是说，组织必须根据未来发展可能出现的趋势，在科学预测的基础上，有计划、有步骤地进行变革。只有这样，才能使组织的变革获得成功，才能使组织得到发展；反之，则可能使组织倒退或消亡。

5.4.1 组织变革的原因

对于管理者来说，应当在何种情况下维护组织的稳定和在何种情况下促进组织的变革，这是一个非常重要的问题。但是，组织变革大都不是突发性的，而是有迹可循的。一般来说，如果在管理中出现以下几种情况，就必须认真思考组织的变革问题。

一、频繁的决策失误

表面看来，决策失误是由各种原因造成的，而实际上决策失误的根源是组织问题。例如，可能会发生信息不灵而造成决策失误，信息不灵可能是组织自身的原因，也可能是环境的原因。但是，既然某一信息对管理决策有着重大意义，那么环境的障碍能够成为托词吗？所以，决策失误归根到底还是组织自身的问题。又如，决策失误可能是主管人员的主观原因造成的，但组织为什么没有在结构上、体制上给予决策以客观的保证呢？从这种意义上说，一切决策失误都是组织的原因，组织结构的不合理、职权委任不合适、职责含糊、命令链混乱等，都会造成频繁的决策失误。但是，偶然的决策失误并不是变革组织的理由，因此，应当首先在变革的成本、组织目前的效率和决策失误的后果之间做出权衡，然后才能做出是否进行组织变革的决定。

二、组织成员之间沟通不灵

组织作为一个有机体，其运行依赖于成员间的沟通。有效的沟通可以使成员间的分工与协作都处在高效的状态，使纵向的上下级关系和横向的同级关系都处在高度协调的状态。但是，组织成员间的沟通是取决于组织现状的。例如，如果命令链或信息链混乱，或者所采用的传递信息的手段不合适，就会造成沟通不灵；管理宽度过大，主管人员与下属之间就不可能存在有效的沟通；管理层次过多，也会增加命令和信息失真的可能性。这样，组织成员之间协调和配合的主动性不强，反而会产生一些不必要的冲突、摩擦和误会。

三、管理业绩长期不理想

结构合理、职责分明、行动有序、信息通畅的组织，必然意味着较好的管理效益。如果一个管理系统中长期存在着士气不高、经营不善、业绩不理想，以至于管理目标总不能得到实现，那么就必须考虑对组织进行变革。组织业绩不理想的问题，在企业管理中是最容易发现的。例如，一个企业的生产部门的进度太慢、成本过高、产品质量不符合要求，销售部门的顾客减少或销售增长未能实现预期，财务部门的资金周转不灵，人事部门因为在职责、职权或报酬、待遇的安排上不当引起纠纷等。这些问题如果造成严重影响，就有理由对组织进行变革前的全面审查。

四、缺乏创新

即使一个管理系统处在正常的运行状况下，如果长期没有创新，也需要进行变革。例如，一个企业虽然尚未遇到严重的困难，但在产品的品种、质量和数量方面，却长期保持在一个水平上，那就表明这个企业很快就会面临困境。因为任何一个管理系统都不是孤立的，都处在与环境的互动关系中。环境是一个不断变化着的因素，如果在变动的环境面前保持不动，组织很快就会僵化、萎缩和丧失生命力。一个组织只有不断地拥有突破性的战略预见、超前性的行动措施和创造性的新成果，才能拥有旺盛的生命力，否则就会滞后于环境，因而必须进行变革。

也许上述几种情况都已经很严重了，但组织却还没有意识到变革的必要性。不过，人们往往对于组织中存在的一些不良氛围很敏感。组织纪律涣散，组织成员情绪低落、缺乏工作热情、工作效率低，人浮于事严重，奖惩不明或奖惩得不到执行，职能部门频频出现问题（如财务部门违反财务纪律，生产部门频繁出现产品质量问题）等现象，就是最明确的变革先兆。一旦发现这些变革的先兆，组织的主管人员就应当考虑是否需要采取措施进行组织变革。

5.4.2 组织变革的方式

管理学家哈罗德·利维特提出，一个单位的组织变革一般从3个方面着手：组织结构、技术和人事方面。

一、从组织结构着手进行变革

从组织结构着手进行变革就是对一个单位内部的部分或整个组织结构进行变革。它主要包括3个方面。

（1）组织内部门结构上的变革：①分权程度的变革；②管理幅度的变革；③协作方式的变革；④工作设计的变革；⑤工作进度的变革。

（2）整个组织规划的变革：①行政型与系统组织规划的变革；②简单式、机械行政式、专业行政式、部门化的变革；③矩阵组织结构方面的变革。

（3）其他组织结构方面的变革：①报酬制度的变革；②工作表现评价鉴定制度的变革；③控制指挥系统的变革。

二、从技术着手进行变革

一个组织的技术水平是指其把原料的投入转变成为产品的整个过程的能力。我们目前处于技术飞速发展的时代，因此，进行技术变革对一个组织来说就具有特别重要的意义。技术方面的变革主要有以下几个方面：①设备的更新；②工艺程序的改变；③操作顺序的改变；④情报系统的改革；⑤自动化的实施。

三、从人事方面着手进行变革

从人事方面着手进行变革，就是改变组织成员的工作态度、作风、行为以及人与人之间的关系。这种方法假定人是推动变革或反抗变革的主要力量。贯穿于这种方法中的主线是组织成员之间的权力再分配。这种权力的再分配可以通过鼓励下级人员独立决策和开辟新的意见沟通渠道来实现。其实质是鼓励下级人员承担更多的责任，上级与下级部门共同享有管理的职权。它通过改变组织内影响个人行为的各种力量来实施组织变革。

5.4.3 组织变革的过程

组织变革，虽然从动因上看有主动性变革和被动性变革之分，但就变革的过程而言，都贯穿着管理者的自觉性和主动性。因为任何一项变革，都是由管理者承担的，没有管理者的变革计划和变革方案，就不可能有变革的行动。

组织变革的方案是在发现组织存在的问题之后制订的对组织加以改造、改组和重建的计划。组织为了适应环境的变化和新的形势，就必须主动地进行有计划的改革或变革；只有主动的、有计划的变革，才能使变革的成功概率提高。一般来说，变革的方案有以下几种。

（1）革命性变革，打破原状，抛弃旧的一套，断然采取全新的办法。

（2）渐变性变革，采取逐步改革的办法，即在原有框架内进行一些小的改革。

（3）计划性变革，采取系统发展、统筹解决的办法，即由组织的领导或组织变革专家事先设想一个最佳变革方案；经有关人员共同研究，分析修改，建立变革的系统模型，确定解决问题的具体措施，以便进一步实施；最终达到组织高效化，有效地完成组织的各种任务。

总结组织变革的经验和教训可以发现：在上述 3 种变革方案中，第一种革命性的变革要彻底推翻现状，会产生很大的震荡，因而阻力也会很大。第二种渐进性变革不能触及组织内根本性的问题，而且过程缓慢，显得零敲碎打，收效不大。只有第三种系统发展的计划性变革，才能把领导和成员的聪明才智激发出来、组织起来，使其共同系统地研究问题和制订改革方案，从而能在广大组织成员谅解、支持的基础上，朝着预定的目标顺利地推行组织的变革。

一般来说，每一个人作为个人，他的本性都是积极进取的。但是个人被集中起来形成组织之后，组织却往往会形成一种运行惯性，这可能会成为组织变革的阻力。所以，组织变革就是一个不断消除阻力的过程。在这个过程中，要特别注意变革的策略，它们包括以下几个方面。

（1）选择好时机。进行组织变革前要重视舆论工作，做好各方面的准备。当有的成员抵触思想较大时，要加强思想工作，切不可武断行事。最好避开工作和任务特别繁忙的季节，以免影响任务的完成。

（2）明确从何处着手。组织的变革必须来自上层，自上而下才能推行；即使不是从最高层开始变革，也需要在获得上层许可的条件下，从中层或基层的某一点发动。

（3）弄清变革的范围和深度。组织变革准备涉及多大的范围，准备进行几个阶段，每个阶段需要达到什么样的深度、解决哪些重点问题等，组织对此都要做到“心中有数”。

（4）始终把握组织变革的目标。组织变革的最终目标在于使组织与其所处的环境相适应，不断提高治理水平；同时，要改变组织成员的行为方式，激发成员的积极性，使组织充满活力。

（5）注重组织精神塑造。在组织领导者的倡导下，根据组织的特点、任务和发展走向，使建立在组织价值观念基础上的内在的信念和追求，通过组织群体行为和外部表象而外化，形成组织的精神状态。

当然，最为关键的问题还是思想问题。如果组织中的每一个成员都积极支持变革和踊跃要求变革，那么组织变革就会变得相对顺利。所以，在组织变革的过程中，首先要了解组织成员的思想状况，看一看他们有什么顾虑，然后加以解决。大致来说，组织成员抵制变革是由以下思想问题造成的。第一，不确定感。无法预计变革对自己带来的影响。第二，缺乏理解和信任。因为尚未认识到变革的必要性，对变革目标持有怀疑态度。第三，害怕失去既得利益。第四，对变革的内容、方式等有不同的看法。这就要求组织变革的领导者及时解决这些问题。

此外，组织变革的概念中常常包含着组织发展的内涵。因为组织的任何变革都是自觉的，是有目的、有计划的主动变革，这种变革必然意味着组织的进一步发展。再者，组织变革不是偶然的、一次性完成的，而是长期和不断进行的，这就意味着在连续的变革中包含着发展的方向性。所以，变革本身就是发展，变革和发展是对同一事件的两种称谓。当然，人们一般把发展看作一个过程，而把变革看作发展中的一个环节。每一次变革都是发展中的一个关键点，每一次变革都推动了组织的发展，从而促使组织结构和组织关系的改进，促使组织中个人的发展和管理水平的提高。在这种意义上，组织的发展意味着能够取得积极成果的组织变革。也就是说，组织的发展是在组织变革中实现的。因此，为了推动组织的发展，组织变革应当力求做到：第一，实事求是，从实际出发进行变革和寻求变革的途径，因为任何脱离现实的变革，其结果都会适得其反；第二，变革要有计划、有步骤，要把变革的目标和现实结合起来，以求使变革的代价较少而收获较大。

随堂思考 5-8

结合开篇故事思考，碧桂园为什么对组织结构折腾不休？

本章内容小结

本章主要讲述了组织及其职能的概念，对组织的结构类型进行了阐述；提出组织结构设计的原则和程序；在此基础上提出了组织人员招聘的途径和步骤；组织在千变万化的环境中会产生变革的需求，变革的因素有多种，提出了组织变革的技术。

案例思考

鸿远公司的组织结构

在鸿远实业有限公司（简称，鸿远公司）的高层会议上，总经理赵弘忧心忡忡地说："公司现在面临一些新的问题，其中最重要的是公司规模过大，组织管理中遇到许多新的问题，管理信息沟通不及时，各部门的协调不力。我们应该如何进行组织设计来改变这种状况呢？"

主管公司经营与发展的刘副总经理对管理业务颇有见地，他说："公司发展到今天，人数在不断地增加，组织层级过多，部门数量增加，这就在组织管理上出现了阻隔。例如，总公司下设5个分公司，且各部门都自成体系。公司管理层级过多，总公司与各分公司都有三级以上的管理层。最为突出的是娱乐中心的高、中、低管理层竟达7层。各专业部门存在着重复设置，人力资源开发部总公司有，各下属公司也有。职能重叠，管理混乱，管理效率和人员效率低下。这从根本上导致了管理成本的加大，组织效率下降。从组织管理理论上讲，一个企业发展到1000人左右时，就应以管理机制代替人治，公司正处于这种管理制度变革的关口。过去创业人不多，依靠个人的号召力鼓动；但现在公司发展壮大，需要依靠健全的组织结构和科学的管理制度。因此公司的未来关键在于进行组织改革。今天的鸿远公司已经具有复杂性和业务多样化的特点（如业务种类多，市场分布广，跨行业经营管理），现有的直线-职能制组织结构形式已不适应公司的发展，事业部制组织结构形式更适合鸿远公司，有利于把专业化与集约化结合起来。事业部制应是鸿远公司未来组织结构的必然选择。"

陈副总经理是创立公司的元老之一，他说："目前我们公司的发展出现了问题，遇到了一些困难。这应该是正常的，也是难免的。如何走出困境，关键是要加强内部管理，特别是财务管理。现在公司的财务管理比较混乱，各个分公司独立核算，都有自己的账户。总公司可控制的资金越来越少。由于资金分散管理，所以容易出现问题。现在我们若想再进一步发展，首先应做到的就是在财务管理方面进行集权管理，该收的权力总公司一定要收上来，这样才有利于公司的整体考虑，共同发展。”

思考题：

（1）根据文中的描述，试绘制出鸿远公司现在的组织结构图。

（2）你认为事业部制组织结构形式是否适合鸿远公司？为什么？

管理者价值点分享

推荐阅读：讨价还价

1. 没有最好的组织结构，只有最适合的组织结构。
2. 企业组织变革是必然的，因为企业生存的环境是不断变化的。
3. 每个员工都有适合自己的岗位，需要管理者去辨识。
4. 企业中存在“非正式组织”是必然的，需要管理者搞好平衡。
5. 鼓励成员分工合作，形成紧密的合作关系。
6. 好的组织管理，会实现“1+1>2”的效应。
7. 企业需要招聘最合适的员工，而不是能力最强的员工。
8. 企业需要创新，需要变革。
9. 当企业内部管理混乱时，需要考虑组织结构设计的问题。
10. 组织结构设计一定要考虑责、权、利相统一。

练习与应用

第 5 章练习与应用

第 6 章 领导

学习目标

知识目标：了解领导的概念、职能和作用。

素质目标：结合领导特质理论培养学生良好的品格素质和身心素质，结合行为理论和权变理论帮助学生构建正确的人生观、价值观和权力观，提高学生领导素质。

技能目标：掌握几种领导理论在实践中的应用，学习领导艺术。

能力目标：能够运用所学知识提高自身影响力。

开篇故事

刘厂长的无奈

苏南某化工厂是一家拥有职工2000多人、年产值5000万元的中型企业。厂长刘强虽然年过半百，但办事仍风风火火，厂里的大小事无事不包。人们每天都能看见他奔波于厂内厂外，因此，他在厂里的威信也很高。刘厂长非常累，可他认为：我作为一厂之长，职工的事就是自己的事，我不能坐视不管。刘厂长是这么说的，也是这么做的。为了把工厂办好，他一心扑在工作上。

在厂里，刘厂长事必躬亲，大事小事都要过问，能亲自办的事决不交给别人；可办可不办的事也一定自己去办；交给下属的工作，也总担心下属办不好，常常插手过问。有一次，厂里职工小吴夫妻间闹别扭，闹到了厂长那里。当时刘厂长正忙着开会，就让工会主席去处理。工会主席在了解情况后，做了双方的思想工作，事情很快就解决了。可刘厂长开完会后又跑来重新了解情况，结果本来已经平息的风波又闹起来了。像这样的例子在厂里时有发生。

虽然刘厂长的事业心令人钦佩，可刘厂长付出的劳动并没有得到应有的回报。随着市场环境的变化，工厂的生产经营状况每况愈下，效益不断下滑。刘厂长无奈，只好在厂里推行成本管理，厉行节约。但职工并不认真执行，考核便流于形式。刘厂长常感叹职工没有长远的眼光，却总拿不出有力的监管措施。后来，工厂决定与一家外国公司合作，如果合作成功，工厂就能摆脱困境，因此大家都对此充满信心。经多方努力，合作的各项准备工作已基本就绪，就等双方领导举行签字仪式。

举行签字仪式的前一夜，刘厂长亲自在医院陪生病住院的职工。第二天，几乎一夜未眠的刘厂长又到工厂查看生产进度，秘书几次提醒他晚上有重要仪式，劝他休息一下；但他执意不肯，结果得了重感冒。晚上，刘厂长带病出席仪式，但最终没能支撑下去，被送进了医院。对方在了解情况后，对刘厂长的能力产生怀疑，决定推迟合作事宜。

互动游戏

建绳房

形式：将15人分成3个小组，每小组5人。
时间：30～40分钟。
材料：3根绳子，长度分别为20米、18米、12米；15个眼罩。
场地：教室。

活动目标

锻炼团队成员的领导能力，增强成员之间的沟通能力，从而完成团队任务。

操作程序

（1）第一阶段。

① 老师先把15人分成3个小组。

小组1拿到20米的绳子。

小组2拿到18米的绳子。

小组3拿到12米的绳子。

② 老师发出单向指令。

小组1根据指令用绳子圈成一个三角形。

小组2根据指令用绳子圈成一个正方形。

小组3根据指令用绳子圈成一个圆形。

（2）第二阶段。

当完成第一阶段后，老师告诉3个小组的全体成员，要他们共同合作建一个绳子做成的房子。

学习内容

6.1 领导概述

6.1.1 领导的含义

领导在汉语中可以用作名词（即“领导者”的简称），同时也可以用作动词（即“领导者”的一种行为过程）。管理学所指的领导是后者，是作为管理的一种职能来理解的。在《中国企业管理百科全书》中，领导的定义：率领和引导个人或组织在一定条件下实现一定目标的行为过程。

微课：领导

从管理学意义上讲，领导的定义可概括为：领导是一种影响力，是领导者在一定的组织或群体内带领和引导追随者的行为，从而使追随者情愿地、热心地为实现组织或群体的目标而努力的艺术过程。

此定义包括以下几个方面内容。

（1）领导是一种管理活动过程。领导工作包括3个必不可少的要素：领导者、被领导者、客观环境。领导者就是在一定的组织体系中处在组织、决策、指挥、协调和控制地位的个人和集体。在领导活动中，他们处于主导的重要地位。被领导者就是为实现领导目标，按照领导者的决策和意图，从事具体实践活动的个人和集体。他们构成领导活动的主体，是实现预期目标的基本力量。环境是指独立于领导之外的客观存在，是对领导活动产生影响的各种因素的总和。领导者只有正确认识环境、适应环境、利用和改造环境，才能实现组织的预定目标。

（2）领导的目的是推动组织目标的实现。领导要能使一切活动植根于组织之上，并通过领导行为来保证组织活动的顺利进行，保证组织目标的实现。

（3）领导是一种影响力。

这种影响力源于正式权力和个人魅力。

正式权力也就是职权，是一种法定权，它是由组织正式授予领导者，并受法律保护的权力，包括支配权、报酬权和惩罚权等。

个人魅力也就是威信，是指由领导者的能力、知识、品德、作风等个人因素所产生的影响力，包括专长和品质等。

领导者影响下属，使其能够饱含热情地努力工作，凭借的是多方面的权力。权力是领导者对下属施加影响的基础。领导权力的来源主要有以下 5 种。

① 法定权力。法定权力是指企业各领导职位所固有的、法定的、正式的权力。法定权力是组织正式赋予的，在这一职位的领导者组织指挥调度下属的权力。这一权力不随任职者的变动而变动。

② 奖赏权力。奖赏权力是指领导者所拥有的对下属行为认可满意时实施奖励、赞赏的权力，包括赞扬、提薪、升职、发奖金、给予培训的机会和提供其他任何令人愉悦的事物的权力。每一个领导职位都拥有相应的奖赏权。

③ 强制权力。强制权力是指领导者凭借其领导职位、法定权力向下属实施惩罚性措施的权力，包括批评、降职、扣发工资奖金、给予处分或其他令人感到压力、不悦惩罚的权力。

④ 专家权力。专家权力也称专家影响力，是指由于领导者个人的特殊能力或某些专业知识技能而产生的权力。一个有着丰富知识和经验，处理问题能力突出的领导者，会使下属由衷地感到敬佩、信服和尊重，其指示、命令更容易得到贯彻。

⑤ 感召权力。感召权力是指由领导者个人的品质、智慧、经历、背景等产生的权力，也称个人影响权。

以上 5 种领导权力可以归纳为两大类：制度权力（正式权力）和个人权力（个人魅力）。我们把与职位有关的法定权力、奖赏权力和强制权力统称为制度权力，把与个人因素相关的专家权力、感召权力统称为个人权力，具体如表 6-1 所示。领导效能的高低主要不是取决于领导者拥有的制度权力的大小，而在于其个人权力和个人影响力。

表 6-1　5 种领导权力

制度权力	法定权力	掌握和支配职位和责任的权力，指挥被领导者服从法定的要求
	奖赏权力	对于下属可实施赞扬、提薪、升职等奖赏的权力
	强制权力	对于下属可实施批评、降职、扣发工资奖金等惩罚的权力
个人权力	专家权力	由于领导者个人某些领域的能力突出、知识或经验丰富，使人敬佩、信服和尊重，因此发出的指示、命令更容易得到贯彻实施的一种权力
	感召权力	由领导者个人品质、智慧、经历、背景等产生的一种权力

6.1.2　领导的作用

领导工作在组织中起着协调个人需求和组织要求的作用。在一个组织中，一方面有着周详的计划、精心设计的组织结构和有效的控制系统；另一方面，组织的成员有被人了解和激励的需求，有为实现组织目标尽其所能做出贡献的需求。领导工作就是将这两方面结合起来，在带领、引导和鼓励下属人员实现他们的个人需求的同时，完成组织目标。在组织中，领导的作用主要有以下几个方面。

（1）指挥作用。指挥作用是指在人们的集体活动中，领导者需要头脑清醒、胸怀全局、高瞻远瞩、运筹帷幄，对组织环境和组织资源等有清晰的认识和了解，确定组织目标，制订战略；同时帮助下属认清所处的环境，指明活动的目标和达到目标的途径。领导者只有站在队伍的最前面，身先士卒，用自己的行动带领人们为实现组织的目标而努力，才能真正起到引导和指挥作用。

（2）协调作用。在组织系统中，即使有了明确的目标，由于组织成员个人的理解能力、工作态度、进取精神、性格、地位等不同，人们对事物的认识也会产生各种分歧，行动上出现偏离目标的现象是不可避免的。协调作用就是指领导者需要在各种因素的干扰下，协调下属之间的关系和活动，把成员团结起来朝着组织的目标前进。

（3）激励与沟通作用。在现代组织中，大多数成员都具有积极工作的热情和愿望，但要长期地保持这种热情和愿望就需要有通情达理、关心成员的领导者来为他们排忧解难，激发和鼓励成员的斗志并与他们保持有效沟通，不断发掘、充实和加强他们积极进取的动力。激励与沟通作用就是领导者通过为下属积极创造发展空间、为其设计职业生涯发展规划并保持有效沟通等领导行为，影响下属的内在需求和工作动机，引导和强化下属为组织目标而不断努力的行为活动。

（4）控制作用。控制作用是指在领导过程中，领导者有对组织成员以及整个组织活动进行驾驭和支配的作用。在实现组织目标的过程中，“偏差”是不可避免的。这种“偏差”的发生可能源于不可预见的外部因素的影响，也可能源于内部不合理的组织结构、规章制度或不合格的管理人员。纠正“偏差”，消除导致“偏差”的各种因素是领导的基本功能。

随堂思考 6-1

领导活动的全过程主要有哪些构成要素？

6.1.3 领导者的素质要求

一、领导者应具备的基本素质

1. 领导者应具有出众的品格

领导者只有具有出众的品格，形成独特的人格魅力，才能被追随者拥戴。

2. 领导者应具有渊博的知识

领导者要能站在统筹全局的高度上，协调各方面以实现对组织的领导和控制。这就要求领导者必须有清醒的头脑，必须具备渊博的知识和丰富的阅历。

3. 领导者应具备优雅的风度

领导者是组织的领路人，其一举一动都影响着组织的发展方向，一个举止优雅、行事有风度的领导者，必然会影响到组织及其成员的处世风格，在组织内形成一个良好、和谐的文化氛围。

二、领导者应具备的基本能力

1. 领导者应具有社交和协调能力

组织不是一个封闭的集合，组织与组织间是相互交流与合作的。这就要求领导者能够协调好组织内外的各个方面，同时也要求组织的领导者应具有良好的社交能力和协调能力。

2. 领导者应具有良好的表达能力

一个优秀的领导者应使其决策的思想完整无误地传达给员工，这就要求领导必须具有良好的语言表达能力。

3. 领导者应具有敏捷的应变能力

市场经济风云莫测，其变化之快可以用瞬息万变来形容，一成不变的组织是跟不上时代的节奏和步伐的，是必将被时代所淘汰的，所以领导者要能在风云万变的环境中迅速做出反应，一个优秀的领导者必须具备敏捷的应变能力。

6.1.4 领导和管理

一、领导与管理

领导与管理有着本质的区别。从共性上看，两者都是一种在组织内部通过影响他人的活动来实现组织目标的过程，两者基本的权力都来自组织的岗位设置。从差异性上看，管理包括领导，领导只是管理工作中的一项职能。管理的权力是建立在合法的、强制性权力的基础上的，而领导的权力既可以建立在合法的、强制性的基础上，也可以建立在个人的影响力和个人权力等基础上。

管理的对象包括人、财、物、时间等多种资源及企业的一切生产经营活动过程；而领导的对象只是人，领导的实质就是一种人际影响力，其主要职责功能就是指挥、引导、沟通、激励、影响和带动人们做出杰出贡献。领导职能比管理中的计划、组织、控制职能更注重人的因素及人与人之间的相互作用。

管理的目的是充分利用各种资源，提升企业竞争力，提高企业经济效益；领导的目的是充分调动人们实现管理目标的热情、主观能动性和积极性。可见，领导是开展有效管理工作必不可少的一项职能，也是最能体现管理工作艺术性的一项职能。

二、领导者与管理者

管理者是指从事与管理相关的工作的人员，他们要履行计划、组织、领导、控制职能以确保组织目标实现。其中基层管理者的工作内容以业务活动为主，并不直接管理人。而领导者都负有领导的职责，即对下属的引导、影响和推动。管理者除领导职责，还负有计划、组织、控制等职责。

相关链接：领导与管理

可见，领导者不一定是管理者，管理者也并不一定是领导者。两者既可以是合二为一的，也可以是相互分离的。有的管理者可以运用职权迫使人们去从事某一工作，但不能影响他人的工作，他就不是领导者；有的人并没有正式职权，却能以个人的影响力去影响他人，如非正式组织中的领头人，那么他就是一位领导者。为了使组织运行更有效，应该选取领导者来从事管理工作，或者把管理者培养成好的领导者。

6.2 领导的本质探究

6.2.1 领导的本质

领导的本质就是一种对他人的影响力，即管理者对下属及组织的行为的影响力。这种影响力能影响下属或组织成员的心理与行为，使其为实现组织目标服务。

从领导的性质来看，领导具有“自然属性”和“社会属性”的双重性。领导的本质主要是由它的社会属性决定的。

领导的自然属性是指领导活动中的指挥和服从关系的属性。领导是社会共同劳动和共同生活的自然需求。人类改造世界的实践活动，都是有意识、有目的、有组织地进行的，它需要领导者以统一的意志来引导、指挥、组织、协调、监督被领导者的思想、认识和行动。领导的社会属性是指由社会生产方式决定的领导者与被领导者之间的经济、政治等利益的对立或者一致关系的属性。领导活动不仅是社会生产力发展的需要，而且也是生产关系的表现。

6.2.2 领导权威和危机管理

一、领导权威

领导权威包括领导者的职权和威信。职权是领导者在特定的组织里因拥有正式职位而形成的权力，是领导者为实现组织目标在实施领导的过程中对被领导者施行的强制性支配和控制力量，包括支配权和奖惩权。威信是领导者出众的个人因素导致的影响力，主要包括专长和品质。

领导与权力是有差别的：权力只需要依赖性，并不要求构成权力关系的双方具有一致的目标；领导则要求领导者与被领导者有一致的方向，否则领导工作就失去了意义。权力对于领导工作是极为重要的。首先，领导者在领导过程中影响他人的基础是权力，任何领导者的影响力都是依赖于正式权力或非正式权力来实现的。其次，组织中权力的配置决定了领导者的工作方式。管理制度中权力的集中与分散是造成集权式领导者与民主式领导者之间差异的重要原因。最后，正确地对待权力是领导工作成功的保证。

1. 领导权力的类型

在不同的行业、单位或部门，领导权力的构成不尽相同，就其共性而言，领导权力大体上包括以下几种类型。

（1）决策权。这是各种领导权中最重要和最基本的权力。从某种意义上说，领导的过程也就是制订和实施决策的过程，或者说“领导就是决策”。

（2）组织权。领导者根据事业或工作的需要，对机构设置、权力分配、岗位分工、人员安排等做出决定的权力叫作组织权。这是领导者的意图得以实现的组织保证。

（3）指挥权。领导者（或领导机关）为实现其决策或规划，对下属（人员或机构）下达命令或指示等的权力叫作指挥权。这是领导者实施领导决策的基本保障。

（4）人事权。领导者对其下属人员有选拔、录用、教育、培养、升降职位、调配、任免等权力，这就叫作人事权。这是领导者的职权充分发挥作用的客观基础。

（5）奖惩权。领导者根据其下属的功过表现，对其进行奖励或惩罚的权力叫作奖惩权。这种一正一反相辅相成的权力，是领导者对其下属进行统辖和控制的重要手段。

（6）调控权。领导者根据实际情况的要求，对其所属的机构、人员、工作等进行及时的调整控制，使全局的工作相互配合、协调一致，以便更好地完成预定任务、达成既定目标，这叫作调控权。

2. 领导用权的原则

（1）民主原则。领导者在行使权力的过程中要善于倾听、了解员工的意愿、建议和意见。

（2）合法原则。合法原则要求组织将权力的各个方面、各个环节、各种内容都用法律和制度加以明确规定，使权力的设置、运行和操作有法可依，有章可循。领导者只能在法律和制度允许的范围和程度之内行使权力。

（3）适时原则。适时原则就是要把握住行使权力的时机。时机是社会活动过程中普遍存在的现象，是否善于抓住时机，将直接影响权力实施的效果。

3. 领导权力的制约与监督

要保证领导者正确行使权力，必须加强对领导权力的制约和监督。

加强对领导权力的制约和监督，要靠组织教育和领导者的自我修养。教育和学习可使领导者提高思想境界和道德水平，牢固树立马克思主义观，牢固树立正确的权力观、地位观、利益观。

加强对领导权力的制约和监督，关键是加强制度建设，建立结构合理、配置科学、程序严密、制约有效的权力运行机制。

在实际工作中，领导者要正确运用权力就必须遵循以下原则。

首先，慎重用权，不可滥用权力。领导者一旦滥用权力，不但会阻碍组织目标的实现，还会导致人际关系恶化、组织凝聚力下降，最终会导致领导者权力的丧失。

其次，客观公正用权。领导者运用权力最重要的原则是廉明，领导者要客观公正地使用权力，即运用权力时不徇私情、不牟私利，按照组织条例规定办事。

最后，例外处理。规章制度是组织成员应当共同遵守的行为准则，领导者必须维护规章制度的严肃性，按照规章制度的要求来正确使用手中的权力。但在特殊情况下，领导者也应当有权对特殊事件进行特殊处理。例外处理不是破坏规章制度，而恰恰是为了使规章制度在执行过程中表现得更加合理、更加符合实际情况。

随堂思考 6-2

为了使领导工作有效，领导者下达的命令应该符合哪些基本条件？

二、危机管理

微课：危机管理

危机管理（Crisis Management）通常称为危机沟通管理，原因在于，加强信息的披露和与公众的沟通，争取公众的谅解与支持是危机管理的基本对策。

对一个企业而言，可以称为企业危机的事项是指企业面临与社会大众或顾客有密切关系且后果严重的重大事故。而为了应付危机的出现，在企业内预先建立防范和处理这些重大事故的体制和措施，则称为企业的危机管理。

危机管理是指企业通过危机监测、危机预警、危机决策和危机处理，达到避免、减小危机产生的危害，总结危机发生、发展的规律，科学化、系统化地处理危机的一种新型管理体系。危机管理的要素包括以下几点。

（1）危机监测。危机管理的首要一环是对危机进行监测。企业在顺利发展时期，就应该有强烈的危机意识和应对危机的心理准备，建立一套危机管理机制，对危机进行检测。企业越是面临风平浪静的局面越应该重视危机监测，因为平静的背后可能隐藏着危险。

（2）危机预警。许多危机在爆发之前都会出现某些征兆，危机管理不仅是关注危机爆发后对各种危害的处理，而且还要建立危机警戒线。企业要在危机到来之前，把一些可以避免的危机消灭在萌芽之中，对于另一些不可避免的危机，则要通过预警系统及时加以解决。这样，企业才能从容不迫地应对危机带来的挑战，把企业的损失降到最低。

（3）危机决策。企业在调查的基础上制订正确的危机决策。决策要根据危机产生的来龙去脉，对几种可行方案的优缺点进行对比后，选择出最佳方案。方案定位要准，推行要迅速。

（4）危机处理。危机处理的过程包括以下几点。第一，企业确认危机。确认危机包括将危机归类，收集与危机相关的信息，确认危机程度以及找出危机产生的原因，辨认危机影响的范围和影响的程度及后果。第二，控制危机。确认某种危机后，要遏制危机的扩散，使其不影响其他事物，紧急控制，刻不容缓。第三，处理危机。处理危机最关键的是速度。企业能够及时、有效地将危机决策运用到实际中化解危机，可以避免危机给企业造成更大的损失。

6.2.3 领导者的人格魅力

领导者的人格魅力主要来自领导者的个人影响力。

个人影响力是领导者以自身的威望影响或改变被领导者的心理和行为的力量。它不是组织所赋予的，不具有法定性质。构成领导者个人影响力的因素包括品德、知识、才能和情感。

（1）品德。品德是个人的本质表现，它反映在人的一切言行之中。优秀的品格会使领导者产生巨大的影响力，使人产生敬爱感，而且能吸引人、诱导人模仿。对于领导者来说，“其身正，不令而行；其身不正，虽令不从”。这句古语告诉我们领导者的品格对他人的重要影响作用。因此，优秀的品格修养不仅是领导者必须具备的素质，也是领导影响力的重要组成部分。

（2）知识。知识是一个人的宝贵财富。它本身就是一种力量，是科学赋予的力量。知识素养是领导者发挥领导功能的重要条件。特别是领导者如果拥有了本行业的技术和专业知识，就能得到下属的尊敬和信任，与下属也会有更多的共同语言，有利于加强沟通。

（3）才能。才能是决定领导者影响力大小的主要因素，是指领导者运用自己的知识、经验分析和解决实际问题的综合能力。它不仅反映在领导者能否胜任自己的工作上，更重要的是反映在工作结果是否成功上。才能是通过实践来表现的，一位有才能的领导者会给组织带来成功，使下属对其产生敬佩感，并能吸引下属自觉地去接受其影响。

相关链接：刘备、宋江的“无能”之能

（4）情感。情感是人的一种心理现象，它是人对客观事物好恶倾向的内在反应。人与人之间建立了良好的情感关系，就能加大彼此的吸引力和影响力。作为领导者，如果能体贴、关怀下属，融洽与下属的关系，影响力往往就比较大，反之则会形成负面的影响力。

由品德、知识、才能、情感等因素构成的个人影响力，是由领导者自身的素质与行为形成的。其在领导者从事管理工作时，能增强领导者的影响力；在领导者不担任管理职务时，仍能对下属产生较大的影响。

6.3 领导理论

一个组织事业的成败——也就是能否实现既定的目标——关键在于领导。领导理论就是研究关于领导有效性的理论。领导理论主要由三大部分组成：领导特性理论（领导品质理论）、领导行为理论、领导权变理论。

（1）领导特性理论。领导特性理论着重研究领导的品行、素质和修养；其目的是要说明好的领导者应具备怎样的素质。

（2）领导行为理论。领导行为理论着重分析领导者的领导行为对其组织成员的影响；其目的是找出所谓“最佳的领导行为”。

（3）领导权变理论。领导权变理论着重研究影响领导行为和领导行为有效性的环境因素；其目的是要说明在某种情况之下，哪一种领导方式才是最好的。

小资料：领导效能

领导效能的概念：领导效能是指领导者设定的目标被接受和实现的程度。领导效能=领导设定目标的实现值÷领导者设定目标的预定值。

领导效能的决定因素包括领导者的因素、被领导者的因素、领导情境的因素。领导效能=*f*（领导者，被领导者，领导情境）。

6.3.1 领导特性理论

领导特性理论研究的主要是领导者应具备的素质。

这一理论的出发点是领导效率的高低主要取决于领导者的特质，那些成功的领导者一定有某些共同点。根据领导效果的好坏，找出好的领导者与差的领导者在个人品质或特性方面的差异，由此确定优秀的领导者应具备的特性。

领导特性理论侧重于研究领导者的性格、品质方面的特征，以此作为预测其领导成效的标准。研究的目的是区分领导者与一般人的不同特点，以此来解释他们成为领导者的原因，并将其作为选拔领导者和预测其领导有效性的依据。它实际上就是研究什么样的人才能成为良好的、有效的领导者。

研究者认为，只要找出成功领导者应具备的特点，再考察某个组织中的领导者是否具备这些特点，就能断定他是不是一个优秀的领导者。这种归纳分析法成为研究领导特性理论的基本方法。

传统的领导特性理论认为：领导者的品质是与生俱来的，生来不具有这种品质的人就不能当领导。显然，这种理论带有唯心主义色彩。现代的领导特性理论强调领导者的品质并非与生俱来，而是在领导活动中逐步形成的，即可以通过训练和培养加以造就。

一、斯托格蒂尔提出的6类领导特性

（1）身份特性，如精力、身高等。根据迄今为止的发现，这一特性并不足以说服人。

（2）社会背景特性，如社会经济地位、学历等，这方面的发现也缺乏一致性和说服力。

（3）智力特性，如判断力、果断力、知识的深度和广度、口才等。成功的领导者在这些方面较突出，但相关性还较弱，可见还需要考虑一些附加因素。

（4）个性特征，如适应性、进取性、自信、机敏、见解独到、正直、情绪稳定、不随波逐流、作风民主等。

（5）与工作有关的特性。有些特性已经被证明具有积极的效果，如对高成就的追求、愿意承担责任、毅力、首创性、工作主动、重视任务的完成等。

（6）社交特性。研究表明，成功的领导者具有善交际、广交友、积极参加各种活动、愿意与人合作等特性。

二、包莫尔的领导特性理论

（1）合作精神，即愿意与他人一起工作，能赢得人们的合作，对人不是压服，而是感动和说服。

（2）决策能力，即依赖事实而非想象进行决策，具有高瞻远瞩的能力。

（3）组织能力，即能发掘下属的才能，善于组织人力、物力和财力。

（4）精于授权，即能大权独揽，又能小权分散。

（5）善于应变，即机动灵活，善于进取，而不抱残守缺、墨守成规。

（6）敢于求新，即对新事物、新环境和新观念有敏锐的察觉及接受能力。

（7）勇于负责，即对上级、下级、组织、客户及整个社会抱有高度的责任心。

（8）敢担风险，即敢于承担企业发展不景气的风险，有创造新局面的雄心和信心。

（9）尊重他人，即重视采纳别人的意见，不盛气凌人。

（10）品德高尚，即品德为社会人士和组织成员所敬仰。

6.3.2 领导行为理论

领导者的领导才能和领导艺术都是以领导方式为基础的，领导者个人的特性难以说明其与领导有效性之间的关系，所以，后来许多学者在研究领导艺术时，开始从研究领导者的内在特征转移到研究其外在行为上，即对领导者的各种领导行为进行研究，以找出何种领导行为、领导方式最为有效，这就是领导行为理论。领导行为理论成果众多，这里仅介绍以下几种。

一、“X-Y”理论

麦格雷戈认为，领导方式取决于领导者对人性的基本认识。在管理史上，对人性的假设有两种，即X假设和Y假设。

1. X假设

X假设的内容如下。

（1）人天生懒惰，总是千方百计地逃避工作。

（2）大多数人的个人目标与组织的目标都是互相矛盾的，为了实现组织目标，领导必须用强制和惩罚的方法严格管制。

（3）大多数人没有什么雄心壮志，也不喜欢负责任，而甘愿服从别人的领导；大多数人缺乏理智，难以克制自己，易受别人的影响。

基于上述认识，持有X假设观点的领导者采取集权式领导方式，通常是“胡萝卜加大棒”的领导方式，即一方面用奖励刺激员工，另一方面靠严密的监控和惩罚促使员工为组织效力。

麦格雷戈认为，在现代工业的实践过程中，这种 X 理论曾经是企业领导者中非常普遍的一种信念，对美国的企业管理工作有过重大影响。以 X 理论为指导思想的管理人员把人和物等同，忽视人的自身特征和多种需要，只注意人的生理需要和安全需要，常常以奖励作为管理工具，对不符合要求的行为则采取惩罚手段。显然，在这种人性假设基础之上的管理方法对属于“社会人”的人们来说是难以激发其工作热情的。

2. Y 假设

Y 假设的内容如下。

(1)工作中体力和脑力的消耗就像游戏和休息一样自然,厌恶工作并不是人的本性。

(2)外在的控制和惩罚并不是使人努力达到组织目标的唯一手段,而且通常也不是最好的手段,人们愿意实行自我管理和控制来完成自己应当完成的目标。

(3)人是有责任心的。人们在适当的条件下，不但愿意接受和承担一定的责任，而且还可能会追求责任，逃避责任、缺乏雄心壮志通常是经验的结果，而不是人的本质。

(4)人们在解决组织的各种问题时，有着较高的想象力和创造力。

(5)在现代社会中，人们的智力和潜能仅得到了部分发挥。

基于上述认识，持有 Y 假设观点的领导者倾向于采取员工自我指挥和自我控制的领导方式，通常给员工创造一个和谐的指导性工作环境，让员工从事富有挑战性的工作，便于员工进行自主管理以及发挥潜能，提高员工的参与度和积极性。

Y 理论给管理人员提供了一种对于人的乐观主义的看法，而这种乐观主义的看法是争取员工的协作和热情支持所必需的。有人指出，Y 理论有些过于理想化，所谓自我指挥和自我控制，并非人人都能做到。人并非生来就是懒惰且不愿承担责任的，但是，在实际生活中也的确有部分人是这样的，而且他们坚决不愿改变。对于这些人，采用 Y 理论进行管理难免会遭遇失败。

二、勒温的领导风格理论

勒温是德国心理学家，他将权力定位为基本变量，把领导者在领导过程中表现出来的极端工作作风分为 3 种类型：独裁专断型、民主参与型和自由放任型。

(1)独裁专断型领导是指领导者个人决定一切，布置任务让下属执行。这种领导者要求下属绝对服从，并认为决策是自己一个人的事。

(2)民主参与型领导是指领导者发动下属讨论、共同商量、集思广益，然后再进行决策。这种领导者要求上下级关系融洽，能团结一致地进行工作。

(3)自由放任型领导是指领导者撒手不管，下属愿意怎样做就怎样做，完全自由。领导者的职责仅仅是为下属提供信息并与企业外部进行联系，以便下属开展工作。

勒温于 1939 年对这 3 种不同类型的领导群体影响进行了研究，结果表明：自由放任型领导的工作效率最低，所领导的员工在工作中只达到了社交目标，而没有达到工作目标，产品的数量和质量都很差；民主参与型领导的工作效率较高，所领导的员工在工作中不仅达到了社交目标，也达到了工作目标，工作积极主动，显示出较高的创造性；独裁专断型领导借助严格的控制也达到了工作目标，但人际关系紧张，员工的消极态度和对抗情绪在不断增长，员工缺乏主动性。

三、密歇根大学的研究

密歇根大学的研究由伦西斯·利克特及其同事在1947年开始进行，他们试图比较群体效率如何随领导者行为的变化而变化。这项研究的目的是确定领导者的行为特点与满意水平和工作绩效的关系。研究小组的研究结果发现了两种不同的领导方式。

一种是工作（生产）导向型的领导行为。这种领导方式关心工作的过程和结果，并用密切监督和施加压力的办法来获得良好的绩效、满意的工作期限和结果评估。对这种领导者而言，下属是实现目标或完成任务绩效的工具，而不是和他们一样有着情感和需要的人，群体任务的完成情况是领导行为的目标。

另一种是员工导向型领导行为。这种领导方式表现为关心员工，即重视人际关系。员工导向型领导者不是把他们的行为集中在对员工的监督上，而是集中在对生产的提高上。他们关心员工的需要、晋级和职业生涯的发展。

密歇根大学的研究人员发现，在以“员工导向型”作为领导方式的组织中，生产的数量要高于以“工作导向型”作为领导方式的组织。另外，这两种群体的态度和行为也完全不同。在“员工导向型”的生产单位中，员工的满意度高，离职率和缺勤率都较低；在“工作导向型”的生产单位中，产品产量虽然不低，但员工的满意度低，离职率和缺勤率都较高。

在这种经验观察的基础上，密歇根大学领导行为方式研究的结论是“员工导向型”的领导者与高的群体生产率和高满意度呈正相关，而“工作导向型”的领导者则与低的群体生产率和低满意度呈正相关。

四、俄亥俄州州立大学的研究

大约在与密歇根大学对领导方式展开研究的同时，美国俄亥俄州州立大学的研究人员弗莱西曼和他的同事们也在进行关于领导方式的比较研究。他们的研究结果本来罗列了10种不同的领导方式，但最后，他们把这10种类型进一步分为两个维度，即领导方式的“关怀维度”和“定规维度”。

“关怀维度”代表领导者与下属之间以及领导者与追随者之间的相互信任、尊重和友好关系，即领导者信任和尊重下属的倾向。

“定规维度”代表领导者构建任务、明察群体之间的关系和明晰沟通渠道的倾向。

研究人员将领导方式分为4种基本类型，即高定规高关怀、低定规高关怀、高定规低关怀和低定规低关怀，即四分图理论，如图6-1所示。

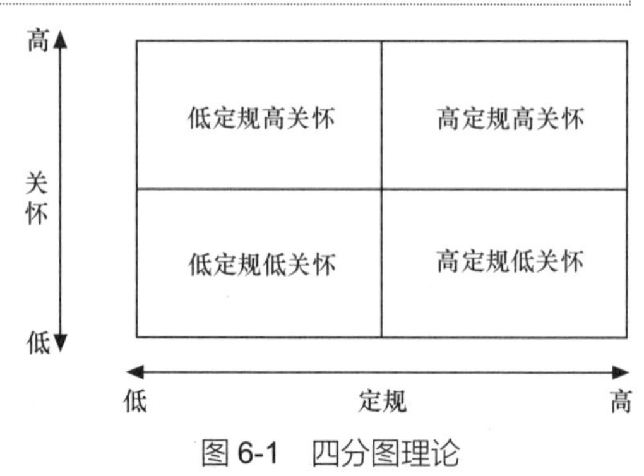

图6-1 四分图理论

俄亥俄州州立大学的这项研究发现：在两个维度方面皆高的领导者，一般更能使下属达到高绩效和高满意度。不过，双高型风格并不总是产生积极效果；而其他3种维度组合类型的领导者行为，普遍与较多的缺勤、事故、抱怨以及离职有关系。

五、管理方格理论

密歇根大学和俄亥俄州州立大学的研究结果发表以后，引起了学术界对理想的领导方式的广泛讨论。一般的看法是，理想的领导行为既要是绩效型又要是关怀型的。对这种理想的领导方式加以结合的重要成果，是美国得克萨斯大学的布莱克和穆顿提出的关于培养领导方式的管理方格理论。

这一理论充分概括了上述两项研究所提炼的员工导向和生产导向维度。在这种领导理论中，首先把管理人员按他们的绩效导向行为（称为对生产的关心）和维护导向行为（称为对员工的关心）进行评估，给出等级分值。然后以此为基础，把分值标注在两个维度坐标界面上，并在这两个维度坐标轴上分别划出9个等级，从而生成81种不同的领导类型。

如图6-2所示，具有代表性的领导方式为：（1，9）型，又称为乡村俱乐部型管理，表示领导者只注重支持和关怀下属而不关心任务和效率；（1，1）型，又称为贫乏型管理，表示领导者付出最小的努力完成工作；（5，5）型，又称为中庸之道型管理，表示领导者维持足够的任务效率和令人满意的士气；（9，1）型，又称为任务型管理，表示领导者只重视任务效果而不重视下属的发展和士气；（9，9）型，又称为团队型管理，表示领导者通过协调和综合相关工作活动而提高任务效率与士气。他们认为，（9，9）型的管理者工作是最佳的领导方式，并提出：原则上达不到（9，9）型的管理人员，要接受如何成为一个（9，9）型领导人的培训。

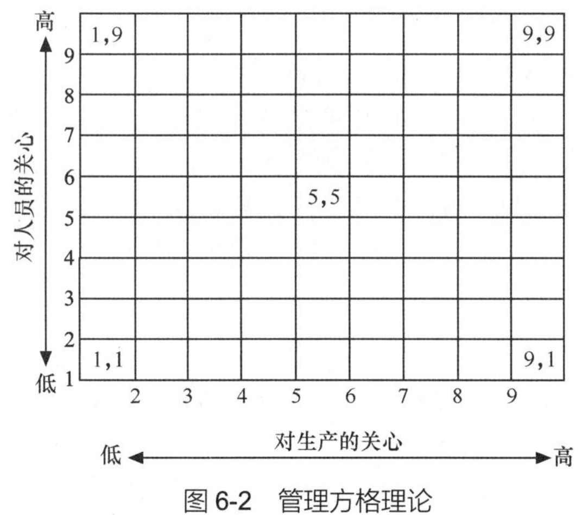

图6-2　管理方格理论

20世纪60年代，管理方格培训受到美国工商界的普遍推崇。但在后来，这一理论逐步受到批评，因为它仅仅讨论一种直观和最佳的领导方式。而且，管理方格理论并未对如何培养合格的管理者提供答案，只是为领导方式的概念化提供了框架。另外，也没有实质性证据支持（9，9）型领导方式在所有情况下都是最有效的方式。例如，在不同的社会、经济、文化和政治背景中，管理者领导方式的优劣并不是简单地通过中性或平衡的分布就能够描述的。这说明，领导方式的行为理论并不是某种领导方式的最佳选择，领导方式的研究应是多角度的。

6.3.3 领导权变理论

一、菲德勒领导权变理论

权变理论认为不存在一种一成不变的、普遍适用的、最好的管理理论和管理方法。领导方式和领导工作强烈地受领导者所处的客观环境的影响。因此，管理必须随着所处的内外环境的变化而随机应变。领导者应做什么以及怎样做，取决于当时的具体情况。或者说，领导和领导者是某种既定环境的产物。

菲德勒的领导权变理论是一种比较有代表性的权变理论。该理论认为各种领导方式都可能在一定环境内有效，这种环境是多种外部因素与内部因素的共同作用体。

菲德勒提出了一个全面的领导权变模型。菲德勒认为，良好的群体绩效只能通过如下两种途径取得：要么使管理者与管理环境相匹配，要么使工作环境与管理者相匹配。菲德勒模型将确定领导者风格的评估与情境分类联系在一起，并将领导效果作为二者的函数进行预测。

1. 确定领导者风格

菲德勒设计了LPC（Least Preferred Co-worker）问卷，即最难共事者问卷，来测试领导者个体基础的行为风格。菲德勒让答卷者回想一下自己共事过的同事，找出一个最难共事者，用16组形容词中的1～8个等级对他进行评估，从最消极的评价到最积极的评价，得分依次增高。

菲德勒相信，在LPC问卷回答的基础上人们可以判断领导者最基本的领导风格，如果以相对积极的词汇描述最难共事者，LPC得分不低于64分，回答者很乐于与同事形成良好的人际关系。也就是说，如果你把最难共事的同事描述得比较积极，菲德勒就认为你是关系取向型。相反，如果得分低于57分，就说明你感兴趣的主要是工作，为任务取向型。另外，大约有16%的回答者分数处于58～63分之间，属于中间水平，很难被划入任务取向型或关系取向型中进行测试，因而下面的讨论就是针对其余的84%的回答者进行的。

2. 确定情境

在LPC问卷的基础上，菲德勒列出评价领导有效性的关键因素，即职位权力、任务结构和上下级关系。

所谓职位权力，是指领导者所处的职位具有的权威和权力的大小，或者说领导的法定权、强制权、奖励权的大小。权力越大，群体成员遵从指导的程度越高，领导环境也就越好；反之就越差。

所谓任务结构，是指任务的明确程度和下属对这些任务的负责程度。这些任务越明确，下属责任心越强，则领导环境越好；反之就越差。

所谓上下级关系，是指下属乐于追随领导者的程度。下级对上级越尊重，越乐于追随，则上下级关系越好，领导环境也越好；反之就越差。

3. 领导者与情境的匹配

菲德勒根据情境中的3个变量组合成8种不同的环境条件。根据关于领导情境的8种分类和关于领导类型的两种分类（高 LPC 型领导和低 LPC 型领导），对 1200 多个团体进行了抽样调查，得出以下结论：领导环境决定了领导方式。菲德勒认为环境的好坏对领导的目标有重大影响。对低 LPC 型领导来说，他们比较重视工作任务的完成。如果环境较差，他们将首先保证完成任务；当环境较好，任务能够完成时，这时他们的目标将是维护人际关系。对高 LPC 型领导来说，他们比较重视人际关系。如果环境较差，他们首先将人际关系放在首位；当环境较好，人际关系也比较融洽时，他们将追求工作任务的完成，如图 6-3 所示。

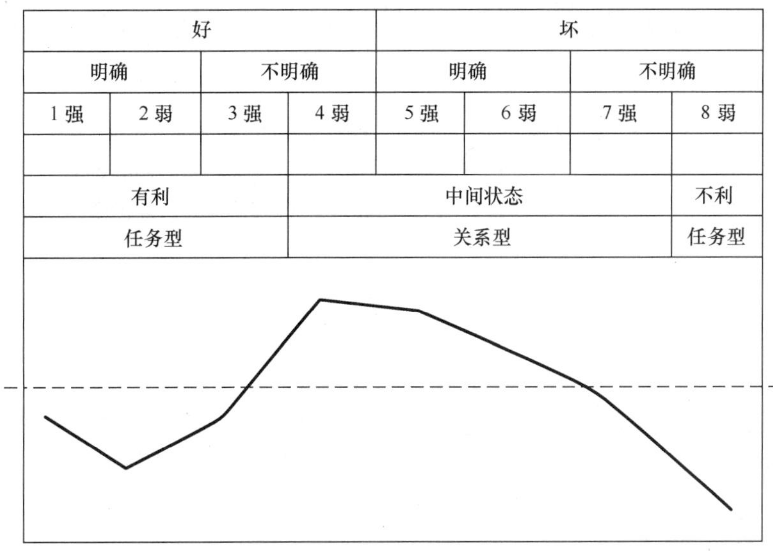

图 6-3　菲德勒领导权变模型

在环境较好的 1、2、3 和环境较差的 8 情况下，采用低 LPC 型领导方式，即工作任务型的领导方式比较有效；在环境中等的 4、5、6、7 情况下，采用高 LPC 型领导方式，即人际关系型的领导方式比较有效。

随堂思考 6–3

请用菲德勒模型分析以下这两位领导该选择何种领导方式？

张林，A 企业的老员工，民主选举为该企业后勤主管。

李林，A 企业空降员工，任命为该企业的市场主管。

4. 菲德勒模型的发展

菲德勒和乔 • 葛西亚在原来的模型基础上进一步提出了认知资源理论。这一理论基于两个假设：第一，睿智而有才干的领导者比德才平庸的领导者能制订更有效的计划、决策和活动策略；第二，领导者通过指导行为传达他们的计划、决策和策略。

在此基础上，菲德勒和葛西亚阐述了压力和认知资源（如经验、奖励、智力活动）对领导有效性的重要影响。其结论如下：第一，在支持性、无压力的领导环境下，指导性行为只有与高智力结合起来，才能产生高绩效水平；第二，工作经验与工作绩效之间呈正相关；第三，在领导者感到无压力的情境中，领导者的智力水平与群体绩效呈正相关关系。

随堂思考 6-4

权变理论中的“随机应变”指的是什么？

二、路径-目标理论

路径-目标理论是罗伯特·豪斯发展出的一种领导权变理论。该理论认为，领导者的工作是帮助下属达到他们的目标，并提供必要的指导和支持，以确保各自的目标与群体或组织的总体目标一致。“路径-目标”的概念来自这样的观念：有效领导者能够明确指明实现工作目标的方式来帮助下属，并为他们清除各种障碍和危险，从而使下属的相关工作容易进行。

根据路径-目标理论，领导者的行为被下属接受的程度，取决于下属是将这种行为视为获得当前满足的源泉，还是作为未来满足的手段。领导者行为的激励作用表现为以下两点：①使下属的需要、满足取决于有效的工作绩效；②提供有效绩效所必需的辅导、指导、支持和奖励。

为了考察这些陈述，豪斯确定了4种领导行为：指导型领导者让下属知道他对他们的期望是什么，以及他们完成工作的时间安排，并对如何完成任务给予具体指导，这种领导类型与俄亥俄州州立大学的定规维度相似；支持型领导十分友善，表现出对下属需要的关怀，它与俄亥俄州州立大学的关怀维度相似；参与型领导则与下属共同磋商，并在决策之前充分考虑他们的建议；成就导向型领导设定富有挑战性的目标，并期望下属发挥出自己的最佳水平。与菲德勒的领导方式学说不同的是，豪斯认为领导者是灵活的，同一领导者可以根据不同的情境表现出任何一种领导风格。

路径-目标理论提出了两类情境变量下的领导行为：结果关系的中间变量，即环境因素（任务结构、正式权力系统和工作群体）和下属的个人特点（控制点、经验和知觉能力）。控制点是指个体对环境变化影响自身行为的认识程度。根据这种认识程度的大小，控制点分为内向控制点和外向控制点两种。内向控制点是说明个体充分相信自我行为主导未来而不是环境控制未来的观念，外向控制点则是说明个体把自我行为的结果归于环境影响的观念。依此可将下属分为内向控制点（Internal Locus of Control）和外向控制点（External Locus of Control）两种类型。环境因素和下属的个人特点决定着领导行为类型的选择。这一理论指出，当环境因素与领导者行为不一致或领导者行为与下属特点不一致时，效果皆不佳。

以下是路径-目标理论引申出的一些假设范例。

（1）相对于具有高度结构化和安排完好的任务来说，当任务不明或压力过大时，指导型领导能够产生更高的满意度。

（2）当下属执行结构化任务时，支持型领导可使员工产生高绩效和高满意度。

（3）指导型领导不太适于指导能力强或经验丰富的下属。

（4）组织中的正式权力关系越明确、越层级化，领导者越应表现出支持行为，降低指导型行为。

（5）内向控制点型的下属比较喜欢指导型风格。

（6）当任务结构不清晰时，成就导向型领导将会提高下属的努力水平，从而达到高绩效的预期。

三、领导生命周期理论

美国管理学者保罗·赫塞和肯尼斯·布兰查德提出了另外一种领导情境理论。他们补充了另外一种因素，即领导行为在确定是任务绩效更重要还是维持行为更重要之前应当考虑的因素——成熟度（Maturity），并以此发展为领导生命周期理论。这一理论把下属的成熟度作为关键的情境因素，认为依据下属的成熟度水平选择正确的领导方式，这将决定着领导者的成功。

赫塞和布兰查德把成熟度定义为个体对自己的直接行为负责任的能力和意愿。它包括工作成熟度（Job Maturity）和心理成熟度（Psychological Maturity）。工作成熟度是下属完成任务时具有的相关技能和技术知识水平。拥有高工作成熟度的下属可以独立完成其工作任务而不需要别人的指导。心理成熟度是指下属的自信心和自尊心。心理成熟度高的人不需要太多的外在鼓励，他们主要是靠自我实现的动机工作。高成熟度的下属既有能力又有信心做好某件工作。

生命周期理论提出任务行为和关系行为这两种领导维度，并且将每种维度进行了细化，从而组合成4种具体的领导方式：①指导型（Telling）领导（高任务低关系），领导者定义角色，告诉下属应该做什么、怎样做以及在何时何地做；②推销型（Selling）领导（高任务高关系），领导者同时提供指导行为与支持行为；③参与型（Participating）领导（低任务高关系），领导者与下属共同决策，领导者的主要任务是提供便利条件和沟通渠道；④授权型（Delegating）领导（低任务低关系），领导者提供不多的指导或支持。

在此基础上，关系行为与下属的成熟度之间的关系如图6-4所示。

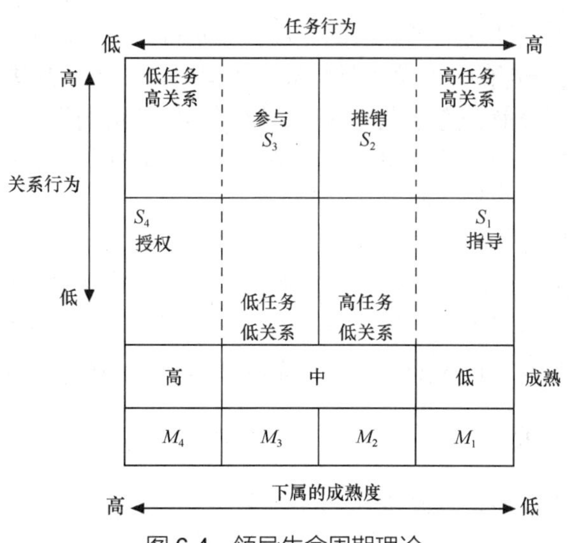

图6-4　领导生命周期理论

图6-4中，S代表4种领导方式，分别是授权、参与、推销和指导，它们依赖于下属的成熟度M，M_1表示低成熟度，M_4表示高成熟度。

这样一来，赫塞和布兰查德就把领导方式和员工的行为关系通过成熟度联系起来，形成一种周期性的领导方式。当下属的成熟度水平不断提高时，领导者不但可以减少对活动的控制，而且还可以不断减少关系行为。

（1）指导型领导方式 S_1，是对低成熟度的下属而言的，领导者采用任务导向的领导风格最为合适。领导者要告诉下属组织的规则和运行程序，告诉他们怎样进行工作。在此阶段，领导者如果不能及时地发出命令，则会带来组织的混乱。其他的领导风格和高度重视人际关系等在此阶段是不适当的。

（2）推销型领导方式 S_2，是高任务高关系行为，领导者试图使下属在心理上领悟其意图，希望激发起他们更大程度的努力。领导者要加强对员工的信任与支持，加强关系导向的领导行为。

（3）参与型领导方式 S_3，表示可以运用支持性、非指导性的参与风格有效地激励下属，领导者不再需要像开始那样直接指挥，下属开始产生更高的成就动机，开始积极寻求承担更大的责任。领导者应该积极地转变角色，因为过多的指挥会引起他们的不满；领导者要与下属共同决策，主要任务是提供便利条件。

（4）授权型领导方式 S_4，它是对高成熟度的下属而言的，表示下属既有意愿又有能力完成任务。下属越来越希望按自己的意愿行事，领导者可以降低支持与鼓励的比重，领导者的任务就是授权，不需要做太多事情。

与菲德勒的领导权变理论相比，领导生命周期理论更容易理解和直观。但它只考虑了下属的特征，而没有考虑领导行为其他情境的特征。因此，这种领导方式的情境理论算不上完善，但它对于深化领导者和下属之间关系的研究，具有重要的基础性作用。

6.4 领导艺术

领导艺术是富有创造性的领导方法的体现。在履行领导职能的过程中，科学与艺术是相互结合、彼此交织在一起的。领导者要具备灵活运用各种领导方法和原则的能力与技巧，才能率领和引导下属克服前进道路上的障碍，顺利实现预定的目标。

领导艺术是指建立在一定的知识、经验基础上的，非规范的，有创造性的领导技能，是领导者的智慧、学识、才能、胆略、经验的综合反映。

领导艺术具有随机性、经验性、特殊性、多样性、灵活性、创造性等特点。同时，它是因人、因事而异，因地、因事而变的。因此，领导者必须从实际出发，只有具体问题具体分析，随机应变、灵活运用，才能适应不断变化的形式。领导艺术归结起来，有决策艺术、用人艺术、授权艺术、正确处理人际关系的艺术和科学利用时间的艺术等。

6.4.1 决策艺术

决策是领导的基本职能，是领导活动的灵魂，它是领导者众多活动中最频繁、最主要，同时也是影响最大的一种活动。著名经济学家赫伯特·西蒙指出：“决策是管理的‘心脏’，管理是由一系列决策组成的，管理就是决策。”要做到正确和科学的决策，应遵循以下几点要求。

（1）要有获取、加工和利用信息的艺术。决策的艺术性和各种方案的可行性，在很大程度上取决于信息是否及时、准确和完善。因此，要善于获取、加工和利用信息，而这需要高超的艺术。

（2）针对不同的决策问题采取不同的决策方法，这本身就需要良好的艺术和技巧。正如管理学家杜拉克所说："决策的一条基本原则是在有不同意见的情况下做出决策。如果人人赞成，你就根本不用讲清楚做出的决策是什么，也许完全没必要决策了。所以，要听取不同意见。"

（3）要有程序化决策艺术。决策是按照事物发展的客观要求分阶段进行的，它具有科学的程序。决策一般是按"提出问题—确定决策目标—设计决策方案—优选决策方案—方案的实施与反馈"的顺序进行的。

6.4.2 用人艺术

领导者要善于发现和掌握下属的优点和长处，在工作中用其所长并将其发扬光大。用人时，不应求全责备。金无足赤，人无完人，德、才、智、信、义兼备的理想人物在现实中存在的可能性非常低。"尺有所短，寸有所长"讲的就是这个道理。

用人应遵循"用人不疑，疑人不用"的原则。

随堂思考 6–5

企业在用人方式上应吸取怎样的经验教训？

6.4.3 授权艺术

一、授权的含义

授权是指领导者将一定的权力授予自己直接领导的下属，使之在自己的领导和监督下，自主地对本职范围内的工作进行处理。

二、授权的意义

授权是领导者智慧和能力的延伸和扩展。授权是最大的信任，给下属提供了建功立业的舞台，因而能够极大地调动下属的积极性；敢于授权，领导者才能集中精力议大事、抓协调、管全局。

三、授权的原则

授权是一种领导艺术，不同的领导者，其授权效果各不一样。要做到科学授权，必须遵循以下原则。

（1）因事择人原则。这是领导者授权最基本的一条原则，即一切以被授权者的才能大小和工作水平的高低为依据。

（2）明确权责原则。授权必须明确交代所授权力的性质、目的、范围、限度、责任以及完成任务的时间和质量，不可含糊其辞，模棱两可。

（3）适度授权原则。领导者在授权时要掌握好"度"，凡是下级职责范围内的权力，都需要下放给下级；对于自己工作范围内的，但下级也能办好的事情要授权给下级；凡是涉及有关全局的事，如组织发展的方向、目标，干部任命和变动等问题，就不可轻易放权，而应由领导者集体讨论决定。

（4）有效控制原则。对于授权对象既不可过多地干涉，也不可放任自流，要健全控制制度，制定工作标准和考核办法，加强监督、检查，发现问题要及时指导、及时纠正。

四、不可授权的权力

管理工作中，以下3种权力是不可授权的。

（1）关乎企业前途命运的最后决策权。

（2）直接下级和关键岗位的人事的任免权。

（3）下级部门相互关系的调控权。

6.4.4 正确处理人际关系的艺术

人际关系的艺术是强化管理和激发员工积极性的重要内容。由于人际关系具有复杂性和微妙性，处理的方法也是多种多样的，没有一套能适用于不同素质的员工和不同环境的通用方法，应当因人而异，随机应变。

（1）组织与员工目标的处理。组织内的员工都是为了实现具体的目标而组合起来的，如何用企业发展的总目标把所有的员工组织起来，这是一种重要的技巧。目标既是员工共同努力的方向，又是有效协调人际关系的出发点。

（2）建立制度规则。这是指建立健全组织内部各种生产服务标准、流程和经营管理制度，使领导和员工、员工和员工之间都能依照规章制度进行自我约束、自我调整，以减少摩擦和冲突。

（3）注意员工的心理状态。尽管目标、制度对处理员工之间的关系有重要的作用，但员工之间的心理冲突对人际关系的影响往往是看不见、摸不着的，它的潜在性较强，又不容易快速消除。因此，领导者必须注意员工的心理状态。

（4）注重处事的技巧。领导者如果能积极稳妥地处理问题，就有利于搞好领导者与员工之间的关系。在技巧的运用上，领导者可以采用转移法、换位法、缓冲法、模糊法、糊涂法等。

6.4.5 科学利用时间的艺术

一、科学分配时间的艺术

做任何事情都需要占用时间和精力。“时间就是金钱，时间就是生命”，这是一条实实在在的真理。领导者要想节约自己的时间、做时间的主人，就要科学地组织管理工作，合理地分层授权，把大量的工作分给副手、助手、下属去做，以摆脱烦琐事务的纠缠，腾出时间来做应该由自己做的事；按照时间的规定，科学合理地给各个部门（单位）分配定额，并要求他们在执行中严格按计划进行，做到按时、按质、按量完成。

就领导者个人来讲，分配时间的艺术可以有以下几种。

（1）重点管理法。这是指领导者必须从众多的任务中抓住重要的事情，集中时间和精力把它做好，把有限的时间分配给最重要的工作。

（2）最佳时间法。这是指领导者应该把最重要的工作安排在一天中效率最高的时间段去完成。

（3）可控措施法。这是指领导者应该把自己不可控的时间转化为可控时间，以提高管理效率。

二、合理节约时间的艺术

领导者要成为自己时间的主人，就要做好以下几点。

（1）要养成记录自己时间消耗情况的习惯。为了把有限的时间用在自己应该做的领导工作上，领导者要养成记录自己时间消耗情况的习惯。每做一件事就记一笔账，写明从几点到几点办了什么事。每隔一两周对自己的时间消耗情况进行一次总结分析。这时，领导者往往就会发现自己在时间的利用上有许多惊人的不合理之处，从而找到合理利用时间的诀窍。

（2）学会合理地利用时间。时间的合理利用因人而异，受组织的特点、管理体制和基本架构，领导者的分工以及各人的职责和习惯的影响，因此很难有统一的标准。下面根据我国一些优秀的企业家的经验列出领导者每周工作时间的分配情况，如表 6-2 所示。

表 6-2　领导者每周工作时间的分配情况

工作内容	小时数	时间使用方式
了解情况，检查工作	6	每天 1 小时
研究业务，进行决策	12	每天 2～4 小时
与主要业务骨干交谈，做人际沟通的工作	4	每天 0.5～1 小时
参加社会活动（接待、开会等）	8	每天 0.5～2 小时
处理组织与外部的重大业务关系	8	每天 0.5～2 小时
处理内部各部门的重大业务关系	8	每天 0.5～3 小时
学习与思考	4	集中进行一次

一般来说，这样的时间分配是较为合理的。

随堂思考 6–6

管理者要想高效合理地利用时间，第一步要做的是什么？

6.4.6　提高领导艺术的途径

一、提高领导者的综合素质

提高领导者的综合素质是提高领导者领导艺术的必由之路。一个领导者要有强烈的事业心、高瞻远瞩的思想境界、辩证思维的头脑，才能在领导活动中有灵活机动的战略、战术和运用自如的技巧。领导者在领导艺术中表现出来的智慧，往往是其思想水平的集中表现。

掌握客观规律是提高领导艺术的一条基本线索。不掌握客观事物的发展规律和领导活动的规律，领导者是驾驭不了扬帆远航的组织之舟的。提高领导艺术，就要在认识事物客观规律的基础上，充分发挥主观能动性，按照客观规律办事，才能取得最佳的领导效果。

加强领导者的素质修养是提高领导艺术的前提。领导艺术是知识、智慧和才能的结晶，只有具备一定文化素质和道德修养的领导者，才能表现出一定的领导艺术。领导者运用领导艺术的过程，也是综合展现领导个人知识水平和发挥才能的过程。一个知识渊博、经验丰富、风格高尚、素质优良的领导者，在领导工作中就会显示出非凡的领导艺术。

不断总结经验是提高领导艺术的基础。领导艺术不是生来就有的，而是从经验中得来的。因此，领导者要想提高领导艺术水平，就要不断总结经验，特别是学习领导经验时要消化运用，以求达到一个新的艺术境界。

二、培养社会实践能力

社会实践能力不仅是对领导者素质的基本要求，也是培养领导者创新能力的重要条件。因为，人的创新能力不可能仅仅依靠书本知识获得，更需要通过实践获得。

三、增强团队意识

团队意识是指通过人际沟通、群体活动、参与管理和智力开发等多种形式和手段，为组织成员创造良好的工作氛围，使群体产生巨大的凝聚力、向心力，进而激发出无限创造力。对企业领导者来说，具有善于培养团队意识的能力十分重要。一个具有魅力和威望的领导，自然会成为团队的核心与灵魂，全体成员会自觉地团结在其周围，否则就会人心涣散。领导核心能否形成，主要看领导者的素质、品格和思想作风。一个合格的领导者必须具有较高的业务水平、民主的工作作风和无私奉献的人格魅力。

本章内容小结

领导就是领导者在一定的组织或群体内，为实现组织预定目标，运用其法定权力和个人影响力，指挥、带领、引导和鼓励被领导者或追随者实现组织目标的活动和艺术。领导的作用有指挥、协调和激励。

领导与管理不同。管理是建立在合法的、强制性权力的基础上对下属命令的行为；而领导更多的是建立在个人影响权以及模范作用的基础上的行为。

领导者对个人和组织的影响力来自两个方面：法定权力和个人影响力。法定权力有决策权、组织权、指挥权、人事权和奖惩权；个人影响力有品德、知识、才能和情感。

领导理论由3个部分组成：领导特性理论、领导行为理论和领导权变理论。领导特性理论着重于研究领导者的个人特性对领导有效性的影响。领导行为理论重点研究领导者的行为及其对下属的影响，以期寻求最佳的领导行为，它包括“X-Y”理论、勒温的领导风格理论、“工作导向”与“员工导向”理论、四分图理论、管理方格理论。领导权变理论集中研究特定情境中最有效的领导行为，它包括菲德勒领导权变理论、路径–目标理论、领导生命周期理论。

领导者的工作效率和效果在很大程度上取决于他们的领导艺术，它包括决策艺术、授权艺术、用人艺术、正确处理人际关系的艺术和科学利用时间的艺术。

案例思考

领导风格

某市建筑工程公司是个大型施工企业，下设1个工程设计研究所、3个建筑施工队。研究所由50名拥有中高级职称的专业人员组成；施工队有400名正式职工，除少数领导、骨干外，多数职工没受过专业训练。在施工旺季，公司还要从各地招收400名左右临时工补充劳动力的不足。

张总经理把研究所的工作交给唐副总经理直接领导、全权负责。唐副总经理是位高级工程师，知识渊博，作风民主，在工作中总是认真听取不同意见，从不自作主张或做硬性规定。公司下达的施工设计任务和研究所的科研课题，都是在全所人员共同讨论、出谋献策并取得共识的基础上做出具体安排的。他注意发挥每个人的专长，尊重个人兴趣、爱好，鼓励大家取长补短、相互协作、克服困难。在他的领导下，科技人员积极性很高，聪明才智得到了充分发挥，研究所年年超额完成创收计划，科研方面也取得了显著成绩。

公司的施工任务由张总经理亲自负责。张总是工程兵出身的复员转业军人，作风强硬，对工作要求严格，工作计划严密。他要求下级必须绝对服从自己，不允许他们自作主张，以防偏离计划。对不符合工程质量要求的建筑，要坚决返工、罚款；对不按期完成任务的职工扣发奖金；在工作中相互打闹、损坏工具、浪费工料、出工不出力、偷懒耍滑等破坏劳动纪律的职工都要受到严厉的批评、处罚。一些人对张总的这种不讲情面、近乎独裁的领导方式很不满意。张总深深地懂得，若不迅速改变职工素质低、自由散漫的状况，企业将难以长期发展下去，于是他自己抓职工文化水平和专业技能的培训工作。在张总的严格管教下，这支自由散漫的施工队逐步走上了正轨，劳动效率和工程质量迅速提高，第三年还创造了全市优质样板工程，受到市政府的嘉奖。

张总经理和唐副总经理这两种完全不同的领导方式在公司中引起了人们的议论。

思考题：

（1）你认为这两种领导方式孰优孰劣？

（2）为什么两人都能在工作中取得好成绩？

管理者价值点分享

1. 将目标全部告知员工，可以使他们表现得更好。
2. 思考不同类型的领导风格产生的影响力。
3. 要用知识赢得听众。
4. 鼓励天生具有领导才能的人，并引导和培养他们的领导技巧。
5. 尽可能多地授权给团队成员。
6. 使用授权管理可以激励员工、建立自信、减轻压力。
7. 切莫因你做得比较好就事必躬亲——这是很糟糕的管理方法。
8. 若有人对奖励制度不满，就须查明原因。
9. 利用不同的沟通方式，强化你所要传递的信息。
10. 保持团队成员间熟稔的关系以易于沟通。

推荐阅读：
说三国，话领导

练习与应用

第 6 章练习与应用

第 7 章
激励与沟通

学习目标

知识目标：了解激励的实质和原则，了解沟通的含义与过程。

素质目标：培养学生形成激励与沟通的管理思想，使学生掌握有效激励的方法，具备主动沟通的意识。

技能目标：掌握双因素理论、期望理论和强化理论在管理中的作用，掌握克服沟通障碍的方法。

能力目标：能够运用所学的激励与沟通知识，分析企业管理的存在问题，能够有效利用激励与沟通手段。

开篇故事

有效鼓励

广州某公司为开拓东北市场，派一名市场开拓人员前往。半年后该市场得到大力开发，销量猛增，帮助企业迅速扩大市场，公司决定给予该员工 5 万元奖励。

年终之际，公司总经理在表彰大会上奖励他 5 万元奖金，该市场开拓人员表示很感谢。然后总经理问道："你家里有些什么人？"他回答说："妻子、5 岁的女儿和瘫痪卧床的老母亲。"总经理又问："半年多你回过广州几次？"他回答说："一次。我到东北忙了两个月进行市场调查，做出了市场开拓方案后回公司汇报，第二天就又返回了东北。"总经理感慨地说："明天我和你一起去看望她们，感谢她们对你工作的支持，并代表公司送给她们 2 万元慰问金，感谢她们对公司的支持。"这位员工竭力控制着自己的感情，哽咽着对总经理说："多谢公司对我的奖励和总经理对我家庭的关爱，我今后要加倍努力地工作。"在场的所有员工都深受感动。

互动游戏

动机练习

对象：全体学生。
时间：10 分钟。
形式：体验与互动。
材料：几张十元钞票，这些钞票需要事先随机贴到部分学生的椅子下面。
场地：教室。

活动目标

让学生体验到动机是内在的，感受到动机与激励的关系，认识到激励与行为之间的关系。

操作程序

（1）老师对学生说："请大家举起右手，谢谢！"保持一会儿后，再次谢谢大家。问学生：你们为什么会举起手？

（2）老师对学生发布指令："大家站起来，并把椅子举过头顶。"观察学生的行为。

（3）老师对学生说："如果我告诉你们，椅子下有钞票，你们会不会站起来并举起椅子看看？"继续观察学生的行为和表现。

（4）老师对学生解释说："好吧，我如实告诉大家，有几把椅子底下真的有钱。大家可以看看自己椅子底下到底有没有。"继续观察学生的行为和表现。

（5）讨论不同行为出现的原因。

学习内容

7.1 激励的含义与过程

7.1.1 激励的内涵

一、激励的含义

激励（Motivation）是指发现和引导员工内心的需要，通过各种有效的内部或外部措施，最大限度地激发员工工作的积极性、主动性和创造性，从而有效地实现组织目标和满足个人需要的过程。作为组织的各级管理人员，为了引导员工的行为，达到激励的目的，既可以在了解人的需要的基础上，创造条件促进这些需要的满足，也可以通过采取措施，改变个人行为的环境。

心理学家曾经做过一个有关激励的“警觉性”试验，试验将被观察人员分成A、B、C、D，4个人数相等的小组，让他们分别辨别并指出光源的发光强度变化，若认为有变化就向试验者报告。对A组不给予任何奖励的暗示；对B组正确辨别一次奖励5分钱，每报错一次罚款1角钱；在C组实行个人竞赛，比谁的觉察力最强；对D组实行集体竞赛，说明小组正在与别的组比赛，比哪一组察觉能力最强。试验结果显示：未实行激励的A组绩效明显低于其他实行激励的3个组，而尤以个人竞赛组绩效最高。

从试验结果可以看出，有激励比没有激励强，不同的激励方式对结果的影响程度不同，那么，到底什么是激励呢？

激励，就是激发、鼓励的意思。美国著名学者斯蒂芬·罗宾斯提出：“激励就是解决个体在实现目标过程中努力的强度、方向与持续期的过程。从管理的角度而言，激励就是主体通过运用某些手段或方式引导并促进工作群体或个人产生有利于实现组织目标的行为过程。激励的目的是调动组织成员的工作积极性，激发他们工作的主动性和创造性，以提高组织的效率。”

管理心理学家在对激励进行研究的过程中积累了大量资料，其认为在激发员工行为动机方面存在着很大的潜力。威廉·詹姆士教授认为，一般员工仅能发挥20%～30%的能力，如果受到充分激励，则可发挥80%～90%的能力，可见组织的绩效与员工的受激励程度密切相关。员工的工作绩效可用下面的数学函数式表示：

$$工作绩效=f（能力·激励）$$

由此可见，员工的工作绩效是受其能力和激励水平双重影响的。当能力一定时，激励因素越强，工作绩效越大。同时，激励也是通过个人努力达到绩效的，它决定着个人努力的程度、方向及持续时间。能力固然是取得绩效的基本保证，但是不管能力多强，如果激励水平低，就难以取得好的绩效。

二、激励的心理机制

激励是一种心理过程，从某个角度来说，也就是根据人的需要进行良性刺激，使其产生某种需要的动机和行为的过程。一个人有无积极性是一种个人行为，在这种行为背后，支配这种行为的是动机，一个人之所以有这种或那种动机，是个人最初的需要催生的。因此，认识到人的需要、动机和行为是研究激励机制的前提。

1. 需要

人的需要是产生行为动机的前提，需要是个体缺乏某种事物时产生的一种主观要求，也是人对某个目标产生的欲望。

需要是指当个体生存和发展所必须具备的内在需求或外在条件得不到满足时，其大脑神经中枢所感知的生理失衡或心理紧张状态。需要是人类与生俱来的，人类只要存在，就离不开需要，人的一切活动最终都是为了满足自己的某种需要。需要是人们行动的出发点，管理者的关键任务是调动员工的积极性，因此就必须了解员工的需要，进而根据不同需要采取相应的激励措施，从而调动员工的工作积极性。

（1）需要的特征。

① 目标性：需要总是指向一定的目标，不存在无指向物的需要。

② 无限性与不满足性：人的需要是多种多样、丰富多彩的，个体总是处于需求不满的状态中，永远不会停止需要。

③ 共同性与个体性：人都需要空气和必要的尊重，这些都体现了需要的共同性；在这种共同性之下，每个人的需要又各不相同，面对同一种事物，每个人的需要程度也不同。

（2）需要的分类。

① 按需要的性质不同，需要可分为天然需要与社会需要。天然需要是人与生俱来的，如衣、食、住、行的需要，它反映了人对延续和发展自己生命所必需的客观条件的需要量。在社会生产与交往过程中，人在天然需要的基础上形成了人类所特有的社会需要，如对知识的需要、对尊重的需要、对追求理想的需要等。

② 按照需要的对象不同，需要也可分为物质需要和精神需要。物质需要主要包括前述的天然需要及物质用品的需要。精神需要是人对智力、道德、审美等发展的需要，如对地位、成就、归属感的需要，属于精神需要。

③ 按照需要的满足方式不同，需要可分为外在性需要和内在性需要。外在性需要由外界环境所支配，即靠组织所提供的资源来满足，如工资、奖金、表扬、尊重、友谊等。内在性需要不能靠外部资源来直接满足，它包括员工自身对工作的兴趣、对组织目标的认同、责任心和工作的挑战性等。

2. 动机

动机是指个体试图通过某种行为满足其需要的直接动力，是一个人产生某种行为的直接原因。动机是在需要的基础上产生的，同时需要外部的诱导刺激，动机是行为的直接原因。没有需要便不会产生动机，但需要一般并不直接引起行为；只有当需要转化为动机后，才能引起和维持行为。

（1）动机的特点。

① 动机是一种内在的力量，具有内隐性。我们无法直接了解别人的动机，而只能通过观察其行为来判断一个人的动机。

② 动机是高度个性化的。同样的行为，不同的人可能具有不同的动机，因为不同的需要可以通过同样的行为来得到满足。

③ 动机是受目标控制的。人之所以愿意做某事，是因为做这件事本身能满足其个人的某种需求，或完成这件事能给他带来某种需要的满足。

（2）动机的功能。

动机在人类活动中有唤起、维持、强化或修正人的行为这 3 大功能。

① 动机能唤起人的行动。人的行为总是由一定的动机引起的，动机可驱使一个人产生某种行为。

② 动机能维持人的行为趋向一定的目标。动机不仅能唤起行为，而且能使人的行为

具有稳固和完整的内容，沿着一定的方向前进。

③ 动机能强化或修正行为。动机会因为良好的行为结果使行为重复出现，从而使行为得到加强；动机也会因不好的行为结果，而使这种行为减少以至于不再出现。

3. 行为

行为是人们在日常生活中所表现的一切动作的总称。人的行为主要取决于两个因素：内因和外因。内因是根本，起决定作用；外因是条件，对行为起着加速作用。心理学家认为，当人受到某种刺激后会产生一定需要，而动机和行为则受个体的内在因素和所处的客观环境的影响。同样的需要，催生的行为可能截然不同。例如，每个人对物质都有需要，但社会上人们追求满足这些需要所采取的行为却有很大的差异。

4. 需要、动机、行为之间的关系

一般来说，当人们产生某种需要而未能得到满足时，就会产生坐立不安和紧张的状态；在遇到能满足需要的目标时，这种紧张的心理状态就转化为动机，推动人们去从事某种活动以实现目标。人们的目标实现后，紧张心理消除，需要得到满足，这时人又会产生新的需要，进而转化为新的动机、产生新的行为等。这样不断循环往复，推动人们向着新目标前进，这一过程如图 7-1 所示。

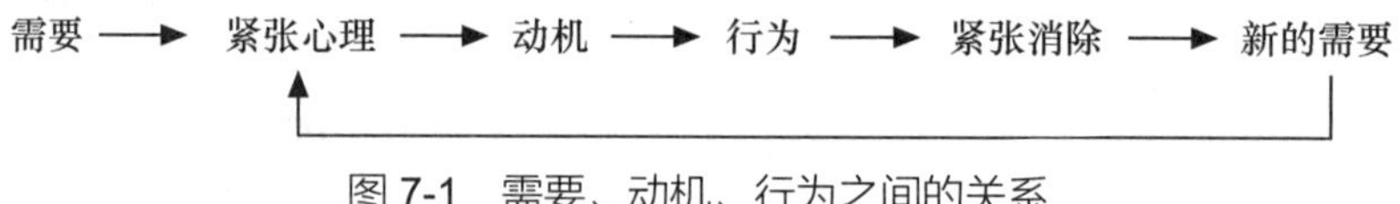

图 7-1 需要、动机、行为之间的关系

7.1.2 激励的过程

激励的过程也就是动机的激发过程。激励就是要把需要、内驱力、目标这 3 个相互影响、相互依存的要素衔接起来，构成动机激发的整个过程，从而最终影响人们的行为，是一个由需要开始，到需要得到满足为止的连锁反应。如前所述，人未得到满足的需要是产生激励的起点，因此人就会产生心理和生理上的反应，并有一种改变现状的欲望和动机。进而会思考能满足需要的途径，确定实现的目标，在动机的驱动下采取行为向目标努力。之后人的行为结果有两种可能：其一，目标实现，需要得到满足；其二，目标未得到实现，遭受挫折。人在遭受挫折时，持不同生活态度的人，采取的行为又有所不同。生活态度积极的人会主动调整目标和行为，努力满足需要，并确定更高目标、努力追求；生活态度消极的人放弃努力，甚至产生绝望情绪，进而在行为上不思进取。激励不仅在刺激动机产生行为的各环节促进人们积极努力，而且对人们遭受挫折时的消极态度也有防御作用，能避免或减少消极行为。

激励的过程实质上就是在外界刺激变量（各种管理手段与环境因素）的作用下，使内在变量（需要、动机）产生持续不断的兴奋，从而引起被管理者积极的行为反应（实现目标的努力）。激励可以被看作这样一个过程，即从满足人的多层次、多元化“需要”出发，针对不同个体设定绩效标准和奖酬，以最大限度地激发组织成员的工作“动机”和热情，使他们按照组织所要求的“行为”方式，积极、能动和创造性地运用其人力资源，从而最大化地实现组织的预期目标。

7.1.3 激励的作用

管理学主要关注的是与组织工作相关的行为，当组织成员的行为和努力的方向与组织目标一致时，其行为结果对组织才有利。在管理实践中，管理者就是要围绕组织目标，对成员那些符合组织整体利益的动机和行为进行激发和鼓励。激励在组织管理中起积极促进作用，主要表现在以下 3 个方面。

（1）有利于充分调动员工的工作积极性。通过激励，一方面可以把那些有才能的、组织需要的人吸引过来为组织工作；另一方面，可以使员工从懒惰消极状态转为积极努力地工作。

随堂思考 7-1

有了激励之后，是否任何消极因素都会转化为积极因素？

（2）有助于将员工的个人目标与组织目标相统一，从而达到个人目标与组织整体目标的共同实现。个人目标及利益是员工行为的原动力，激励的功能就在于在满足个人利益和需要的同时，促使员工把个人目标统一于组织的整体目标中，激发员工为完成工作任务做出贡献。

（3）有助于加强组织的凝聚力，促进组织内部各部门、层次的协调统一。组织能够有效、协调运行，一方面要建立科学合理的组织结构和严格规范的规章制度，另一方面还需了解员工的不同需要，运用激励的方法满足这些需要，进而增强组织的凝聚力、向心力。

7.2 激励理论

激励问题已经成为管理的重要内容之一，众多学者也致力于这一问题的研究。他们从各个角度去分析个人在工作、生活中会有哪些需要；为了满足这些需要，他们会如何萌发动机，进而采取何种行动；需要满足了会怎样，需要没有被满足又会怎样；为了获得组织所需要的个人行为，管理者又应采取哪些方式，去帮助员工缩短这个转变过程。西方管理学家围绕人的需要的实现及其不同特点，提出了不同类型的激励理论，主要包括：①内容型激励理论，着重探讨决定激励效果的各种基本要素，研究人的需要的复杂性及其构成，包括需要层次理论、双因素理论、成就激励理论等；②过程型激励理论，侧重于研究激励实现的基本过程和机制，包括公平理论、期望理论等；③行为改造型激励理论，着重探讨对一个人行为评价所产生的激励作用，包括强化理论、挫折理论和归因理论。

随堂思考 7-2

社会中的每一个成员是否都需要激励？

7.2.1 内容型激励理论

一、需要层次理论

需要层次理论是由美国社会心理学家亚伯拉罕·马斯洛提出来的，因而也称为马斯洛需要层次理论。马斯洛的需要层次理论有两个基本出发点：第一，只有尚未满足的需要才能够影响人的行为，即已得到满足的需要没有激励作用；第二，人的需要有轻重层次之分，只有排在前面的那些属于低一级的需要得到满足之后，才能产生更高一级的需要。为此，马斯洛认为每个人都有5个层次的需要：生理需要、安全需要、社交需要、尊重需要、自我实现需要，如图7-2所示。

图7-2 马斯洛需要层次理论

1. 需要层次理论概述

（1）生理需要：指维持人生存的最基本的、最原始的需要，包括食物、水、住所、睡眠、行动等。这些需要如不能得到满足，人就存在生存危机了。从这个意义上说，生理需要是推动人们行动的原动力。如马斯洛所说："如果所有的需要都不能得到满足，这个人就会被生理需要所支配，而其他的需要都要退到隐蔽的地位。"在组织中，管理者要关注员工的生理需要，满足其最基本的需要。同时，马斯洛更强调："当人的生理需要得到满足后，这个人将被其他更高级的需要所支配。"

（2）安全需要：指对人身和财产安全、工作和生活环境安全的追求及规避各种社会性、经济性损害的倾向。当个人的生理需要得到解决或满足后，人们的安全需要就变得强烈起来。人们开始关注自己的人身安全、职业保障、稳定等问题，他们要求摆脱失业威胁，要求将来生病或衰老时有保障，要求避免职业病的侵害，希望解除严厉监督的威胁等。

（3）社交需要：包括爱、被接纳和友谊的需要。人是社会人，社交需要主要产生于人的社会性。马斯洛认为，人的社交需要有两方面内容：其一是爱的需要，即人都希望同事之间、伙伴之间的关系融洽，保持友谊和真诚，希望爱或被爱；其二是归属的需要，每个人都有一种归属感，都希望属于一个集体或群体，成为其中一员，成员之间能互相关心、照顾，相互之间建立友谊，否则人们会感到被弃或孤独。

（4）尊重需要：指一种来自自尊和受尊重的心理需要，包括自尊、受尊重、被关注、被认可、地位和成就。人在社会上都希望自己有一个稳定的地位，个人能力、成就被认可，受到别人尊重等。尊重需要得到满足，可使人产生自信，因而使人对社会充满热情，感觉自己在社会上有存在的价值。

（5）自我实现需要：是一种随着个人不断成长、发展，开发自己潜力和创造性的心理需要，是最大限度地发挥自己潜能，实现个人理想、抱负的需要，属于最高层次的需要。自我实现需要是一种追求个人能力极限的内驱力。这种需要一般表现在以下两个方面。一是胜任感方面。有这种需要的人往往试图控制事物或环境，不是等待事物被动地产生与发展，而是希望事物在自己的控制下进行。二是成就感方面。对拥有这种需要的人来说，工作的乐趣在于成果和成功，他们需要知道自己工作的结果，成功后的喜悦比其他任何报酬更重要。

2. 各层次需要之间的关系

马斯洛将这5种需要分为高级和低级两类。生理需要与安全需要称为低级的需要，而社交需要、尊重需要与自我实现需要称为高级的需要。低级需要主要从外部使人得到满足，高级需要则是从内部使人得到满足。

马斯洛需要层次理论的主要观点包括：第一，人是有需要的，其需要取决于他已经得到了什么、还缺少什么，只有尚未满足的需要才能够影响其行为，即已得到满足的需要不能起到激励作用；第二，人的需要有轻重层次之分，在特定时刻，人的一切需要如果都未得到满足，那么满足最主要的需要就比满足其他需要更迫切，只有排在前面的那些低一级的需要得到满足后，人才能产生更高一级的需要。

需要层次理论还认为，当一种需要得到满足后，另一种更高层次的需要就会占据主导地位。从激励的角度来看，没有一种需要会得到完全满足，但只要其得到部分的满足，个体就会转向追求其他方面的需要。按照马斯洛的观点，如果希望激励某个人，就必须了解这个人目前所处的需要层次，然后着重满足他在这一层次上的需要。

马斯洛的需要层次理论易于理解，给管理领域带来了重大影响。从管理理论上说，它为行为科学激励理论的发展打下了坚实的基础；从管理实践上说，它为管理者如何针对不同需要来调动员工的积极性提供了依据，促进了“民主参与式管理方式”的兴起。

3. 对马斯洛的需要层次理论的评价

（1）马斯洛需要层次理论的巨大贡献。马斯洛的需要层次理论指出人的需要是分层次的，要从人的需要出发来研究人的行为，这为我们研究人的行为提供了一个比较科学的理论框架，成为激励理论的基础。他将人类千差万别的需要归为 5 类，揭示了一般人在通常情况下的需要与行为规律，指出了人们的需要从低级向高级发展的趋势。这符合心理发展的过程，有助于管理者实现有效的正强化作用。

马斯洛对各层次的需要都提出了具体内容，指出了需要的多样性，由此产生了激励方式的多样性。他认为，不仅要给人基本需要的满足，而且要给人以高级需要的满足。特别是基本需要得到一定的满足以后，精神需要的满足更为重要及有效。在基本需要已经满足时，管理者应该更加关注尊重需要和自我实现需要，这样才能使其产生更为长久的驱动力。

（2）马斯洛的需要层次理论的缺陷。该理论对需要层次的分析简单、机械。人类需要的发展不带有自然成熟的色彩，往往不是非经过某一层次才能有下一层的需要，而是随着环境和个体情况的变化同时存在着若干种需要。在顺序上，特别是在后 3 种需要的顺序上，有些人侧重社交需要，有些人对自我实现的需要最强烈，有些人则只停留在前两种需要上，而后 3 种需要很少。实际上，人同时存在几种需要，这几种需要同时产生动机；动机之间不仅有强弱之分，而且是有斗争性的，不讲多种需要和动机的斗争是该理论的一个缺陷。流传至今的名句，如“贫贱不能移，富贵不能淫，威武不能屈”“不为五斗米折腰”等，都是马斯洛需要层次理论无法解释的。

马斯洛需要层次理论的前提——人性是自私的，这不是一种科学的假设。需要层次理论是以人本主义为其理论基础的。他认为人的需要都是本能的活动，都是生来具有的，生理需要是为了维护自己的生存，安全需要是出于趋利避害的本能，社交需要是为了自己享受生活的乐趣，尊重需要和自我实现需要是为了出人头地。总之，人的一切行为都是出于人的利己本能。马斯洛把无私解释成“以健康的方式自私”，否认无私行为的真实性，这种看法不符合社会实际情况。

二、双因素理论

双因素理论也叫“保健-激励理论”，是美国心理学家弗雷德里克·赫兹伯格于 20 世纪 50 年代后期提出的。赫兹伯格提出，影响人们行为的因素主要有两类：保健因素和激励因素。

1. 双因素理论的试验基础

20世纪50年代末期，赫兹伯格和他的助手们在匹兹堡地区对11个企业中的203名工程师和会计师进行调查，结果发现，对工作感到满意的因素与不满意的因素是有明显区别的。当被调查者对工作满意时，他们倾向于认可与工作内在有关的因素，诸如富有成就感，工作成绩得到认可，工作本身具有挑战性，负有重大责任，充满晋升机会，具有成长发展前景等；而当感到不满意时，他们则倾向于抱怨那些属于外在条件方面的因素，如公司政策不合理，监督管理不当，与主管关系不协调和工作条件有问题等。根据调查结果，赫兹伯格提出了双因素理论。

2. 双因素理论的内容

（1）赫兹伯格把影响工作动机的种种因素分为两类，一类是使员工感到不满意的因素，称为保健因素；另一类是使员工感到满意的因素，称为激励因素。

保健因素是指使员工产生不满的因素，该类因素多与工作环境和工作条件相关，包括公司政策、上司监督、薪金、人际关系、工作条件等，这类因素若不改善，就会导致员工不满。员工这方面的需要得到满足后就会消除不满。因此这类因素并不能对员工起到激励的作用，只能起到保持人的积极性、维持工作现状的作用，所以保健因素又称为“维持因素”。

激励因素多是与工作本身性质有关的因素，多与工作内容联系在一起，包括成就感，得到认可和赞赏，工作本身的挑战性和趣味性，个人的成长与发展，责任与晋升等。与激励因素有关的工作处理得好，能够使员工产生满意情绪；如果处理不当，其不利效果最多只是没有满意情绪，而不会导致不满。

（2）赫兹伯格认为，“满意”的对立面是“没有满意”，“不满意”的对立面是“没有不满意”。赫兹伯格打破了传统观念，即认为满意的对立面就是不满意，认为满意与不满意是质的差别。激励的确要以满足需要为前提，但并不是满足需要就一定能产生激励作用。给予赞赏、责任和发展机会（有激励因素），员工感到满意；不表扬、不授权（无激励因素），员工也不会感到不满意，而只是没有满意感。提供工作报酬（有保健因素），员工不会感到满意，而只是没有不满意感；但若只干活而无报酬（不具备保健因素），员工就会不满意。由此可见，保健因素的满足只能防止员工产生不满情绪；而消除工作中的“不满意”因素，并不必然带来工作“满意”。

（3）激励因素的满足，才能真正激发员工的积极性。激励因素是以员工对工作本身的要求为核心的，如果激励因素的改善使工作本身富有吸引力，那么往往能给员工很大程度上的激励。因此，只有强化成就感、认可度、敬业精神、责任心和晋升机会等，令人“满意”的“激励因素”才能发挥有效的激励作用。

双因素理论对企业管理具有多方面的启示，具体包括以下几点。①管理者要调动和维持员工的工作积极性，首先要注意保健因素，以防止不满情绪的产生。但更重要的是利用激励因素去激发员工的工作热情，因为只有激励因素才会增加员工的工作满意感。②激励因素可以由工作本身产生，工作对员工的吸引力才是主要的激励因素，管理者应从工作本身来调动员工的内在积极性。当员工受到很大激励时，对外部因素引起的不满意感就具有很强的耐受力；相反，当员工经常处于保健状态时，则会对周围事物感到极大的不满意。所以，员工从事具有潜在激励因素的工作本身就有激励作用。③要调动员工的积极性，管理者不仅要注意物质利益和工作条件等外部因素，更为重要的是要注意工作的安排，注意对被管理者进行精神激励，给予表扬和认可，给被管理者以成长、发展和晋升的机会，这样的内在激励作用更大，维持的时间更长。

3. 对双因素理论的评价

（1）双因素理论的贡献。

双因素理论的贡献有以下 3 个方面。

① 赫兹伯格的双因素理论提醒管理者，采取某项激励措施以后也不一定就能给员工带来满意感，更不等于员工的劳动生产率就能得到提高。

② 满足各种需要所引起的激励深度和效果是不一样的。物质需要的满足是必要的，没有它会导致不满，但是即使获得满足，它的作用往往也是很有限的、不能持久的。

③ 它提醒管理者，不要期望只通过外在奖励激励员工，必须重视内在激励。要注意工作的安排，量才录用，使员工各得其所；注意对员工进行精神鼓励，给予表扬和认可。随着温饱问题的解决，内在的激励才可以更持久地维持一个人的积极性。

（2）双因素理论的不足主要有以下 4 个方面。

① 取样的数量和对象缺乏代表性。事实上，不同职业和不同阶层的人对激励因素和保健因素的反应是各不相同的。

② 赫兹伯格在调查时，问卷的使用方法和题目设计有缺陷。首先，人们总是把好的结果归结于自己的努力而把不好的结果归咎于客观条件或他人，问卷没有考虑这种一般的心理状态。其次，赫兹伯格没有使用满意尺度的概念。人们对任何事物总不是那么绝对（要么满意，要么不满意），一个人很可能对工作一部分满意一部分不满意，或者比较满意，这在他设计的问题中也是无法反映出来的。

③ 实践证明，高度的工作满足感不一定就产生高度的激励作用。许多行为科学家认为，不论是有关环境的因素或工作内容的因素，都可能产生激励作用，而不仅是使员工感到满足，这取决于环境和员工心理方面的许多条件。

④ 赫兹伯格将保健因素和激励因素截然分开的观点是不妥的。实际上，保健因素和激励因素、外部因素和内部因素都不是绝对的，它们之间相互联系并可以互相转化。

三、成就激励理论

成就激励理论是哈佛大学心理学家大卫·麦克利兰提出的。麦克利兰对生理需要基本得到满足的人们进行需要状况调查后，提出了这一理论。他认为，有 3 种需要推动着人们从事工作：权力需要、归属需要和成就需要。

（1）权力需要：指影响或控制他人且不受他人控制的需要。那些具有较强权力欲望的人，往往希望得到更大的权力，希望通过发挥影响力来控制别人。这类人重视地位与威望，总是追求领导者的地位。他们喜欢争辩、健谈、乐于讲演，直率而头脑冷静，善于提出问题和要求。

（2）归属需要：指建立友好和亲密的人际关系的需要。具有较高层次需要的人都有寻求友谊的渴望，他们喜欢与别人保持一种融洽的关系，享受亲密无间和相互谅解的乐趣，从充满友爱、情谊的社交中得到欢乐和满足，随时准备安慰和帮助危难中的伙伴。

（3）成就需要：指达到标准、追求卓越、争取成功的需要。高成就需要者有以下3个主要特征。①喜欢能够发挥独立解决问题能力的工作环境。他们喜欢独自面对挑战性问题，如果某一问题不是他们能独立解决的，他们就不会有成就感。只有当问题是靠他们自己的努力解决的，他们才会感到满足。因此，高成就需要者愿意对其行动承担责任，在工作中相信自己的能力，敢于做出个人决断。②喜欢设置自己的目标，追求个人成就，喜欢具有挑战性的工作。他们不满足于随波逐流和随遇而安，而总是想有所作为。他们精心选择自己的目标，很少自动地接受别人为其选定的目标。除了请教能提供所需技术的专家外，他们不喜欢寻求别人的帮助或忠告。他们喜欢研究、解决问题，而不愿意依靠机会或他人取得成果。同时，他们设定目标时会回避选择难度极大的目标，他们是理性而又实际的人，愿意接受挑战，勇于承担责任，但是，他们喜欢中等难度的目标，会考虑目标可能实现的程度。③希望得到对他们工作业绩的不断反馈。目标对高成就需要者非常重要，他们希望尽快知道结果。如果能够从上级那里得到嘉奖或表扬，他们就会感到莫大的满足。

成就激励理论对组织掌握管理人员的高层次需要具有一定的积极作用。

7.2.2 过程型激励理论

过程型激励理论着重研究人们选择其所要进行的行为的过程，以及行为是怎样产生的，是怎样向一定的方向发展的，如何使这个行为保持下去，以及怎样结束行为的发展过程。其主要代表理论有公平理论、期望理论、激励模型等，这里着重介绍前两种理论。

一、公平理论

公平理论是心理学家亚当斯在1965年首先提出来的，也称为社会比较理论。这种理论的基础在于：员工总是在进行比较，比较的结果对于他们在工作中的努力程度有影响。大量事实表明，员工经常将自己的付出和所得与他人进行比较，而由此产生的不公平感将影响他们以后付出的努力。这种理论主要讨论薪酬的公平性对人们工作积极性的影响。他指出，人们将通过横向和纵向两个方面的比较来判断其所获薪酬的公平性。

员工选择的与自己进行比较的参照类型有3种，分别是“其他人”“制度”和“自我”。“其他人”包括在本组织中从事相似工作的其他人以及别的组织中与自己能力相当的同类人，包括朋友、同事、学生甚至自己的配偶等。“制度”是指组织中的工资政策与程序以及这种制度的运作。“自我”是指自己在工作中付出与所得的比率。

公平理论认为组织中的员工不仅关心从自己的工作努力中所得的绝对薪酬，而且还关心自己的薪酬与他人薪酬之间的关系。他们对自己的付出与所得和别人的付出与所得之间的关系进行比较，进而做出判断。如果发现这种比率与其他人相比不平衡，员工就会感到紧张。这样的心理是进一步驱使员工追求公平和平等的动机基础。

随堂思考 7-3

社会发展过程中有没有绝对的公平？

假如当事人 A 以 B 作为参考对象进行比较，则其过程如下。

① OA——自己对所获报酬的感觉。

② OB——自己对他人所获报酬的感觉。

③ I A——自己对个人所做投入的感觉。

④ I B——自己对他人所做投入的感觉。

第一种情形如下：

$$\frac{OA}{IA} < \frac{OB}{IB} \rightarrow \text{不公平感} \rightarrow \text{行为改变}$$

说明此人认为自己与他人相比付出的多，收获的少，因而会产生不公平感。他可能会要求更多报酬或者自动地减少投入以便达到心理上的平衡，甚至可能会离职。

第二种情形如下：

$$\frac{OA}{IA} = \frac{OB}{IB} \rightarrow \text{公平感} \rightarrow \text{不改变行为}$$

说明此人认为自己的所得与付出之比和别人相当，这时员工会有公平感，他可能会为此而保持工作的积极性和努力程度。

第三种情形如下：

$$\frac{OA}{IA} > \frac{OB}{IB} \rightarrow \text{不公平感} \rightarrow \text{改变行为}$$

说明此人认为自己与他人相比得到的多，付出的少，在这种情况下，员工也会产生不公平感。一般来说，他不会要求减少报酬，而会自觉地增加投入。但过段时间，他就会因重新高估自己的投入而对高报酬心安理得，于是其产出又会恢复原先的水平。

如上所述，员工除了会进行横向比较外，还会自然而然地进行纵向比较。员工在进行纵向比较时，对结果的态度和反应与横向比较时基本相似，但是有一点不同，即如果员工现在的所得与付出之比高于过去，他可能会认为这是自己的经验积累和能力提高的结果，因此，员工的积极性不会有明显的提高。

公平理论指出，在管理激励的过程中，管理者必须对员工的贡献（投入）给予恰如其分的承认，否则员工就会产生不公平感受。感受到“不公平感受”的不同当事人就可能会产生逆向的或消极的行为，以消除由此产生的紧张不安，如“怠工”“拆台”“窝里斗”或干脆“走人”等。公平理论为企业管理者带来很多重要启示，这些启示主要有以下 3 方面。

① 管理者应考虑员工进行公平性比较时的参照对象，了解其他可比较人员的报酬状况。

② 企业的报酬分配政策应公平合理，执行过程要公开，以确保报酬分配的客观公平。

③ 公平性与主观判断有关，大多数人会倾向于过高地估计自己的付出，而过低地估计自己的所得，对别人的投入以及所得报酬的估计则与此相反。因而，管理者应帮助员工树立正确的公平观。

公平理论说明，公平感是人们行为倾向和激励强度的一个极为重要的社会因素，在管理激励的过程中必须给予高度重视。

随堂思考 7-4

某大学管理学院院长带领其他5位老师为某企业做咨询，赚了30000元，就按每人5000元分了下去。结果分发报酬的当天晚上，有一位老师跑到院长家，说自己工作做得比较少，不能拿那么多钱，自己拿2000元就够了，要返回3000元。如果你是院长，你打算怎么办？

二、期望理论

对激励问题进行比较全面研究的是激励过程的期望理论，这一理论主要是由心理学家弗鲁姆在20世纪60年代中期提出的。期望理论认为，只有当人们预期到某一行为能给个人带来有吸引力的结果时，个人才会采取特定的行动。它对于组织通常出现的这种情况给予了解释，即面对同一种需要以及满足同一种需要的活动，为什么不同的组织成员会有不同的反应——有的人情绪高昂，而另一些人却无动于衷。

该理论的基本观点如下。

① 人是理性的，一个人决定采取何种行为与这种行为能够带来什么结果以及这种结果对他来说是否重要紧密相关。个人从事某项工作的动机强度是由其对完成该项工作的可能性、获取相应的外在报酬的可能性（期望值）的估计和这种报酬的重要程度（效价）来决定的，即人的努力与其期待的最终奖酬有关。

② 激励效应取决于个人通过努力达到组织期望的工作绩效（组织目标）与由此而得到的满足个人需要的奖酬（个人目标）相一致、相关联的程度。一致程度或关联性大，则激励效应就大，否则就小。

③ 激励是一个动态的过程，当个人对期望值、效价的估计发生变化时，其积极性也将随之发生变化。个人从事某项活动的动力（激励力）的大小，取决于某项活动成果的吸引力的大小和获得预期成果的可能性（概率）的大小这两个因素，用公式表示如下。

$$激励力（M）=期望值（E）\times 效价（V）$$

式中，激励力是指个人受到激励的程度，期望值是指通过特定的活动所达到组织预期成果的概率，效价是指个人对组织设立的奖励或工作成果的偏爱程度。

期望理论揭示了个人努力、个人绩效、组织奖赏以及个人目标四者之间存在的3种联系，简化的期望模式如图7-3所示。

个人努力 ——→ 个人绩效 ——→ 组织奖赏 ——→ 个人目标

图7-3 简化的期望模式

（1）努力—绩效联系，即“我必须付出多大努力才能达到组织所要求的某一业绩水平？我真的可以达到这一业绩水平吗？”

（2）绩效—奖赏联系，即“当我达到某一业绩水平后会有什么奖赏？这种奖赏能够及时兑现吗？”

（3）奖赏—目标联系，即“这种奖赏对我有多大吸引力？它是否有助于实现我的个人目标？”

随堂思考 7-5

高目标高激励是否就必然带来高激励力？

期望理论的关键在于弄清以上3种联系。要准确地理解和运用期望理论来指导企业的管理实践，还应注意以下几个方面的问题。

（1）企业设定的工作目标难度应适宜。目标过低，工作本身就会缺乏激励性；目标太高，根据期望理论，可能会使员工的期望值降低，从而缺少激励性。

（2）企业设立的奖酬应该很好地满足员工的个人需要。管理者应注意了解员工的个人需要，将组织目标与个人目标进行有效的融合。

（3）没有一种普遍适用的激励手段，因为员工的个体需要是因人而异的；对同一个体而言，在不同的情况下其需要也是复杂多变的。

（4）员工的工作结果应该是可以被衡量的，管理者也应让员工知道企业将如何评价他们的工作效果。

（5）无论是期望值还是效价，都是员工主观评价的结果，因此，期望理论关心的是人的知觉，而人的知觉可能与客观实际情况存在很大差异。管理者应通过广泛沟通来影响员工的主观感受，从而提高目标的激励性。

7.2.3 行为改造型激励理论

行为改造型激励理论是从另一方面对激励行为进行有益的探讨和研究。这类理论中具有代表性的理论有强化理论、挫折理论和归因理论。

一、强化理论

强化理论又称为修正理论，是心理学家、行为科学家斯金纳提出的。斯金纳研究了动物和人的行为后发现，人或动物为了达到某个目的，会采取一定的行为。当这种行为的结果对其自身有利时，这种行为就会重复；当这种行为的结果对其自身不利时，这种行为就会减弱或消失。由此产生了强化理论。

强化理论认为，人的行为重复出现的概率取决于人们对以往行为结果价值的主观认识是有利的还是不利的。人的行为具有有意识条件反射的特点，即可以促使环境产生变化，环境的变化又反过来对行为产生影响。若对他有利，这种行为就会重复出现；若对他不利，则这种行为就会减弱直至消失。但这种认识是可以改变的。例如，当一个人的某种行为受到领导及同事的称赞、奖励时，他会感到他的行为很有价值，尽管他原来并不这样认为；而当行为结果受到别人指责、惩罚时，他也可能会认为这种行为是不好的，以后不会再重复。影响行为后果的刺激物均称为强化物，如奖酬、表扬、处罚等。

强化的具体方式包括正强化、负强化、惩罚和忽视4种。

（1）正强化。所谓正强化，就是奖励那些符合组织目标的行为，以便使这些行为得到进一步加强，从而有利于组织目标的实现。正强化刺激物既应有物质方面的刺激，也应有表扬、提升、安排挑战性工作等精神方面的刺激。为了使强化达到预期的效果，可以实施不同的正强化方式。一种是连续的、固定的正强化，如每次符合组织目标的行为都给予一定数量的强化。尽管这种强化有及时刺激、立竿见影的效果，但久而久之，人们就会对这种正强化有越来越高的期望或者认为这种正强化是理所当然的。管理者需要不断地加强这种正强化，否则其作用会减弱甚至不再起到刺激行为的作用。另一种是间断的、时间和数量都不固定的正强化，即管理者根据组织的需要和个人行为在工作中的反应，不定期、不定量地实施强化，使每次强化能起到较大的效果。实践证明，后一种正强化方式更有利于组织目标的实现。

（2）负强化。所谓负强化，就是惩罚那些不符合组织目标的行为，以使这些行为削弱直至消失，从而保证组织目标的实现不受干扰。负强化包含给予行为当事人某些他不喜欢的东西或者取消他所喜欢的东西，如减少奖酬或罚款、批评、降级、解聘等。实际上，不进行正强化也是一种负强化，如过去对某种行为进行正强化，现在不再需要这种行为了，但基于这种行为并不妨碍组织目标的实现，这时就可以取消正强化，使行为减少或不再重复出现。实施负强化的方式与正强化有所差异，应以连续负强化为主，即对每一次不符合组织需要的行为都应及时予以负强化，消除人们的侥幸心理，减少直至完全避免这种行为重复出现的可能性。

（3）惩罚。惩罚是指对那些不符合组织目标的行为予以惩处，如批评、斥责、调换、使员工从事不喜欢的工作、解雇等。管理者在实施惩罚时，要根据组织的政策、规章制度以及员工的情绪和场合来进行。

（4）忽视。忽视是指对不符合组织要求的行为进行“冷处理”以达到“无为而治”的效果，其目的是使动机弱化、行为减退或消除。因为这种弱化过程不需要管理的干预，故称自然消退。

在实践中运用强化理论时，必须注意以下几个方面的问题。

（1）必须针对行为的结果给予及时的强化。不管是表扬、奖励，还是批评、惩罚，都不能事隔太久进行。

（2）必须针对行为给予明确的强化信息，应该明确针对某行为进行强化时不能因人而异，不管谁这样做都会得到奖励或受到处罚。

（3）强化的频率不能太高，经常表扬或批评都会降低强化的力度和效果，间断性的强化会更加有效。

（4）正强化比负强化的激励效果更大，要多用正强化，慎用负强化。正强化给人以愉快的刺激，使人们产生一种强大的进取效应。负强化给人以不愉快的刺激，人们对不愉快的刺激具有一种抑制情绪。例如，给予同一个人过多的负强化，他往往不从自身找原因，反而认为管理者故意跟他“过不去”，或形成“逆反心理”，偏偏和管理者“对着干”。所以，管理者在必须进行负强化时，要特别注意技巧。

强化理论在管理实践中的运用主要体现在如何有效地运用奖惩对员工进行激励。强化理论揭示了行为塑造与修正的客观规律，但其过多强调外在激励的作用，而忽视了内在激励的作用。

随堂思考 7-6

日本一家公司对员工使用强化激励方法并对产生的效果进行分析，如表 7-1 所示，可见对员工的表扬奖励采取公开的方式效果较好（变好的占比 87%，变差的占比 1%）；对员工的指责批评采取个别的方式效果较好（变好的占比 66%，变差的占比 11%）。采取公开的方式对员工体罚效果明显不好。在提倡人性化管理的今天，公司应逐步改变过去动辄惩罚、较少奖励的方式，而代之以多奖励、适当惩罚的做法。

表 7-1　强化激励方法及其效果分析

激励方法	效果（行动变化的比重）		
	变好	无变化	变差
公开表扬	87%	12%	1%
个别指责	66%	23%	11%
公开指责	35%	27%	38%
个别体罚	28%	28%	44%
公开体罚	12%	23%	65%

二、挫折理论

挫折理论是有关挫折行为研究的理论。所谓挫折，是指人类个体在从事有目的的活动过程中，指向目标的行为受到障碍或干扰，致使其动机不能实现、需要无法满足时所产生的情绪状态。挫折理论主要揭示人的动机和行为受阻而未能满足需要时的心理状态及由此而导致的行为表现，并力求采取措施将消极性行为转化为积极性、建设性行为。

挫折对人的影响具有两面性：其一，挫折可增加个体的心理承受能力，使人吸取教训，改变目标或策略，从逆境中重新奋起；其二，挫折也会使人们处于不良的心理状态中，人们会出现负面情绪，并采取消极的防卫方式来应对挫折情绪，从而导致不安全的行为反应。人受到挫折后还可能产生一些远期影响，如丧失自尊心、自信心等。

挫折感是一种普遍存在的心理现象，在管理中，管理者应正确对待员工的挫折行为，通过改变环境、分清是非、进行心理咨询等各种方法引导员工行为，避免其消极甚至对抗行为发生。

三、归因理论

归因理论是社会心理学中有关人们如何解释、推测他人或自己行为的过程和原因的理论。所谓归因，就是人们对他人或自己的所作所为进行分析，指出性质或推断原因的过程。在管理过程中，管理者可以利用归因理论来改变人的认识，从而达到改变人的行为的激励效果。

归因理论认为，人们的行为获得成功或遭到失败主要归因于 4 个方面的因素：努力、能力、任务难度和机遇。这 4 个因素可以按内外因、稳定性和可控性 3 个难度来划分。从内外因方面来看，努力和能力属于内部因素，而任务难度和机遇属于外部因素；从稳定性来看，能力和任务难度属于稳定性因素，努力和机遇属于不稳定性因素；从可控性来看，努力和能力是可控制因素，任务难度和机遇则不以人的意志为转移。人们把成功和失败归于何种因素，对以后工作积极性有很大影响。也就是说，如果把失败的原因归结为相对稳定的因素、可控的因素或者内部因素，就很容易使人动摇信心，而不坚持努力行为；相反，如果把失败的原因归结为相对而言不稳定的因素、不可控制因素或外部因素，人们就比较容易继续保持努力行为。因此，归因理论可以给管理者很好的启示，让其明确当员工在工作中遭到失败时，如何帮助员工寻找正确的因素，并引导其保持信心，继续努力，调动工作积极性，以争取下一次行动的成功。

7.3 管理实践中的激励策略

前述的各种激励理论都只是针对一般人的现象特征研究的，但是，随着社会的不断进步发展，人的思维也在不断发生变化。每个员工都存在个性特征，他们的需求、期望、目标各不相同。所以，在管理实践中，管理者不应孤立、片面地使用某种理论，而应根据企业所处的社会、经济背景以及自身的实际情况、特征，采用不同的激励方式与方法。激励是一种力量，给人以行动的动力，使人的行为指向特定的方向。激励的方法是实现激励目标的途径和具体形式。

7.3.1 激励的方式

在组织管理实践中，激励的方式有很多，这里讲述常用的几种方式。

一、物质激励与精神激励

根据激励方式的内容不同，激励分为物质激励与精神激励。

物质激励是管理者以物质财富作为激励手段，激发员工的工作行为和工作热情的激励方式。它包括工资、住房、保险等。

精神激励是管理者运用精神奖励或惩罚，影响和改变员工的工作行为，激发其工作动机的激励方式。它包括表扬、批评、记功、颁发荣誉奖章等。其中，学术声望的给予以及专业同行的认可也是重要的精神激励方式。

二、外部激励与内部激励

根据激励方式的导向不同，激励可分为外部激励与内部激励。

外部激励通过改变外部影响因素来激发员工的工作动机，强化员工的工作结果，进一步强化其劳动与工作行为。外部激励的方式有很多，包括各种形式的物质激励和部分精神激励，如认可、表扬等。

内部激励则是通过改变个体内在心理和知识水平或倾向来激发员工的工作动机，即通过提高员工的综合素质，使其业务水平、职业兴趣、心理水平得以提升，从而达到激励目的，如组织有计划地进行员工技能培训、职业道德培训等。相比较而言，外部激励在提高员工绩效上具有明显的短期效应，而内部激励的特点是隐性的，需要较长时间才能提高绩效，并具有持续性。

三、正激励与负激励

根据激励方式的性质不同，激励可分为正激励和负激励。所谓正激励，就是一种正强化。组织通过各种激励方法使员工对有利于组织的行为、动机、态度得到巩固和深化。所谓负激励，就是一种负强化。组织通过惩罚性的措施，使员工的不利于组织的行为、动机、态度得以遏制、削弱、减少甚至消除。

随堂思考 7-7

物质激励是否在任何情况下都比精神激励更重要？

7.3.2 激励的原则

一、组织目标与个人目标相结合的原则

目标设置是激励的一个重要环节，设置的目标必须与组织目标相符，否则员工的工作结果将偏离组织目标。同时，组织目标的实现还必须能够满足员工个人的需要，有助于员工个人目标的实现，否则无法提高员工的目标效能，也就达不到理想的激励效果。只有将组织目标与个人目标有效地结合起来，才有可能收到良好的激励效果。

二、物质激励与精神激励相结合的原则

每个员工都有物质层面和精神层面两个方面的需要，企业所提供的激励措施和手段也应以满足员工这两个方面的需要为原则。物质激励是基础，在此基础上，随着人们生活水平的提高和员工素质的提升，作为管理者还应关注员工社会交往、自尊以及自我实现这些较高层次的需要，注意精神方面的需要的满足。

三、外在激励与内在激励相结合的原则

外在激励主要是指来自工作本身以外的激励，如收入增加、工作环境改善等；内在激励主要是指来自工作本身的激励，如提供晋升和发展的机会，增加工作的自主性等。实践中，管理者往往重视外在激励相关因素的改善和提高，而容易忽视对员工的内在激励。实际上，相对于外在激励而言，内在激励对员工更有激励性，如工作适合员工的兴趣，工作具有挑战性和新鲜感，工作本身具有重大意义，工作能够激发员工的个人潜力，工作能使员工实现自我价值等。这些因素都能够激励员工努力工作，提高其工作积极性。因此，管理者应重视内在激励的重要作用。

四、正强化与负强化相结合的原则

在管理实践中，正强化和负强化都是必要且有效的。树立正面的榜样和负面的典型，奖优罚劣，有助于提高组织绩效，形成良好的企业文化。由于负强化有一定的消极作用，容易使员工产生挫折心理和负面行为，因此，管理者应把正强化和负强化巧妙地结合起来，一般以正强化为主要手段，负强化为辅助手段。

五、按需激励的原则

有效的激励应以满足员工的需要为前提，但是员工的需要存在着个体差异和动态性，因人而异、因时而异。员工在同一时间也会有多种需要，只有满足其最迫切的需要，激励效能才高，激励强度才大。因此，对员工进行激励不能过分依赖经验和惯例。激励不存在一劳永逸的解决方案，要深入调查研究，了解员工不断变化的需要，从而采取有针对性的激励措施。

六、客观公正的原则

每个员工心里都有一杆秤，企业管理者应该让员工感到自己的付出和所得是对等的。

如果不能做到奖罚分明，出现奖不当奖、罚不当罚的情况，就不可能实现真正意义上的激励效果，反而会适得其反，产生消极作用，挫伤员工的工作积极性，甚至造成更严重的后果。因此，管理者在采取激励措施的时候，一定要做到认真、科学、严谨；在执行激励方案的时候，一定要做到客观、公平、公正。

7.3.3 激励措施

一、合理设计和分配工作

根据激励理论，一个人的投入产出取决于其所从事工作是否与其所拥有的能力、动机相适应。合理设计和分配工作能极大地激发员工内在的工作热情，提高其工作业绩。这就要求管理者在设计和分配工作时，做到分配给员工的工作与其能力相一致，所设计的工作内容符合员工的兴趣，所提出的工作目标富有挑战性。

二、工作内容要考虑员工的特长和爱好

每个人都是不同于他人的独特个体，其所拥有的知识水平和工作能力各不相同，而且不同的工作对于人的知识和能力的要求也各不相同。要做到人尽其才，就必须根据每个人不同的知识和能力来设计和安排工作，把人与工作有机地结合起来。这就要求管理者在设计和安排工作前，要事先对每个员工的才能结构有一个比较清楚的认识，这是合理安排人力资源的前提。为此，管理者在平时要注意观察员工个人的工作情况，通过工作轮换，在实践中了解每一位员工的才能结构。与此同时，在设计和分配工作时，要从最大限度地发挥员工的才能角度来考虑问题。每一位员工都有其特定的优势和劣势，这是因为人的精力有限，一般人只能把自己有限的精力集中于一个或少数几个领域，因此，水平再高的人也有自己的不足之处。同样水平再低的人也总有其独到之处。况且，由于分工的不同，工作对人的要求也是不尽一致的。合理地使用人力资源，扬长避短，使每个人都从事其最擅长的工作，是管理者的基本任务。

由于一个人的工作业绩与其动机强度有关，因此设计和分配工作时，还要求在条件允许的情况下，尽可能地把一个人所从事的工作与其兴趣爱好结合起来。当一个人对某项工作真正感兴趣并爱上此项工作时，他便会千方百计地去钻研，去努力克服困难，把这项工作做好。

三、工作目标应具有一定的挑战性

设计和分配工作时，不仅要使工作的性质和内容符合员工的特点和兴趣，而且要使工作的目标和要求具有一定的挑战性，这样才能真正激发员工奋发向上的精神。根据“成就激励论”，人们的成就需要只有在完成了具有一定难度的任务时才会得到满足。如果管理者为了保证任务圆满完成，把一项任务交给一位能力远高于任务要求的员工去做，这位员工凭实力可以马上开展工作。但当他了解到任务的实质后，就会感到自己的潜力没有得到充分的发挥。随着时间的推移，他会对该项工作越来越不感兴趣、越来越不满意，工作积极性也会随之下降。

与此相反，管理者或许会从迅速提高员工的技术水平和工作能力出发，把这项任务交

给一位工作能力远远低于该项工作要求的员工去做。那么，根据期望理论，这位员工也许一开始就觉得自己不可能完成这项任务而放弃一切努力；即使这位员工在管理者的鼓励下，开始努力去做，也会在经过几次努力而未获得成果后灰心丧气，不愿再做新的尝试。

正确的方法是把这项任务交给一个能力略低于工作要求的员工，或者说，应该对一位员工提出略高于其实际能力的工作要求与目标。如果这位员工努力，那么这项工作就有可能完成，目标就有可能实现。这样，不仅能在工作中提高员工的工作能力，而且能使员工获得一种成就感，从而能较好地激发出员工的内在工作热情。

四、薪酬的设计应能调动员工的积极性

狭义的薪酬概念仅指货币类报酬。薪酬是一个组织对其成员进行激励的最基本手段之一。薪酬对员工极为重要，它不仅是员工的一种谋生来源，而且能满足员工的价值感。因此，薪酬在很大程度上影响着一个人的情绪、积极性和能力的发挥，它本身是非常重要的激励因素。当一名员工处于较低的岗位（薪酬）时，他会积极表现、努力工作，一方面提高自己的岗位绩效，另一方面争取更高级别的岗位。在这个过程中，他会体验到由于晋升和加薪所带来的价值实现和被尊重的喜悦，从而更加努力工作。因此，合理有效的薪酬体系，对组织成员会产生巨大的激励作用，直接影响成员积极性的发挥。

薪酬体系设计是整个组织激励制度安排中至关重要的组成部分，明确的薪酬体系能够为组织内外部利益相关者提供有效的信息，薪酬的分配和发放可以有力地说明每一个组织成员的价值及其对组织的重要性，由此产生巨大的激励作用，并最终促成预期的经营绩效。另外，组织在进行薪酬体系设计时必须考虑多种因素，才能发挥薪酬的激励效应，使薪酬与绩效之间紧密关联。

1. 绩效工资制

绩效工资制是指在绩效测量的基础上支付员工工资的一种薪酬制度。绩效工资制的前身是计件工资，但它不是简单意义上的工资与产品数量挂钩的工资形式，而是建立在科学的工资标准和管理程序基础上的工资体系。它的基本特征是将员工的薪酬收入与个人业绩相关联。业绩是一个综合的概念，比产品数量和质量的内涵更为宽泛，它不仅包括产品数量和质量，还包括员工对企业的其他贡献。企业支付给员工的业绩工资虽然也包括基本工资、奖金和福利等几项主要内容，但相互之间不是独立的，而是有机地结合在一起的。

随堂思考 7-8

绩效工资是否对企业的每一个岗位来说都是最好的薪酬形式?

与传统工资制相比，绩效工资制的主要特点如下。

（1）有利于成员工资与可量化的业绩相关联，将激励机制融于企业目标和个人业绩中。

（2）有利于工资向业绩优秀者倾斜，提高企业效率和节省工资成本。

（3）有利于突出团队精神和企业形象，增强激励力度和员工的凝聚力。

绩效工资的实施需要具备一些条件，这些条件主要包括以下几点。

（1）工资水平跨度足够大，各档次之间能拉开距离。

（2）业绩标准要制定得科学、客观，业绩衡量要公正有效，衡量结果应与工资结构相关联。

（3）有浓厚的企业文化氛围支撑业绩评估系统的实施和运作，使之达到奖励先进、约束后进的目的。

（4）将业绩评估过程与组织目标实施过程相结合，将工资体系运作纳入整个企业的生产和经营系统之中。

绩效工资体系的不完善之处和负面影响主要有以下几点：容易导致对绩优者奖励有方、对绩劣者的约束欠缺的现象；而且在对绩优者奖励幅度过大的情况下，容易造成一些员工虚报业绩的行为。因此，对员工业绩的准确评估和有效监督是绩效工资实施的关键。

当前，绩效工资制的应用已经越来越普及。罗宾斯在其所著的《管理学》（第七版）中提到："20世纪90年代以来，72%的美国大型企业或多或少地对非管理层员工采用绩效工资方案。而且这种方案也日益在其他国家盛行起来，如加拿大和日本，目前35%的加拿大公司以及21%的日本公司在整个公司范围内使用绩效工资方案。"

目前，绩效工资制在我国的应用也非常普遍，虽然还没有准确的统计数据，但事实上，绝大多数企业已经全部或部分地采用了绩效工资制。绩效工资制不但在企业中得以广泛应用，甚至政府相关部门和事业单位也开始推行绩效工资制。

2. 基于能力的薪酬制

以能力为基础的薪酬是奖励员工获得与工作相关的能力、知识或技术，而不是奖励他们成功的工作绩效，基于能力的薪酬制通常是指两种最基本的以人为本的薪酬方案，即知识薪酬和技能薪酬。有时以能力为基础的薪酬方案同时包括这两种分别奖励员工成功获得知识和技术的以人为本的薪酬制度。有时，公司根据员工展示其能力的工作表现增加他们的薪酬，从而使以能力为基础的薪酬方案和传统的业绩薪酬方案相结合。

知识薪酬计划用于奖励成功学习某些课程的管理、服务或专业人员。我国许多企业在薪酬设计时，使处于同样职位但学历水平不同的员工获得不同的薪酬，努力让员工获得更高的学历，提高员工的知识水平。技能薪酬大多用于从事体力劳动的员工，在他们掌握了新技术以后就增加他们的薪酬。例如，工会和承包商对木匠都采取技能薪酬方案。只要木匠掌握了更多高级的木工技术，如制作橱柜的技术，就可以赚到更多的工资。

技能薪酬和知识薪酬方案是用来奖励员工可以应用到工作中以提高生产力的技术和知识的范围、深度和种类的，这一特征体现了知识薪酬和技能薪酬与绩效薪酬的差别，绩效薪酬是奖励员工的工作绩效。换句话说，知识薪酬是奖励员工做出贡献的潜能。从1990年起，在《财富》500强企业中，包括通用电气公司、戴姆勒克莱斯勒公司在内的半数的企业都在一部分员工中实行了知识薪酬或技能薪酬方案。

3. 灵活的福利机制

福利也是激发员工积极性的一种手段。广义的福利包括工资以外的所有实物和非实物补贴，如何使这部分福利支出产生更大的激励效果？既要使之与员工绩效挂钩，又要使其满足员工的不同需要，实行弹性自助福利计划不失为一种解决方式。

随堂思考 7-9

员工福利属于激励范畴吗？

4. 股权激励

一些公司推行了股权激励机制，股权是一种薪酬设计安排。按照基本权利和义务关系的不同，股权激励可分为 3 种类型：现股激励、期股激励、期权激励。所谓现股激励，就是通过公司奖励或参照股权的当前市场价值让员工即时地直接获得股权的方式，同时规定员工在一定时期内必须持有股票，不得出售；所谓期股激励，就是公司和员工约定在将来某一时期内以一定价格购买一定数量的股权，购股价格一般参照股权的当前价格确定，同时对员工在购股后再出售股票的期限做出规定；所谓期权激励，就是公司给予员工将来某一时期内以一定价格购买一定数量股权的权利，员工到期可以行使或放弃这个权利，购股价格一般参照股权的当前价格确定，同时对员工在购股后再出售股票的期限做出规定。不同股权激励方式对受激励的员工来说，权利义务不同，其价值也不同。对不同股权激励进行比较可以看出，现股激励和期股激励的基本特征是“权益共享，风险共担”，即员工在获得股权增值收益的同时，也承担了股权贬值的风险。因此，这种激励方式将引导员工努力工作。由于员工承担风险能力和实际投资能力有限，这种股权激励形式下股权的数量不可能很大，相应地也可能会影响激励的效果。在期权激励方式中，员工不承担风险，因此，期权数量的设计不受其风险承担能力的限制，增加期权的数量可以产生很大的杠杆激励作用。这种激励方式一方面将鼓励员工“创新和冒险”，另一方面也可能使员工过度冒险。

股权激励的最大优点是将企业价值作为经营个人收入的一个变量，从而作为一个长期激励约束机制，实现了所有者与经营者利益的一致性。股权激励对于明确人力资本价值具有非常重要的意义，是企业经营者制定激励约束机制的重要方式。

5. 员工持股激励

员工持股制度是为改善劳资对立关系而提出的，后被逐渐实施并获得成功。近年来员工持股计划风行世界大多数的国家。

员工持股的具体做法主要有以下两种。一种是由公司出一部分股份或拿出资金，提交给员工信托基金会，该基金会购买本公司的股票，然后根据员工工资水平分配这些股票。这种分配相当于公司给员工劳动股的投资凭证，员工以自己的劳动获得这种投资凭证，并根据这种凭证获得公司利润。另一种是由公司担保，公司从银行借款购买本公司股票以分到员工个人名下。这两种方案都不需要员工自己出资。员工持股的主要作用表现在以下几个方面。

（1）有利于通过低成本激励在职员工。持股计划实施以后，员工的收入不再是传统的工资加奖金，而是工资加股权收入，这就将公司对员工的激励由间接奖金变成了直接的股权收入方式。如果公司经营较好，在员工工资不变的情况下，不仅由于股票的增加可以使其收入增加，而且股票业绩较好，也可使公司股票价格上涨，从而使员工受益。后者的变动往往比业绩上升带来的变动更大。采用员工持股方式没有增加公司的支出，就可以使员工更具有工作积极性，从而使公司实现低成本激励。

（2）有利于降低管理费用，减少管理环节。由于实施员工持股计划后，员工的收入与公司经营业绩更加紧密地联系起来，他们将更加自觉地工作，使一些管理部门的工作量逐渐减小，甚至使有些部门失去存在的意义而被撤销。所以，实施员工持股计划有利于精简机构，减少管理的中间环节，从而降低管理费用，提高经营业绩。

（3）促使员工参与公司日常管理，监督经理人员经营业绩。由于实施员工持股计划后，公司经营好坏与员工收入更加紧密相关，员工不仅更积极地参加公司的日常管理，为公司发展出谋划策，而且由于公司内部人员对公司情况更加熟悉，这种监督的力度与效率都比外部监督更高，从而有利于管理绩效的提高，使企业经营效率得到改善。

（4）提高员工的工作效率和创新精神，避免短期行为。与传统激励方法相比，实行员工持股计划可以使广大员工更富有创新精神，工作更有效率，能够有效克服其短期行为。因为，员工的工作效率和创新行为如果产生效益，将为公司创造更多利润，其自身获利更多；同时，损害企业长远利益而提高短期利益的行为对员工持股来说也将是不经济的。

可见，实施员工持股方式不仅能解决企业普通员工的激励问题，使他们的利益与公司利益更紧密结合起来，提高其工作效率与积极性，而且还可以有效解决对公司管理人员的监督问题，有利于企业效益提高，也有利于企业改革的顺利进行。

随堂思考 7-10

员工持股激励与现金激励，你更愿意选择哪一种？为什么？

相关链接 7-1：华为公司员工持股制度

在华为深圳总部的一间密室里，有一个玻璃橱柜，里面放了 10 本蓝色的册子。在这些厚达数厘米的册子里记录着约 80000 名员工的姓名、身份证号码以及其他个人信息。华为表示，根据一项“员工股票期权计划”，册中的员工持有公司约 99%的股份，而任正非拥有股权不足 1%。股权持有人数虽然只占员工的 40%左右，但其总人数，已相当于一家大型上市公司的持股人数。华为公司正是通过不断调整股票的分配方式来实现对员工的有效激励。

7.4 沟通概述

7.4.1 沟通的含义

沟通是指信息从发送者到接收者之间传递和理解的过程。“千金易得，知音难求”就说明了人们对理解的渴望。但理解的前提是进行沟通，没有彼此间的沟通就很难获得对方的理解，甚至会带来许多麻烦。因此，我们说沟通是协调各成员、各要素，使组织成为一个有机整体的凝聚剂；是领导激励下属，实现领导职能的基本途径；是企业与外部环境之间建立联系的桥梁。沟通有以下 3 个方面的含义。

（1）沟通是双方的行为，必须有信息的发送者和接收者。其中，双方既可以是个人，也可以是群体或组织。

（2）沟通是一个传递和理解的过程。如果信息没有传递到对方，就意味着沟通没有发生。信息在被传递之后还应该被理解。一般来说，信息经过传递之后，接收者感知到的信息与发送者发出的信息完全一致时，才是一个有效的沟通过程。

（3）要有信息内容，并且这种信息内容不像有形物品一样由发送者直接递给接收者。

在沟通的过程中，信息的传递是通过一些符号来实现的，如语言、身体动作和表情等。这些符号经过传递，往往都附加了传送者和接收者一定的态度、思想和情感。

7.4.2 沟通的过程

在沟通中，发送者发出信息并传递信息给接收者，接收者收到信息后，立即将信息加以破解，然后再采取行动。如果接收者的行动符合信息发送者的原意，沟通就是成功的。沟通过程如图 7-4 所示。

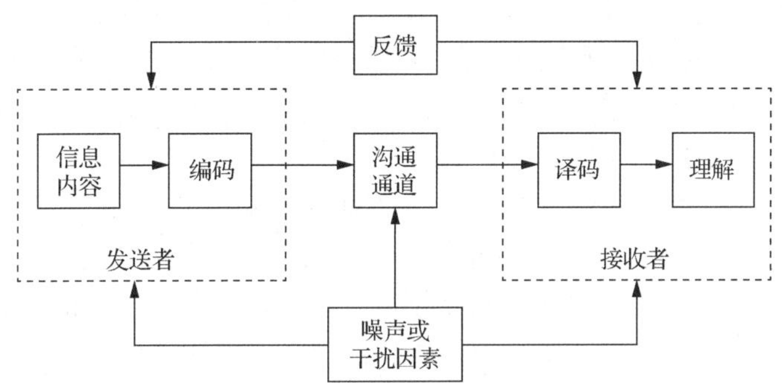

图 7-4 沟通过程

沟通过程主要包括以下几个部分。

（1）发送者。发送者是信息的来源，也是信息沟通的起点。发送者首先确定所要传递的信息内容，然后将传送的意思用某种方式（比如文字、语言、图表、动作等）表达出来，即转换成符号信息，这一过程称为“编码”。编码时需注意所选的符号信息应是接收者可以理解的符号。

（2）沟通通道。沟通通道是指信息从发送者传递给接收者的路线，是发送者发出信息和接收者接收、反馈信息的手段。其主要任务是保证沟通双方的信息所经过的线路畅通，因而沟通通道是实施沟通过程、提高沟通效率的重要一环。沟通通道有很多，如会议、座谈、电话、报告等。

（3）接收者。接收者的主要任务是接收发送者的信息，将信息加以理解，译出信息中原有的思想和情感，并及时地把自己的思想和情感反馈给对方。

（4）反馈。反馈是接收者对发送者所发出的信息进行消化吸收后，再将产生的反应传递给发送者。

（5）噪声或干扰。在很多情况下，信息沟通都会受到“噪声”或其他干扰因素的影响，它们是阻止接收者理解和准确解释信息的障碍，从而影响沟通的效果。其表现形式有：难以辨认的字迹、接收者的疏忽大意以及现场的干扰物等一切防止信息沟通、阻止信息传递或使信息扭曲的因素。

7.4.3 沟通的目的和分类

1. 沟通的目的

一般来说，沟通的目的体现在以下几个方面。

（1）激励员工改善绩效。沟通就是一种激励。作为一个管理者，下属一般不太知道管理者在忙什么，管理者也不知道下属在想什么，管理者的痛苦下属未必了解，而下属在做什么管理者也不一定知道。这样就失去了激励，尤其对那些采用隔间与分离的办公室的公司。管理者应该弥补这个缺陷，常常出来走动，哪怕是上午、下午各用10分钟，对公司和下属都会有非常大的影响。这在管理学上叫作走动管理。很多大公司反对把每个人关在一个小房间里面，其管理上的情与理也就在于此。

（2）表达情感。在企业管理中，情感指的是工作上的一种满足感或者挫败感。中国邮政集团有限公司旗下数以万计的营业网点，一般每天都会举行晨会活动。通过晨会活动，公司一方面可以改变员工的精神面貌，增强信心。在快节奏的生活中，员工需要仪式感，晨会中富有气势的问好就是一种仪式。它不仅能释放压力，更能快速展现员工的精神面貌，让大家意识到新的一天开始了。另一方面，相互沟通可以增进员工间感情。晨会是员工相互沟通的平台。在晨会上，员工可以总结昨日的工作情况，也可分析业务发展中遇到的困难。晨会增进了员工之间的感情，加强了同事间的沟通。

（3）流通信息。信息同物质、能源一样重要，是人类生存和社会发展的三大基本资源之一，流通的信息可以同时被众多的接收者所接收和利用。流通信息的这一目的决定了沟通能够以无成本或低成本的方式迅速扩展和传播，并产生连锁反应，带动员工工作效率的迅速提高。

2. 沟通的分类

按照不同的标准，可将沟通分为不同的类别。

（1）按照信息传递的方法划分。

按照信息传递的方法，沟通可分为口头沟通、书面沟通、非语言沟通、电子媒介沟通等，这是组织中使用最为普遍的方式，如表7-2所示。

表7-2　沟通的分类

沟通方式	举例	优点	缺点
口头沟通	交谈、讲座、讨论会	快速传递、快速反馈、信息量大	传递中经过层次越多，信息失真越严重，核实越困难
书面沟通	报告、备忘录、信件、文件、内部期刊	持久、有形、可以核实	效率低、缺乏反馈
非语言沟通	声、光信号，体态，语调	信息意义明确、内涵丰富、含义表达灵活	传递距离有限、界限模糊、只能“意会”不能“言传”
电子媒介沟通	传真、闭路电视、计算机网络、电子邮件	快速传递、信息容量大、廉价	信息交流对技术、网络依赖较大

（2）按照组织系统划分。

按照组织系统，沟通可分为正式沟通和非正式沟通。

正式沟通是指通过组织明文规定的渠道所进行的信息传递与交流。正式沟通畅通无阻，组织的各项活动才能井然有序。正式沟通具有正规、权威性强、沟通效果好等特点，参与正式沟通的人员具有较强的责任心和义务感，从而易保持所沟通的信息的准确性和保密性。

非正式沟通是指在正式沟通渠道以外信息的自由传递与交流。这类沟通主要是通过个人之间的接触来进行的。非正式沟通不受组织监督，由组织成员自行选择沟通途径，如员工中的人情交流、生日聚会、各种文艺活动、走访等。非正式沟通能表露人们的真实想法和动机，还能提供组织没有预料的或难以得到的信息。与正式沟通相比，非正式沟通具有信息交流速度快、信息较准确、沟通效率较高、可以满足员工的需要等特点。

随堂思考 7-11

非正式沟通产生的原因有哪些？

（3）按照信息传递的方向划分。

沟通的方向可以是垂直的，也可以是平行的，还可以是斜向的。按照信息传递的方向划分，沟通可分为垂直沟通、水平沟通和斜向沟通。垂直沟通还可以进一步划分为下行沟通和上行沟通两种。

下行沟通是指信息自上而下的沟通，如上级的战略目标、管理制度、政策、命令等传达给下级。下行沟通可以帮助下级明确工作任务、目标和要求，增强其责任感和归属感，加强上下级之间的联系。

上行沟通是指自下而上的沟通，如下级向上级反映意见、汇报工作情况、提出意见和要求等。上行沟通能使各级管理人员及时了解工作进展的真实情况，了解员工的需要和要求，体察员工的不满和怨言，了解工作中存在的问题，从而有针对性地做出相应的决策。

平行沟通是指组织内部平行机构之间或同一层级人员之间的信息交流，如组织内部各职能部门之间、员工之间的信息交流。平行沟通是加强各部门之间的联系、了解、协作与团结，减少各部门之间的矛盾和冲突，改善人际关系的重要手段。

斜向沟通是指处于不同层次的、没有直接隶属关系的人员之间的沟通。这种沟通方式有利于加速信息的流动，并协调各方面的工作以实现组织的目标。

（4）按照是否进行反馈划分。

按照是否进行反馈划分，沟通可分为单向沟通和双向沟通。

单向沟通是指在沟通过程中，信息发送者与接收者之间的地位不变，一方主动发送信息，另一方主动接收信息，如广播电视信息、报告等。

双向沟通是指在沟通过程中，发送者和接收者的地位不断变化，信息在双方间反复流动，直到双方对信息有了共同理解为止，如讨论、谈话、协商、谈判等。

7.5 沟通障碍及其克服方法

7.5.1 沟通障碍

人们在沟通信息的过程中，常常会受到各种因素的影响和干扰，使沟通受到阻碍。

沟通障碍从原因来看，主要来自 3 个方面：发送者的障碍、接收者的障碍、沟通通道的障碍。

一、发送者的障碍

在沟通过程中，信息发送者的情绪、倾向、个人感受、表达能力、判断能力等都会影响信息的完整传递。它主要表现在以下几个方面：表达能力不佳；信息传送不全；信息传递不及时或不适时；知识经验具有局限性；对信息的过滤等。

二、接收者的障碍

从信息接收者的角度来看，影响信息沟通的因素主要包括以下几点：信息译码不准确；对信息进行筛选，造成信息的不完整或失真；对信息的承受力不够；心理上有障碍，歪曲或拒绝接收信息；过早地评价信息，未了解信息所包含的真实意义；在情绪激动时进行沟通，影响信息的接收。

三、沟通通道的障碍

沟通通道的障碍主要表现在以下几点：选择沟通媒介不当；几种沟通媒介相互冲突；沟通渠道过长；存在外部干扰因素等。

7.5.2 沟通障碍的克服方法

沟通障碍是客观存在的，它影响了沟通的效果。各级管理人员都要有目的、有意识地克服沟通的各种障碍，提高沟通的有效性。克服沟通障碍的常用方法有以下几种。

一、提高沟通的有效性

（1）正确地选择沟通媒介。

（2）力求表达清楚。

（3）注意非语言提示。

（4）积极倾听。

（5）运用反馈。

（6）创造良好的沟通环境。

二、提高发送者传递信息的技能

信息发送者传递信息的技能在整个沟通过程中具有至关重要的作用，对沟通效果也会产生巨大的影响，因此，必须提高发送者传递信息的技能，主要内容包括以下几个方面。

（1）正确地编码，即把信息内容进行有效的整理，并编成信息码。

（2）有效地发布信息，即在沟通过程中，要根据情况来发送信息，掌握合适的发送频率。

（3）正确地使用语言和符号，要做到让信息接收者理解、明白信息的意思。

（4）提高信任度，即提高信息接收者对发送者的信任程度，缩短“信任差距”，建立相互信任的氛围。

三、提高接收者接收信息的技能

作为信息接收者要具备较高的接收技能，这也是提高沟通效果的重要环节。其技能主要包括以下几个方面。

（1）要有较强的信息解码技能，即能准确无误地把所传递的信息译成自己能理解的信息。

（2）要了解信息发送者可能使用的媒介，掌握多种媒介沟通技术。

（3）在信息反馈方面，要学会正确地反馈信息，使发送者知晓接收者准确无误地接收到了信息。

（4）提高接收者的知识、语言及符号技能，确保其能正确理解信息的内容。

7.6 沟通技巧

组织中的每一个人都将大量的时间用于沟通，而沟通必须讲求技巧才能更有效。

一、沟通要目的明确、思路清晰、以诚相待

在进行信息沟通之前，发送者应考虑好自己将要表达的内容意图，抓住其中心思想。在沟通过程中要使用双方都能理解的用语和表现形式，措辞要清晰、明确，力求准确，使对方能有效接收传递的信息。

发送者要心怀坦诚，向接收者传递真实、可靠的信息，同时要以自己的实际行动维护信息的说服力。真诚是最有效的心灵钥匙，但真诚并不等于百无禁忌，在说话时应尽量避免提及对方忌讳的事。如莫罗阿所说：真诚不在于说出自己全部的思想，而在于表达的时刻，永远表达当时所应该说的。

二、沟通要选择有利的时机，采取适宜的方式

沟通效果不仅取决于信息的内容，还受环境条件的制约。影响沟通的环境因素有很多，如组织氛围、沟通双方的关系、社会风气和习惯做法等。在不同的情况下信息发送者和接收者要采取不同的沟通方式，要注意沟通的有利时机。

三、沟通要注重“说”的技巧

西班牙作家塞万提斯说过：“说话不考虑等于射击不瞄准。”那么，如何做好说话前的准备工作呢？古人云：“知己知彼，百战不殆。”在说话时要注意以下几点。

1. 因人而异

在人际交往中，由于语言交流的对象在年龄、性格、思想、习惯、爱好等方面都有很大的差异，因此“因人而异”地进行沟通才能达到预期的目的。与他人沟通时，事先要把握对方的个性，随机应变地采用不同的说话方式，以达到良好的沟通效果。

2. 寻找共同点

众所周知，让信息接收者感兴趣的不仅是信息发送者本身，更重要的是发送者讲的话题。在与人进行沟通时，可以先利用一些常见的话题打开沟通的局面，之后再进入要讲的话题。

3. 语言诙谐幽默

在日常的沟通中，人们不可避免地会碰到难题、尴尬的事等，此时运用诙谐幽默的话语避开锋芒，就能化解尴尬。

四、沟通要讲求“听”的技巧

人们常说：“善言，能赢得听众；善听，才会赢得朋友。”善于言辞是一门艺术，善于聆听更能体现一个人的修养。在聆听时要做到以下几点。

（1）神态要专注。人们在沟通时，总是不由自主地用目光表达各种思想和感情。如果聆听者很认真地看着说话者，这不仅有利于聆听者集中注意力，而且也表示聆听者对所讲内容感兴趣，这会引起对方的谈话兴趣。而凝视或斜视往往会使说话者对聆听者产生不良印象。

（2）积极呼应和配合。聆听要保持坦率自然的姿势，手臂不要交叉，不要僵硬不动；要随着说话人的话做出反应，如当说话者所讲的内容与自己的观点一致时，轻轻地点头以示赞同；坐着的时候，要面向说话人，身体略向前倾。

（3）不要中途打断对方，让对方把话说完。当对方说话时，随意打断对方或随便插入其他话题都是很不礼貌的，如因特殊原因确需打断的，要适时示意，致歉后再插话。

（4）不急于做出评价或判断。由于人的思维速度远远快于说话的速度，因此，聆听者要想听清对方所要表达的全部内容，就要随时集中精力去聆听。

（5）善于捕捉要点。捕捉到有用的信息，是听话的基本目的之一。当还不能摸透对方意图时，切不可随意附和赞同，最好能得到对方的确认，如可以问“我理解你的意思是……”与此同时，还要善于从说话人的语气、手势变化中捕捉信息，如说话者会通过放慢语速、提高声调、突然停顿等方式来强调某些重点。

（6）学会恰当鼓励。倾听时，聆听者仅仅投入是不够的，还应经常鼓励说话者表达或进一步说下去。正确的启发和提问可以达到这个目的。

五、沟通要注重应用非语言沟通技巧

非语言沟通是指通过某些媒介而非语言或文字来传递信息。有关资料显示，在面对面的沟通过程中，来自语言文字的沟通不超过35%，而65%是以非语言方式进行的。在沟通过程中，人们常常通过服饰、表情、空间距离及身体姿态等来传达各种情绪或意图。

（1）沟通者的服饰扮演着信息发送源的角色。人们习惯上认为，身着西装是工作严谨、态度庄重的表示。如果一位领导穿着运动服训斥下属，那么他说话的权威性将大大降低。

（2）在非语言沟通中，表情是最常用的一种非语言符号，其中的眼神和微笑又是最常见的交际符号。①眼神。注视的时候要掌握好时间。对于不太熟悉的人，注视时间要短；对于谈得来的人，可适当延长注视时间。交谈中，目光应投放在对方的额头至两眼之间。②微笑。微笑的基本特点是不发声、不露齿，肌肉放松，嘴角两端向上略微翘起，最重要的是要出自内心，发自肺腑地微笑。

（3）保持合理的空间距离。与对方只有一臂之遥的距离只有较亲密的人在进行沟通时才适合。

（4）在沟通时要保持一种优雅的态势。如在正式场合站着说话时，身体要挺直，挺胸、收腹，重心放在两腿之间，两臂自然下垂，形成一种优美挺拔的体态，使对方感觉到你的有力和潇洒，对你产生良好的印象。坐着说话时，上身要保持挺直，可轻靠在椅背上，以自然、舒适、端正为原则，双手放在腿上。

本章内容小结

激励即鼓励，是调动人的积极性向期望的目标前进的心理过程。心理学研究表明，未满足的需要是行为人产生行为动机的根本原因。激励理论主要包括内容型激励理论、过程型激励理论和行为改造型激励理论。内容型激励理论侧重于研究用什么样的激励因素调动人的积极性，比较典型的理论有需要层次理论、双因素理论以及成就激励理论。过程型激励理论是研究激励过程的理论，主要包括公平理论和期望理论。具有代表性的行为改造型激励理论主要包括强化理论、挫折理论和归因理论。在激励实务中，应该遵循正确的激励原则，即物质激励与精神激励并重的原则，强调以激励为主的原则，注重内外激励相结合的原则。正确运用激励的方法，调动员工的主观能动性。

沟通是指信息从发送者到接收者的传递和理解的过程。

案例思考

小米公司的用人之道

1. 团队第一，产品第二

创业成功最重要的因素是什么？

小米公司（简称“小米”）认为最重要的是团队，其次才是产品，有好的团队才有可能做出好的产品。一直以来，小米公司都非常重视高端人才的引进和培养，公司董事长雷军有时面试高端人才时，一聊就是几个小时。小米手机硬件结构工程负责人的第一次面试是在雷军的办公室，从中午 1 点开始，两人聊了 4 个小时，中途雷军对他说：“我把饭预定好了，咱们继续聊聊。”后来聊到晚上 11 点多，他终于答应加盟小米。

过后他自己半开玩笑地说：“赶紧答应下来，不是那时多激动，而是体力不支了。”

2. 用最优秀的人：一个优秀的工程师代替 100 个普通工程师

在员工招聘上，小米的做法是，要用最优秀的人。公司一直都认为研发本身是很有创造性的工作，所以，在寻找核心工程师时，小米不惜花重金。

最好的人本身有很强的驱动力，你只有让他做他喜欢的事情，让他自己有玩的心态，他才能真正做出一些事情，驱动他自己，并进一步推动别人。所以，小米很多的工程师，他们自己在边玩边创新中工作。

3. 解放团队：忘掉 KPI，组织结构扁平化

小米主张忘掉 KPI，没有 KPI 的想法，这个背后是以用户反馈来驱动开发的。

比如小米 MIUI 的开发，MIUI 的设计师、工程师经常“泡论坛”，他们每周根据用户的意见来快速迭代。这种力量是循环互动的，当你很认真地对待用户的时候，用户也会用心对待你。没有 KPI 的团队，才会真正爱自己的产品，爱自己的用户，这才是解放团队真正的核心。

4. 让员工成为“粉丝”，让“粉丝”成为员工

“粉丝”文化首先让员工成为产品品牌的“粉丝”。每一位小米员工入职时，都可以领到一台工程机，当作日常主机使用。其次，让员工的朋友也成为用户。每位小米员工每月可以申领几个 F 码（Friend Code，朋友邀请码，在小米网上商城中的优先购买资格），送给亲朋好友，让他们也使用小米产品。最后，和用户做朋友。

5. 人是环境的孩子：用环境塑造人

我们每个人都可能会在荒郊野外随地吐痰，但是当我们穿上西装打上领带来到铺着红地毯的酒店的时候，就没人会这么做了。这就是环境给人的暗示。

当服务人员在“小米之家”工作的时候，他们每天统一换上充满青春气息的小米T恤或外衣，他们自然而然地就会在面对用户时展现出积极青春的笑容。这和制度无关，用制度规范出来的“服务”是假的，用环境塑造出来的服务才是真的。

“小米之家”的内部库房不但要求干净利落，还要求美观大方。“小米之家”的内部库房虽然不对外人开放，但是那里是“小米之家”的员工每天都要去工作的地方。漂亮的柜子、漂亮的盒子，还有绿色植物、咖啡机和一些精致的摆件……这样的内部库房，让每个在“小米之家”工作的员工都能感到身心愉悦。

让员工身心愉悦不仅仅是给员工更好的福利这么简单。当员工在一个非常舒适漂亮的地方工作的时候，他（她）有自己漂亮的换衣间，整洁明亮的场所，员工会从内心感觉到他所做的这份工作所需要的品质。

思考题：

（1）小米公司的用人之道有哪些成功之处？

（2）应用激励理论谈谈“让员工变为‘粉丝’，让‘粉丝’变为员工”对调动员工积极性有何作用。

（3）小米公司认为“人是环境的孩子”，你怎么理解这句话？

管理者价值点分享

推荐阅读：你是胡萝卜、鸡蛋还是咖啡豆

1. 运用说服和影响力来激励下属自我激励。
2. 确定员工的需要是什么，同时在会见他们时给予他们帮助。
3. 尝试利用自发的社交和体育活动来激励员工。
4. 利用小组竞争刺激员工士气。
5. 谨记不同的人需要不同的激励方式。
6. 对任何批评，都要寻求正面的响应——这是员工在激励中的正面表现。
7. 询问你的员工，明确工作中的每一个改变是否有助于激励他们。
8. 让工作尽可能多样化，可以预防怠惰情况产生。
9. 鼓励员工持反对意见——这通常是意见一致的先声。
10. 花时间去和员工聊天，而不只是和员工道声“早安”。

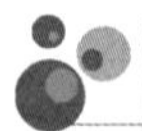

练习与应用

第7章练习与应用

第 8 章
控制

学习目标

知识目标：了解控制职能的含义，理解控制的机制与要领。

素质目标：培养学生形成前馈控制的思想和防患于未然的意识，使学生具备监控和纠偏的管理素质。

技能目标：理解预算控制、作业控制与审计控制的主要技术和方法。

能力目标：能够运用所学的控制理论知识，分析企业计划工作与实际工作的偏差，提出纠偏措施，有效利用控制技术与方法。

开篇故事

魏文王问扁鹊

魏文王问名医扁鹊说："你们家兄弟3人，都精于医术，到底哪一位是最好的呢？"

扁鹊答说："长兄最好，中兄次之，我最差。"

魏文王再问："那为什么你最出名呢？"

扁鹊回答说："我长兄治病，是治病于病情发作之前。由于一般人不知道他事先能铲除病因，所以他的名气无法传出去，只有我们家的人才知道。我中兄治病，是治病于病情初起之时。一般人以为他只能治轻微的小病，所以他的名气只及于本乡里。而我扁鹊治病，是治病于病情严重之时。一般人都看到我在经脉上穿针放血、在皮肤上敷药等大手术，所以以为我的医术高明，我的名气因此响遍全国。"

魏文王说："你说得好极了。"

以上故事告诉我们一个道理：预防总是比治病要简单，成本也要低。能让人不生病，这才是真正的医家高手。能在病初之时及时发现并治疗，这也是了不起的。当病重时再治，则需要花"大力气"。而且，万一病人已经病入膏肓，纵是神医，也无力回天。

从管理学角度看，最重要的是设计好的制度，这样才能够不出现大的问题，或者能将问题解决在萌芽状态。当问题非常严重时，解决起来就很费劲，代价也大。有时问题积累得多，时间拖得太长，可能就很难解决了。

许多人往往看不到预防的重要性，总舍不得花成本预防问题的产生。他们存在着种种侥幸心理，以为问题不会产生。事实上，管理学上有个著名的墨菲定理，说的是：事情如果有变坏的可能，不管这种可能性有多小，它总会发生。这也就是说，你如果没有做最坏的打算，那么最坏的结果一定会出现。

想想看，当最坏的结果出现的时候，你要花多大的代价才能弥补损失呢？而且很有可能已经弥补不了了。那么，为什么不事先做打算呢？事先预防，要省力得多，也可靠得多。

互动游戏

踏数字

形式：全体学生。
道具：彩色粉笔若干支、秒表。
时间：30分钟。

活动目标

感受前馈控制和现场控制的重要性。

操作程序

（1）按照班级成员进行分组，每6～8人为一组。

（2）小组商讨如何快速且按规则踏数字。

（3）在活动场地画正方形、起始线及写数字。

（4）比赛：用秒表记录每组从起始线起跑开始到踏完33个数字又回到起始线为止所用的时间，不违反规则且速度最快的小组获胜。

注意事项

（1）按 1～33 的顺序踏数字。

（2）在任意时间点，正方形内都只能出现一只脚。

（3）每位同学至少要踏 4 个数字。

学习内容

8.1 控制概述

8.1.1 控制的含义

组织在经营活动过程中，由于受外部环境和内部条件变化的影响，实际结果与预期目标往往不完全一致。对管理者而言，重要的问题不是工作有无偏差，或者是否可能出现偏差，而在于能否及时发现已出现的偏差或预见到潜在的偏差，并采取措施予以预防和纠正，以确保组织的各项活动能够正常进行，确保组织预定的目标能够顺利实现。

控制是管理工作过程中一项不可缺少的职能。所谓控制，就是组织在动态的环境中为保证组织目标的实现而采取的各种检查和纠偏等一系列活动或过程。斯蒂芬・罗宾斯曾这样定义控制："控制是保证企业计划与实际作业动态相适应的管理职能。控制就是监视各项活动以保证它们按组织计划进行并纠正各种重要偏差的过程。"

8.1.2 控制的作用

就整个组织而言，控制的作用可以归纳为两大方面。

（1）防止和纠正偏差的发生。使计划执行结果符合计划目标的要求，这是控制确保组织的稳定运行的作用。

控制与计划既是相互区别的，又是紧密相连的。计划为控制工作提供标准，没有计划，控制也就没有依据。但如果只编制计划，不对其执行情况进行控制，计划目标就很难得到圆满实现。控制与计划两个职能之间的关系不仅体现在计划提供控制标准，而控制确保计划实现这一"前提"与"手段"的关系上，而且有些计划本身的作用就已具有控制的意义。例如，政策、程序和规则，它们在规定人们行动准则的同时，也对人的行为产生极大的制约作用。又如，预算和进度表等形式的计划，它们既是计划工作的一个重要组成部分，同时又是一种有效的控制工具。可见，某些计划形式实际上涵盖了控制的内容。

（2）修改原定计划或重新制订新的计划。通过积极调整计划目标来保证组织对内外环境的适应性，这是控制确保组织的应变能力的作用。

广义的控制职能实际上也包含了对计划的修改和重订。计划在执行过程中产生结果与目标之间的偏差，其原因除了执行不力外，还可能是计划制订之初管理者对外部环境和内部条件估计出现失误，造成了目标设定过高或过低，或者是计划执行中所面临的内外环境条件出现了重大变化，导致目标脱离现实。这时，改变计划本身就是控制工作的一大任务。

8.2 控制系统与控制类型

8.2.1 控制系统的构成

控制是管理的一项基本职能，有时，人们制订出良好的计划，也有了适用的组织结构，但由于没有把握有效的控制这一环节，最后可能导致前功尽弃，达不到组织预期的目标。为了能够有效地实施控制，组织必须建立一个有效的控制系统。有效的控制系统必须满足以下几个条件。

1. 具有明确的控制目的

控制工作的目的性，可以表现为使实际成绩与计划标准、目标相吻合，或者使计划标准、目标获得适时的调整。有效的控制系统不仅要能使执行偏差得到及时纠正，还要能促使管理者在现实情况（内外环境条件）发生较大变化时对原定目标或标准做出及时的修正和改变。

2. 具有及时、可靠、适用的信息

信息是控制的基础。只有掌握了有关执行偏差或环境变化的足够多的信息，管理者才有可能做出有针对性的决策。

3. 具有行之有效的行动措施

管理者应能够通过落实所拟定的措施方案，使执行中的偏差尽快被纠正，或者形成新的控制标准和目标。

总之，控制系统是由控制目的、偏差信息以及纠正偏差的行动措施 3 个要素构成的。这 3 个要素共同决定了控制系统的效率和效能，因此，它们也就构成了有效控制的基本条件。

8.2.2 控制的基本类型

一、前馈控制、同期控制与反馈控制

按照控制信息获取的方式和时间点的不同，可将控制划分为前馈控制、同期控制和反馈控制 3 类。

1. 前馈控制

前馈控制也称事前控制或预先控制，是在工作正式开始前就对工作中可能产生的偏差进行预测和估计，并采取防范措施，将可能的偏差消除于产生之前的控制方式。

2. 同期控制

同期控制也称同步控制或现场控制，是与实际工作同步进行的控制。同期控制是基层主管人员的主要控制方法，因此也是控制工作的基础。

3. 反馈控制

反馈控制也称事后控制，是在工作结束或行为发生之后进行的控制活动。

二、间接控制与直接控制

按照控制的原因与结果的不同，可将控制划分为间接控制与直接控制。

1. 间接控制

间接控制是指管理者着眼于发现工作中的偏差，分析偏差产生的原因，并追究其个人责任使之改进的控制工作。

2. 直接控制

直接控制是指通过提高管理人员的素质来进行的控制工作。

三、任务控制、管理控制与战略控制

按照问题的重要性和影响程度的不同，可将控制划分为任务控制、管理控制和战略控制。

1. 任务控制

任务控制也称运营控制，主要是针对基层生产作业和其他业务活动进行的。其控制的主要任务是确保按质、按量、按期和按成本完成工作任务。

2. 管理控制

管理控制也称责任预算控制，是一种财务控制，即利用财务数据来观测企业的经营活动状况，以此考评各责任中心的工作成绩，控制其经营行为。

3. 战略控制

战略控制是对战略计划实现程度的控制。

四、集中控制与分散控制

按照控制的集中程度不同，可将控制划分为集中控制与分散控制。

1. 集中控制

集中控制是针对组织的重大项目与事务成立专门的控制机构以有重点地进行控制。

2. 分散控制

分散控制是将日常的一般性和常规性事务分散到各部门、各岗位及全体员工，由其自行控制。

8.2.3 控制的基本过程

控制是根据计划的要求，确立工作标准，衡量工作绩效并将其与工作标准进行比较，对出现的偏差采取必要的措施进行纠正以实现组织目标的过程。虽然控制的类型各有不同，但是控制工作的过程是基本一致的，大致可分为 3 个步骤：一是确定控制标准，二是衡量绩效，三是纠正偏差。

一、确定控制标准

控制标准是控制工作得以开展的前提，是检查和衡量实际工作的依据和尺度。如果没有控制标准，便无法衡量实际工作，控制工作也就失去了目的性。为了确定控制标准，必须正确地选择控制对象和关键控制点，并根据控制对象的具体特征采用科学的方法确定控制标准。

1. 确定控制对象

标准的具体内容涉及需要控制的对象。那么，企业经营与管理中的哪些事或物需要加以控制呢？这是在建立控制标准之前首先要加以分析的。要保证企业管理活动能够取得预期的结果，管理者必须在结果最终形成之前进行控制，纠正与预期结果要求不相符的活动。因此，管理者需要分析影响企业经营结果的各种因素，并把它们确定为需要控制的对象。

2. 选择控制的关键点

控制对象确定后，还必须选择控制的关键点。例如，在酿造啤酒的过程中，啤酒质量是控制的重点对象。影响啤酒质量的因素有很多，但只要抓住了水的质量、酿造温度和酿造时间等关键点，就能保证啤酒的质量。因此，管理者可以对这些关键控制点制定出明确的控制标准。在任何组织活动中都存在着此类关键点，只有对这些主要的关键点进行控制，才可以控制组织活动的整体状况。

3. 确定标准的方法

控制的对象不同，为其建立正常水平标准的方法也不同。一般来说，企业可以使用的建立标准的方法有：利用统计方法确定预期结果，根据经验和判断来估计预期结果，在客观的定量分析的基础上建立工程（工作）标准。比如，财务业绩的标准一般由利润率、现金比率、杠杆比率、周转率等指标来确定。

4. 标准应满足的要求

所确定的控制标准应满足以下几个方面的要求。

（1）简明性。对标准的量值、单位、可允许的偏差范围要有明确说明，表述要尽量通俗，便于理解和把握。

（2）适用性。建立的标准要有利于组织目标的实现。对每一项工作的衡量都必须有具体的时间幅度、具体的内容和要求，以便准确反映组织活动的状态。

（3）一致性。建立的标准应尽可能体现协调一致、公平合理的原则。管理控制工作覆盖组织活动的各个方面，确定的控制标准实际上是一种规章制度，应该彼此协调，不可互相冲突。同时，控制标准应在所规定的范围内保持公平。如果某项控制标准适用于每个组织成员，那么就应该一视同仁，不允许个别人搞特殊化。

（4）可行性。建立的标准应是组织成员经过努力后可以达到的，既具有挑战性，又具有可行性。建立标准的目的，是用它来衡量实际工作。

（5）可操作性。标准要便于对实际工作绩效的衡量、比较、考核和评价；要使控制便于对各部门的工作进行衡量，当出现偏差时，能找到相应的责任单位。例如，进行成本控制时，不仅要规定总生产费用，而且要按成本项目规定标准，为每个部门规定费用标准等。

（6）相对稳定性。标准建立后，应当在一定时期内保持不变，但它又要具有一定的弹性，对环境变化有一定的适应性。

（7）前瞻性。建立的标准既要符合现实需要，还应与未来的发展相结合。控制标准实际上是一种规范，反映了管理人员的期望，也为人们提供了努力的方向，因此，它应将组织当前运行的需要与未来发展的方向有机结合起来。

二、衡量绩效

企业经营活动中的偏差如能在产生之前就被发现，则企业可预先采取必要的措施有效避免，这种理想的控制和纠正方式虽然有效，但其实现的可能性并不高。并非所有的管理者都有远见，同时也并非所有的偏差都能被预见。在这种限制条件下，最满意的控制方式应是能在偏差产生之后迅速采取必要的纠偏行动。为此，要求管理者及时掌握反映偏差是否产生并能据以判定其严重程度的信息。用预定标准对实际工作成绩和进度进行检查、衡量和比较，就是为了获取这类信息。

为了能够及时、正确地获取能够反映偏差的信息，同时使控制工作符合其他方面的要求，管理者在衡量工作绩效的过程中应注意以下几个问题。

1. 确定适宜的衡量方式

对照标准衡量工作绩效是控制过程的重要环节，这就需要管理者明确衡量什么、如何衡量、间隔期限和由谁衡量等问题。

2. 建立有效的信息反馈系统

衡量实际工作情况的目的是为管理者提供有用的信息，为纠正偏差提供依据。然而，并不是所有衡量绩效的工作都直接由负责纠偏的主管人员和部门进行。组织应该建立有效的信息反馈网络，使反映实际工作情况的信息既能迅速地收集上来，又能适时地传递给恰当的主管人员，并能迅速地将纠偏指令下达给有关人员以便解决问题。

3. 衡量绩效、检验标准的客观性和有效性

衡量工作绩效是以预定的标准为依据的，但利用预先确定的标准去检查各部门在各个阶段的工作，这本身也是对标准的客观性和有效性进行检验的过程。

检验标准的客观性和有效性，就是要分析对标准执行的实际情况能否取得符合控制需要的信息。在为控制对象确定标准的时候，人们可能只考虑了一些次要的非本质因素，或只重视了一些表面的因素，因此，利用既定的标准去检查各部门的工作，有时候并不能够达到有效控制的目的。衡量过程中的检验就是要辨别并剔除那些不能为有效控制提供必需的信息及容易产生误导作用的不适宜标准，以便根据控制对象的本质特征确定出科学的控制标准。

由此可见，控制过程的第三阶段就是将实际工作绩效与控制标准进行比较，并做出客观的评价，从中发现二者的偏差，为进一步采取有效的控制措施提供全面、准确的信息。

三、纠正偏差

对实际工作绩效进行衡量之后，就应将衡量结果与标准进行对比。如果有较大偏差，则应该分析造成偏差的原因并采取纠偏措施；如果没有偏差，则应首先分析控制标准是否有足够的先进性，在认定标准水平合适的情况下，将其作为成功经验予以总结并积累，以便指导以后的工作。

在需要纠偏的情况下，为了保证纠偏措施的针对性和有效性，必须在制订和实施纠偏措施的过程中注意下述问题。

1. 找出偏差产生的原因

实际上，并非所有的偏差都会影响企业的最终成果，有些偏差可能是计划本身和执行

过程中的问题造成的，而另一些偏差则可能是一些偶然的、暂时的、局部性因素引起的，从而不一定会对组织活动的最终结果产生重要影响。因此，在采取纠偏措施以前，管理者必须首先对反映偏差的信息进行评估和分析。在评估和分析偏差信息时，首先要判别偏差的严重程度，判断其是否会对组织活动的效率和结果产生影响。在管理活动中，偏差是在所难免的，因此一般要确定可以接受的偏差范围（Range of Variation）。如果偏差超出了范围，就应该引起注意。其次要探寻导致偏差产生的主要原因。

2. 确定措施的实施对象

在纠正偏差的过程中，管理者需要纠正的不仅是组织的实际活动，也可能是指导这些活动的计划或事先确定的衡量标准。因此，纠偏的实施对象可能是组织进行的活动，也可能是衡量的标准，甚至是指导活动的计划。

3. 选择适当的纠正措施

针对产生偏差的主要原因和确定的纠正对象，在控制工作中采取的纠偏措施主要如下。

（1）对于工作失误造成的问题，控制的办法主要是通过加强管理、监督，确保工作与目标接近或吻合。

（2）若计划目标不切合实际，控制工作主要是根据实际情况修改计划目标。

（3）若组织的运行环境发生重大变化，使计划失去客观的依据，则控制工作主要是启动备用计划或重新制订新的计划。

8.3 控制技术和控制方法

8.3.1 控制技术

一、适时控制

企业经营活动中产生的偏差只有及时采取措施加以纠正，才能避免偏差的扩大，或防止偏差扩散对企业产生更多的不利影响。及时纠偏，要求管理人员及时掌握能够反映偏差产生及其逐渐严重发展的信息。纠正偏差的最理想方法应该是在偏差未产生以前，就意识到偏差产生的可能性，从而预先采取必要的防范措施，防止偏差的产生。

预测偏差的产生虽然在实践中有许多困难，但在理论上是可行的，即企业可以通过建立企业经营状况的预警系统来实现。企业可以为控制对象建立一条警报线，反映经营状况的数据一旦超过这个警报线，预警系统就会“报警”，提醒管理者采取必要的措施防止偏差的产生和扩大。

二、适度控制

适度控制是指控制的范围、程度和频度要恰到好处。

1. 防止控制过多或控制不足

有效的控制应该既能满足对组织活动检查的需要，又要防止与组织成员发生强烈的冲突，适度的控制应能同时体现以下两个方面的要求。

控制程度适当与否，要受到众多因素的影响，判断控制程度或频度是否适当的标准，通常要随活动性质、管理层次以及下属受培训程度等多方面的因素而变化。

2. 处理好全面控制与重点控制的关系

一般而言，全面控制不仅成本极高，而且也是不必要的。适度控制要求企业在建立控制系统时，利用帕累托分析法（Activity Based Classification，ABC 分析法）和例外原则等工具找出影响企业经营成果的关键环节和关键因素，并据此在相关环节上设立预警系统或控制点，进行重点控制。

3. 使付出一定成本的控制得到足够的控制收益

任何控制都需要付出一定的成本，衡量工作成绩，分析偏差产生的原因，以及为了纠正偏差而采取的措施，都需支付一定的成本费用；同时，任何控制，只要纠正了组织活动中存在的偏差，就都会带来一定的收益。一项控制，只有当它带来的收益超出其所需成本时，才是值得的。

三、客观控制

控制工作应该针对企业的实际状况，采取必要的纠偏措施，或促进企业活动朝着原先的方向继续前进。因此，有效的控制必须是客观的、符合企业实际的。客观的控制源于对企业经营活动状况及其变化的客观了解和评价。为此，控制过程中采用的检查、测量的技术和手段必须能正确地反映企业经营实际情况变化的程度和分布状况，准确地判断和评价企业各部门、各环节的工作和计划是否与现实要求相符合。

四、弹性控制

企业在生产经营过程中可能遇到某种突发的、无力抗拒的变化，这些变化使企业计划与现实要求相背离。有效的控制系统在这样的情况下应仍能发挥作用，维持企业的运营，也就是控制要具有弹性。

弹性控制通常与控制的标准有关，同时也与控制系统的设计有关。通常组织的目标并不是单一的，而是多重目标的组合。由于控制系统的存在，人们为了避免受到指责或是为了突出业绩，会故意采取一些行动，从而直接影响一个特定控制阶段内信息系统所产生的数据。一般而言，弹性控制要求企业制订弹性的计划和弹性的衡量标准。

除此之外，一个有效的控制系统还应该站在战略的高度，抓住影响整个企业行为或绩效的关键因素。有效的控制系统往往会将精力集中于例外发生的事情，即遵循例外管理原则。凡出现过的事情，皆可按规定的控制程序处理；对第一次发生的事情，则需投入较大的精力和物力。

8.3.2 控制方法

一、预算控制

1. 预算的含义

预算是一种计划，是用数字编制的反映组织在未来某一时期的综合计划，预算通过财务形式把计划数字化，并把这些计划分解落实到组织的各层次和各部门中去，这样预算和计划相联系，且与组织系统相适应，能达到实施管理控制的目的。预算就是把计划紧缩成一些数字以实现条理化，明确资金的使用，以及用实物计量投入量和产出量等。主管人员明确了这些，就可以进行人员和任务的委派、协调和组织等活动，并在适当的时间，将组织活动的结果和预算进行比较，发现偏差并及时采取措施纠正偏差，以保证组织在预算的限度内能完成任务。

2. 预算的种类

按照不同的标准可以把预算分成不同的类型。按综合程度不同可将预算分为一般预算和全面预算；按预算的内容不同可将预算分为收支预算、实物预算、基本建设费用预算、现金预算和资产负债预算。

（1）一般预算。一般预算也称传统预算，是以货币及其他数量形式反映的有关组织未来一定时期内局部的经营活动、各项目标的行动计划与相应措施的数量说明。

（2）全面预算。全面预算是以货币及其他数量形式反映的有关组织未来一定时期内全部的经营活动、各项目标的行动计划与相应措施的数量说明。在现代管理实践中，全面预算处于承上启下的地位，即它以经营决策的结果为依据，是决策的继续；同时又是控制的先决条件与考核业绩的前提条件。它的意义在于：第一，可以使决策目标具体化、系统化、定量化，从而可以全面地协调、规划企业内部各部门、各层次的经济关系与职能，使之服从于未来经营总体目标的要求；第二，全面预算是计划的数量说明，能够明确规定企业有关生产经营人员各自的职责及相应的奋斗目标，可以使有关人员事先做到心中有数；第三，全面预算量化指标可作为日常控制的依据；第四，经过分解落实的预算规划目标能与个人业绩考评结合起来，成为奖勤罚懒、评估优劣的准绳。

（3）收支预算。这是以货币来表示的组织经营管理的收支计划。其中最基本的是销售预算，它是表示销售预测的详细说明。由于销售预测是计划工作的基石，因而销售预算是预算控制的基础。

（4）实物预算。它包括时间、空间、原材料和产品产量等的预算，因为在计划和控制的某个阶段采用实物单位比采用货币单位更有意义。常用的实物预算单位有：直接工时数、台时数、原材料的数量、占用的面积、空间和生产量等。此外，用工时来预算所需要的劳动力的做法也是很普遍的。

（5）基本建设费用预算。由于基本建设费用金额较大，另外要从经营中收回投资厂房、机器设备等方面的费用往往需要很长的时间，因此，基本建设费用应尽量与长期计划工作结合在一起。

（6）现金预算。这实际上是一种现金的收支预测，它可用来衡量实际的现金使用情况，还可显示可用的多余资金，因而有可能编制剩余资金的投资计划。从某种意义上来说，这种预算是组织中最重要的一种控制。

（7）资产负债预算。它可用来预测将来某一特定时期的资产、负债和资本等账户的情况。这个预算是其他预算的综合统计，编制此预算的目的在于描绘出组织机构的财务情况，显示全部预算是否恰当。

3. 编制预算的步骤

一个组织要编制预算，首先必须建立一套预算制度。满足建立预算制度的先决条件有：建立和健全权责分明的组织机构；拟定完善的组织政策，作为编制预算的基础；建立有关预算项目的预测制度，以获得编制预算的资料；建立有效的记录，以便能估计各部门的费用并能根据过去的记录检查目前的情况。建立预算制度必须估计预算制度的效益，要选择好预算类型，决定预算的期限和分类，这就要遵循预算的编制步骤。

编制预算的步骤一般如下。

（1）上层主管人员将可能列入预算或影响预算的计划和决策提交预算委员会。预算委员会在考虑了以上种种因素后，就可估计或确定未来某一时期内的销售量或生产量（或业务量）。根据预测的销售量、价格与成本，又可预测该时期的利润。

（2）负责编制预算的主管人员，向各部门主管人员提出有关预算的建议，并提供必要的资料。

（3）各部门主管人员根据企业的计划和其所拥有的资料，编制出本部门的预算，并相互协调可能发生的矛盾。

（4）企业负责编制预算的主管人员将各部门的预算汇总整理成总预算，并预拟资产负债表及损益表，以表示组织未来预算期限中的财务状况。

（5）将预算草案交给预算委员会和上层主管人员核查批准。

（6）预算批准后，在实施过程中，主管人员必须经常检查和分析执行情况，必要时可修改预算，使之适应组织的发展。

4. 几种常用的预算编制方法

（1）固定预算与弹性预算。弹性预算并非独立的预算，而只是与传统预算程序相对立存在的一种预算编制方法。在传统预算中，某预算期的成本费用和利润都只是在一个预定的产销业务量水平的基础上编制预算的，这种百分之百地依赖一种业务量编制预算的方法叫固定预算。显然，一旦这种预算赖以存在的前提——预算业务量与实际水平相差甚远，就必然导致有关成本费用及利润的实际水平与预算水平因基础不同而失去可比性，不利于开展控制与考核。例如，预计业务量为生产能力的 100%，当实际为 120%时，那么在成本方面实际脱离预算的差异就会包括本不该在成本分析范畴内出现的非主观因素——业务量增长造成的差异。弹性预算正是为了克服固定预算的缺点而设计的，它是在成本分析的基础上，按一系列可能达到的预计业务量水平（如按一定百分比间隔）编制能适应多种情况预算的方法。由于它能规定不同的业务量条件下的预算收支，适用面宽，机动性强，具有弹性，故称为弹性预算，也称为变动预算或滑动预算。

（2）增量预算与零基预算。所谓增量预算，一般是以现有成本费用水平为出发点，结合预算期业务量水平及有关降低成本的措施，调整有关费用项目而编制预算的方法。这种预算往往不加分析地保留或接受原有成本项目，或按主观臆断平均削减，或只增不减，容易造成浪费，并使不必要的开支合理化。零基预算是区别于传统的增量预算而设计的一种编制费用预算的方法。零基预算不是以现有费用为前提的，而是一切从零做起，管理者从实际需要和可能出发，像对待决策项目一样，逐项审议各种费用开支是否必要或合理，从而进行综合平衡，确定预算成本。

5. 预算的局限性

预算是一种普遍使用的行之有效的计划和控制方法，但它也存在着一些不足之处。

（1）容易导致控制过细。某些预算控制计划是非常全面和详细的，以致束缚了主管人员在管理本部门时所必需的自主权，出现了预算过细的危险。

（2）容易导致本位主义。预算目标有时会取代组织目标，因为有些主管人员只把注意力集中在尽量使自己部门的经营费用不超过预算，而忘记了自己的职责首先是要千方百计地去实现组织的目标。

（3）容易导致效能低下。预算通常是在往年成果的基础上按比例增长来编制的，所以，许多主管人员也常常以过去的费用作为今天预算的依据；同时他们知道自己的申请多半是要被削减的，因而预算费用的申请数总要大于它的实际需要数。

（4）缺乏灵活性。实际情况常常会不同于预算，这种差异会使一个刚编制的预算很快过时。若这时主管人员还受预算约束的话，那么预算的有效性就会减弱或者消失。

二、作业控制

当作业系统设计完成，作业计划制订并实施之后，作业控制工作就成了作业管理工作的重点。如果没有有效的作业控制工作，再完美的作业系统也可能由于一些意想不到的事情而无法达到预期的目标。一般制造业的作业控制工作包括许多内容，本书主要介绍成本控制、采购控制和质量控制。

1. 成本控制

成本控制是指以成本作为控制手段，通过设定成本总水平指标值、可比产品成本降低率以及明确成本中心控制成本的责任等达到对经济活动实施有效控制的目的的一系列管理活动与过程。

成本控制首先需要明确控制的标准。企业通常可以采用预算成本或标准成本作为成本控制的标准。预算成本是用财务数字的形式为各部门或各项活动规定的在资金、劳动、材料、能源等方面支出的额度，它是通过计算和预计得到的。标准成本则是根据企业过去一段时间各成本项目的实际情况，去除其不合理成分，通过分析确定的。对于一时无法确定标准成本的企业，可以采用过去几个月的平均水平作为各类成本项目的标准成本，待积累经验后再确定更适宜的标准成本。当然，主管人员无论通过何种方法确定成本控制标准，当新的技术措施采用后，都应该对其进行必要的调整，以适应新的控制需要。

其次，在控制方法上，可以采用成本中心法来控制成本。各部门、分厂或车间都可以被当作独立的成本中心，其主管人员对其产品的成本负责。由于构成产品成本的不变成本或固定成本与产品生产数量无关，因此，这部分成本不列入各成本中心的控制范围，成本中心的负责人只对其单位所有直接成本负责。对于生产比较稳定并建立了比较完善的计算机应用系统的企业，也可以采用分级成本控制法。这种方法要求根据各成本费用发生的情况，把所有成本项目分成几级，分别由企业、分厂、车间、工段等负责，各级组织除了保证产品成本控制在标准成本范围之内，还有责任探求不断降低成本的方法。

加强成本控制，必须建立健全有关的基础性工作。成本控制的基础性工作主要有以下内容。

（1）建立分级控制和归口控制的责任制度。为了调动全体员工对成本控制的积极性，企业必须明确各级组织（厂部、车间、班组等）和各归口职能管理部门（如财会、生产、技术、销售、物资、设备等）成本控制方面的权限与责任，建立健全成本控制的责任制度。

因此，企业要将成本计划所规定的各项经济指标，按其性质和内容进行层层分解，逐级落实到各个车间、班组和各个职能科室，实行分级归口控制。各个归口职能部门，既要完成其他部门分配下达给本部门的各项费用指标，也要负责完成企业下达的归口指标，并进一步把归口管理的指标分解下达到有关执行单位和部门，从而形成一个上下左右、纵横交错、人人负责的成本控制体系。

根据权、责、利三者结合的原则，在建立成本控制责任制的同时，必须赋予责任单位和部门以一定的经济权限和利益，使其有做好本单位成本控制的相对的自主权。这些自主权一般包括：压缩流动资金定额的权限，以减少利息支出；上交多余固定资产的权限，以减少固定资产占用费和折旧费的支出；上交多余劳动力的权限，以减少工资支出；本单位奖金分配的权限，以调动员工的积极性。

（2）建立严格的费用审批制度。一切费用在开支以前都要经过预算申请、批准手续后才能支付。这样做，有利于对一切费用在将要发生前再进行一次深入的研究，根据新情况，再一次确定费用的合理性，以保证一切费用的使用效果。

（3）加强和完善成本实际发生情况的收集、记录、传递、汇总和整理工作。成本控制是指主管人员要把费用和消耗发生的情况与成本控制标准进行对比分析，这需要能够反映成本发生情况的数据，主管人员就要进行收集、记录、传递、汇总和整理工作。数据的收集和记录必须正常、准确、齐全，需要有科学合理的收集方法和记录方式，符合监督程序的需要；数据的传递要有正确路线，做到迅速及时；汇总和整理工作要有科学合理的统一规定。以上成本控制数据的收集和汇总整理，通常是通过企业中的业务核算、统计核算和会计核算来实现的。

（4）组织发动广大员工开展各种降低成本的活动，如“小指标竞赛”，降低成本技术攻关活动等。这是成本控制中带有根本性和基础性的工作。只有注意开展这方面的活动，成本控制才有坚实的群众基础。

2. 采购控制

对于制造企业来说，它需要输入大量的物料，然后通过转换变成各种产品。物料构成产品成本的重要成分，在部分行业，物料成本甚至高达 70%左右，因此，有效地控制物料成本自然就成为企业降低成本和增加利润的重要渠道。而企业物料获取是通过采购职能实现的，所以控制物料成本很大程度上依靠采购控制。

企业采购控制的主要内容是供应商交付的物料的性能、质量、数量和价格等，和与之相关的寻找、评价、决定能够提供最好产品或服务的供应商。采购控制的目标是确保输入可以得到、质量可以接受、来源可靠，同时降低成本。目前，国内一些企业采用“比价采购”的方法，对企业的采购工作进行价格控制以降低采购成本，多数企业都收到了比较好的效果。后向一体化（是指企业通过收购或兼并若干原材料供应商，拥有和控制其供应系统，实行供产一体化）也是一种选择，它可以带来物料成本降低、质量稳定和交货及时等好处，但也存在一定风险。为此，日本许多大公司在采购和一体化之间找到了一个“中间地带”，它们通过所有关系或借款给转包商等方式，使转包商成为公司联合体的一部分，并与之保持长期的合作关系，双方像合伙人一样运作，极大地保证了物料的有效供应。对于企业来说，可以多选择一些有能力的供应商，通过他们的竞价使企业获得价格上的优惠，但只有和具有良好关系的供应商的合作才能真正通过购买获得竞争优势。现在，制造业中一个迅速发展的趋势就是使供应商转变为合作伙伴，企业不是选择 10～12 家供应商并使他们相互竞争来获得企业的生意，而是只选择 2～3 家供应商并与他们密切配合来提高效率和质量。现在大部分企业都正在发展与供应商的长期关系。许多企业发现建立这种长期的合作关系，能使他们获得质量更优、次品更少和成本更低的输入。

3. 质量控制

作业控制工作中另一项重要的任务是质量控制。通过有效的质量控制，企业可以及早地发现作业系统中出现的各种问题，防止不合格物料进入生产流程，杜绝有缺陷的零部件流入下一道工序，保证向市场提供合格产品等。总之，质量控制通过对作业系统运行全过程的监控，确保产品质量满足预先制定的标准。严格地讲，质量控制应该对所有的产品质量特性进行监控，但由于现实条件限制，质量控制往往不能采取一视同仁的办法，而只能对容易发生问题的特性和对产品质量具有决定性意义的特性进行重点控制，而对其他一些特性则采取一般性的控制办法。这样，既保证了质量，也减轻了质量控制的工作量。

在实施质量控制的过程中，首先，管理者应明确对产品是采用连续检测的方法还是抽样检测的方法。一般来说，如果连续检测的成本很低或者统计结果表明出错率很高，逐个检查每一件产品是十分有意义的，但毫无疑问，这需要花费更多时间和费用。抽样检测通常花费较少，也不需要很多的人员，有利于集中精力抓好关键质量问题，但它存在一定的风险。

其次，管理者应该确定在何时、何地检测。通常，在制造业中，检测可以在以下 6 处实施：当供应商正在生产时在其厂中检测，从供应商处收到货时在自己厂里检测，在不可逆转的工序之前检测，依次在生产工序里检测，完工产品检测，装运之前检测。在有条件的地方，还应该尽量采用源头检测的方法，即在有可能产生缺陷之前检测。最后，管理者还要考虑是采用计数值检测还是计量值检测。前者是将产品简单地分成合格品和不合格品，并不标出缺陷的程度。例如，对灯泡的抽样检测，灯泡亮或不亮可能就决定了其合格或不合格。后者则需要设置一个可接受的偏差范围，然后衡量诸如质量、速度、尺寸或强度等指标，看检测指标是否落在可接受的范围内。样本在一定的指标范围之内是可以接受的，在一定范围之外则是不可接受的。

三、审计控制

审计是常用的一种控制方法，它包括财务审计和管理审计两大类。审计还有内部审计和外部审计之分，外部审计是指由组织外部人员对组织活动进行审计，内部审计是指组织自身专门设立审计部门审计本组织的各项活动。

1. 财务审计

财务审计是由专职机构和人员，依法对审计单位的财务、财政收入及有关经济活动的真实性、合法性、效益性进行审查，评价经济责任，达到维护财经法纪、改善经营管理、提高经济效益、促进宏观调控等目标的独立性的经济监督活动。财务审计的主要方法有以下几种。

（1）审计检查方法。它是指在审计项目实施过程中所采用的各种检验、查证方法。按检查的对象不同，它又分为资料检查法和实物检查法。资料检查法亦称查账法，它是对会计凭证、账簿、报表以及其他有关资料进行检查的方法。实物检查法是指收集书面以外的信息及其载体，证实书面资料及其反映的经济活动的真实性、合法性的一种方法。

（2）审计调查法。它是指审计人员通过调查，对被审计单位的会计资料和有关事项进行查证的一种方法。运用这种方法时，审计人员可针对一些重大问题，透过经济现象，发现带有倾向性的问题，有针对性地提出建议和措施，为各级领导进行决策提供依据。其具体方法包括审计查询法、观察法和专题调查法等。

（3）审计分析法。它是指审计人员利用各种分析技术对审计对象进行比较、分析和评价的一种方法。这种方法主要用来查找可疑事项的线索，验证和评价各种经济资料所反映经济活动的真实性、合法性和效益性。常用的审计分析方法主要有账户分析法、账龄分析法、逻辑推理分析法、经济活动分析法、经济技术分析法和数学分析法等。

（4）抽样审计法，亦称抽查法。它是先从被查总体中抽取一部分资料作为样本进行审查，然后根据审查结果来推断被查总体正确性和合法性的一种方法。常用的抽样审计方法主要有任意抽样审计法、判断抽样审计法和统计抽样审计法。

2. 管理审计

管理审计是一个工作过程，它以管理原理为评价准则，审计人员系统地考查、分析和评价一个组织的管理水平和管理成效，进而采取措施克服存在的缺点或问题。管理审计目标不是评价个别主管人员的工作质量和管理水平，而是从系统的观点出发去评价一个组织整个管理系统的管理质量。值得注意的是，企业要把管理审计和经营审计区别开来，二者的差别类似于评价主管人员的管理能力及评价主管人员在设定和实现目标方面的能力。管理审计的方法与财务审计的一般方法基本一致，其中查明事实真相是管理审计工作的基本任务，它主要包括如下内容：①熟悉被查单位或部门的组织、人事、业务性质、管理制度、业务操作程序及领导关系等；②确定需要取得的资料；③查明各种业务记录，如单据、合同、函电、规章制度、账册、会议记录、总结报告等；④向各级管理人员和员工调查，完成书面记录；⑤核实所得材料并进行分析，形成清楚的调查记录。

3. 内部审计与外部审计

管理控制的另一个有效方法是内部审计，即人们所说的经营审核。从广义上说，经营审核就是企业内部的审计人员对企业的会计、财务和其他业务经营活动所做的定期的和独立的评价。内部审计提供了检查现有控制程序和方法能否有效地保证达成既定目标和执行既定政策的手段。

内部审计虽局限于会计账户的审核，但就其最有用的方式而言，内部审计包括对经营活动的全面评价，即按预计的成果来衡量实际的成果。因此，内部审计人员除了要弄清会计账户是否反映实际情况，还要对政策、程序、职权行使、管理质量、管理方法的效果、专门问题以及经营的其他各个方面做出评价。

外部审计是指由外部机构选派的审计人员对组织财务报表及其反映的财务状况进行独立的评估。

本章内容小结

本章首先介绍了控制的概念及作用，强调了控制是保证企业计划与实际作业动态相适应的管理职能；其次简单阐述了控制系统的构成、控制的基本类型和过程；然后具体讲述了控制的技术和方法；最后详细阐述了预算控制、作业控制和审计控制等方法。学习本章内容要求理解控制的概念和基本原理，掌握控制的类型、过程、技术和方法，认识和熟悉构建有效控制系统的基本工作。

案例思考

李厂长的目标与控制

李林担任某家工厂的厂长已经一年多了。他刚看了工厂有关今年实现目标情况的统计资料，厂里各方面工作的进展略差，他为此气得说不出来一句话。他记得就任厂长后的第一件事情就是亲自设定了工厂的一系列计划目标。具体来说，他要解决工厂的浪费问题，要解决职工超时工作的问题，要减少废料的运输问题。他具体规定：在一年内要把购买原材料的费用降低10%～15%，把用于支付职工超时工作的费用从原来的70万元减少到40万元，要把废料运输费用降低3%。他把这些具体目标告知了有关方面的负责人。

然而，他刚看的年终统计资料却大大出乎他的意料：原材料的浪费比去年更为严重，原材料的费用竟占成本总额的16%；职工超时费用也只降低到58万元，远没有达到原定的目标；废料运输费用也根本没有降低。

他把这些情况通报了负责生产的副厂长，并严肃批评了这位副厂长。但副厂长争辩说："我曾对工人强调过要注意减少浪费的问题，我原以为工人也会按我的要求去做。"人事部门的负责人也附和着说："我已经为消减超时的费用做了最大的努力，只有那些必须支付的款项才支付。"而负责废料运输方面的负责人则说："我对未能把运输费用减下来并不感到意外，我已经想尽了一切办法。我预测，明年的运输费用可能要上涨3%～4%。"

在分别和有关方面的负责人交谈之后，李林又把他们召集起来提出新的要求，他说："生产部门一定要把原材料的费用降低10%；人事部门一定要把超时费用降到40万元；废料运输费用即使要提高，也绝不能超过今年的标准。这就是我们明年的目标。我到明年年底再看你们的结果！"

思考题：

（1）李厂长就任后所制订的计划属于什么计划？

（2）你认为导致李厂长控制失败的原因是什么？

（3）李厂长的控制标准属于什么标准？

（4）李厂长所制订的明年的目标能完成吗？为什么？

管理者价值点分享

1. 人是自觉的，但需要控制。
2. 计划未来目标时，要乐观也要实际。
3. 告知团队每位成员在设定的标准中有哪些定量评价的项目。

4. 确保目标能激发团队的斗志；如果不行，请改变目标。
5. 若有计划出错，一定要做全面性、公开化的分析。
6. 根据情况的变化和新信息的出现，不断变更工作的优先级。
7. 防止未来的风险，而不是坐视其发生。
8. 如果发展不符合你的预期，就再检查一遍计划。
9. 定期研究市场，对结果采取行动。
10. 随时准备做改变，甚至计划的根本要素亦包含在改变的范围内。

推荐阅读：
华为公司的质量控制

练习与应用

第 8 章练习与
应用

第 9 章
创新

学习目标

知识目标：了解创新的内涵和内容。

素质目标：具备创造精神和创新素质，培养学生的创新思维和企业家精神。

技能目标：掌握创新的机会和过程。

能力目标：能够运用所学的创新知识来抓住创新机会，进行实践性的创新活动。

开篇故事

一张讨债单

一家外企贸易业务繁忙，往往是上午对方的货物刚发出来，中午账单就传真过来了，会计的桌子上总是堆满了各种讨债单。

都是同样的讨债单，会计不知该先付谁的。经理也一样，总是大概看一眼就扔在桌子上，说："你看着办吧。"但有一次经理却马上说："付给他。"这是仅有的一次。那是一张从巴西传真过来的账单，除了列明货物标的、价格、金额外，大面积的空白处写着一个大大的"SOS"，旁边还画了一个正在淌着眼泪的头像，线条很简单，但很形象生动。这张不同寻常的账单一下子就引起了会计的注意，也引起了经理的重视，他看了便说："人家都流泪了，以最快的方式付给他吧。"

经理和会计心里都明白，这个讨债人未必是真的流泪，但他却成功了，一下子以最快的速度讨回了大额的货款。因为他多用了一点心思，把简单的"给我钱"换成一个富含人情味的小幽默。仅此一点，就使其从众多讨债单中脱颖而出。

互动游戏

9 个点

形式：全体学生以个人为单位独立完成。
类型：创造力和解决问题。
时间：5 ~ 10 分钟。
场地：教室。

活动目标

使学生明确固有的思维模式会阻碍人们学习新事物。

关键在于要打破脑海中"9 个点"形成的正方形，向外扩张。

操作程序

将 9 个点的图形对学生展示⁝⁝⁝，请大家各自动脑筋，只用 4 条相接的直线（每条直线必须连贯，而且不能相互重叠），将这 9 个点连接起来。

学习内容

9.1 创新的基本理论

9.1.1 创新的内涵

根据韦氏大词典的定义，创新的含义为引进新概念、新事物和革新。

美国经济学家约瑟夫•阿洛伊斯•熊彼特在 1912 年出版的《经济发展理论》一书中首次提出了创新的概念。他认为创新是对"生产要素的重新组合"。具体来说，包括以下 5 个方面：①生产一种新产品（也就是消费者还不熟悉的产品）或是开发已有产品的一种新用途；②采用一种新的生产方法，也就是在有关的制造部门中未曾采用的方法，这种方法不一定非要建立在科学新发现的基础上，它可以是以新的商业方式来处理某种产品；③开辟一个新的市场，使产品进入以前不曾进入的市场，不管这个市场以前是否存在；④获得一种原材料或半成品的新的供给来源，不管这种来源是已经存在的，还是第一次被创造出来的；⑤实现一种新的企业组织形式，如建立一种垄断地位，或打破一种垄断地位。

而“创造”一词在《现代汉语辞典》里则被解释为：“想出新方法、建立新理论、做出新的成绩或东西。”在学术界，人们对“创造”有80多种表述，综合各种表述可以将“创造”概括为：创造是指人们首创或改进某种思想、理论、方法、技术和产品的活动。

创造可分为第一创造、第二创造和第三创造。第一创造通常是指首创，它是指人类历史中出现的重大发明和创建，如我国“四大发明”、爱因斯坦的相对论、瓦特的蒸汽机等。第二创造通常是指改进，它是指人们在理解和把握某些理论与技术的基础上，再创造出大量的具有社会价值的新事物。第三创造是较为广泛的社会性活动，与创新活动的内涵极为相似。

随堂思考 9-1

创新与创造有何异同？创新与发明有何异同？

9.1.2 创新的本质

通过对创新内涵的理解，可以看出创新一般包括两个层面：一是社会价值的创新，它是指个体的发现和创新为人类社会带来变革性的新因素；二是个人价值的创新，它是指个体发现和创新出相对于自己已有的知识和经验的新知识、新事物、新方法。因此，创新的本质是指人们充分发挥主观能动性，采用新颖独特的方式，发现和创造新的知识、事物和方法。对创新本质的理解，主要有以下几种观点。

1. 创新是一种理念

创新作为一种理念，是指基于知识经济的时代背景，将知识转化到社会生产方式和生活方式活动过程中。这一观点提出，社会主体应不断对自身进行多方位的思考，而且社会主体之间需要多渠道的交流。创新理念是针对传统理念而言的，具有新颖性、独特性和开放性等主要特性。

相关链接：鲁班的发明

2. 创新是一种精神

创新作为一种精神，是人类作用于自然、社会和人本身的各种主观反映，它集中体现出人的个性与社会性的统一性特性，主要包括创新意识、创新态度、创新情感、创新意志等。张武升教授在《教育创新论》中指出：创新精神是学生创新素质的重要组成部分，它包括7种要素，即创新意识、创新情意、创新思维、创新个性、创新品德、创新美感和创新技法。

3. 创新是一种能力

创新作为一种能力，它的特性包括敏锐性、变通性和原则性，创新能力的发展依托于个性的充分发展。创新是一种能力，因此，人们可以形成创新力，包括学习力、探究力等，其核心是主体性、能动性与创造性。创新是人类改造自然与社会体现出的独有特质，作为一种人格特征的表现说明“人人都能创新”。

4. 创新是一个过程

创新作为一个过程，需要不断探索，需要付出代价，是一个不断努力奋斗的过程。创新过程是复杂的，包括一个又一个环节，需要一个环节又一个环节的探索推动，它一般不可能是一蹴而就的。

9.1.3 创新思维

人们平时常说的“想一想”“考虑一下”“思考再三”“沉思良久”“思索一番”“深思熟虑”“设想”“反省”等都是指人们的思维活动。思维的“思”在字面上解释为想或思考，而“维”字则可解释为顺序或方向。因此，从字面上来解释“思维”，就是有一定顺序的想，或是沿着一定方向的思考。

从心理学的角度来讲，思维是人类大脑对客观事物间接的和概括的反映。间接反映是指通过媒介来认识客观事物，即借助已有的知识经验间接地理解和把握那些没有直接感知过的或根本不能感知到的事物；而概括反映是指依据对客观事物规律性的认识，把同类事物的共同特征和本质特征抽象出来，加以概括，得出结论。因此，思维是指大脑利用已有的知识，对记忆的信息进行分析、计算、比较、判断、推理、决策的动态活动过程。思维是获取知识及运用知识来寻求解决问题的根本途径。

随堂思考 9–2

某家公司在招聘管理人员时，给每位应聘者发了一根米尺，要求测出一幢 20 层大楼的高度。如果你是应聘者，你打算怎么做？

那么，何谓创新思维呢？美国心理学家科勒斯涅克认为，创新思维就是发明或发现一种新方式，用以处理某些事情或表达某种事物的思维过程。创新思维，首先是能够产生创造性结果的思维；其次是在思维方法、思维形式、思维过程的某些方面富有独创性的思维。因此，创新思维就是思维本身和思维结果均具有创造性特征的思维。创新思维并非少数发明家、天才人物才具有的素质，而是任何一个正常人都具备的一种思维方式。

一、创新思维的特征

1. 新颖性和突破性

创新思维是以求异、新颖、独特为目标的，创新的过程和创新的结果都应体现出新颖性。而突破性是创造性思维另一个较为明显的特征。首先，突破性体现为创造者突破原有的思维框架，这是指在思考有待创新的问题时，要有意识地抛开头脑中以往思考类似问题所形成的思维程序和模式，突破以往固有的思维程序和模式对寻求新设想的束缚，这样就有可能取得意想不到的创新性的成功。其次，突破性还体现为突破已有的思维定式。最后，突破性也体现在超越人类既有的物质文明和精神文明成果上。

2. 灵活性

灵活性是针对一成不变的教条而言的，要根据不同的对象和条件，具体情况具体对待，灵活应用各种思维方式。灵活性尤其表现在视角上，人们要能随着条件的变化而转变，能摆脱思维定式的消极影响，善于变换视角看待同一问题，善于变通与转化，重新对信息进行解释，进行创新。

3. 发散性

发散性则表现为在时间和空间上敢于突破思维框架，使思维呈向外放射形式，从而使人们可能发现不同之处和相同之处。发散性创新可以从材料、功能、结构、形态、组合、方法、因果、关系等方面的“发散点”进行具有集中性的多端、灵活、新颖的发散训练，以培养创新性思维的能力。

随堂思考 9–3

从英文“food”“friends”和“cars”中找出它们的共同特征，再从中文词汇“降落伞”“瓶子”和“信封”中找出它们的共同特征。

4. 非逻辑性

非逻辑性是指创新思维往往是在超出逻辑思维，出人意料地违反常规的情形下出现的。它不严密或者暂时还说不出什么道理，但是在创新思维活动中，新观念的提出、问题的突破，往往表现为从逻辑的中断到思维的跳跃，再到思想的飞跃。这通常都伴随着直觉、顿悟和灵感，从而使创新思维具有超常的预感力和洞察力。例如，德国科学家普朗克首创量子假说时，连他自己也感到茫然不知所措，甚至怀疑这个假说的正确性。

5. 综合性

创新活动本身是一种探索性的活动，从提出问题到成功的过程中势必包含许多曲折反复，因而，也肯定会有多种思维方式的参与：既有知觉的洞察和灵感的闪现，又有想象的驰骋和类比的启迪，更不乏演绎与归纳、发散与集中、假象与试探等。只有突破刻板思维的约束，灵活地综合运用多种创造性思维方法，才会有非同寻常的创新结果。另外，创新活动是在前人基础上进行的，必须综合利用他人的思维成果。科学技术发展史一再表明，谁能高度综合利用前人的思维成果，谁就能取得更多的突破，做出更大的贡献。

二、创新思维的培养原则

1. 克服思维障碍的原则

思维障碍是指人们固有的思维惯性和思维定式。人的大脑对客观事物的思维有一个特点，就是一旦沿着一定方向、按照一定次序思考，久而久之就会形成一种惯性。遇到类似的问题或表面看起来相同的问题，不由自主地沿着上次思考的方向或次序去解决，这就是思维惯性。如果多次以这种惯性思维来对待客观事物，就形成了非常固定的思维模式，即思维定式。这种固有的思维惯性和思维定式阻碍了人们的创新性思维，对创新性问题的解决非常不利。要进行创新思维，首先必须克服和突破一些固有的思维障碍，这些思维障碍主要表现在从众型、习惯型、自我型、权威型、直线型、书本型等方面。

随堂思考 9–4

一杯冷水和一杯热水同时放入冰箱里，哪一杯水先结冰？

2. 多视角看问题的原则

视角是指看待事物或思考问题的角度，有时也称为眼光、眼界。我们生活中常见的一件小事，常常会出现“公说公有理，婆说婆有理”的情景，这就是视角不同引起的。视角按不同标准可分为过去视角、现在视角和未来视角，肯定视角和否定视角，纵向视角和横向视角，功利视角和道德视角等。创新思维是一种多视角的思维，是一种开放的、搜索空间很大的发散思维。注重培养创新思维，人们应多注意转换视角和更换视角。转换视角就是把当前或即将到来的事情放在一个更大的或新的参照系中进行思考，而更换视角就是更换参照系统，进行换位思考。创新思维的这一原则就是鼓励人们善于从多种不同角度来研究同一问题，观察同一现象，思考同一对象，从而产生许多新的发现和创意。

3. 寻求多种答案的原则

人们鼓励追求目标的执着性，但是却不赞成思维的执着性。创新思维具有发散性的特征，对任何问题都不要追求或局限于一个答案，对同一问题可提出多种答案的设想，善于寻求多种答案。

4. 善于探索问题的原则

法国著名文学家巴尔扎克认为：打开一切科学的钥匙都毫无异议的是问号，大部分的伟大发现都应该归功于“如何”，而生活的智慧大概就在于凡事都要问个为什么。我们要从问为什么开始，通过观察、分析、归纳、概括、推理、判断等一系列的探索活动，来形成良好的创新思维品质，培养创新性分析问题与解决问题的能力。

随堂思考 9-5

在茂密的树林中，太阳光透过树叶间的空隙照在地面上，形成许多圆形光斑，其明亮程度不一，位置交错重叠。为什么这许多光斑都是圆的呢？

9.1.4 创新的机会

我国著名教育家陶行知先生曾经讲道：“处处是创造之地，天天是创造之时，人人是创造之人。”这说明每个人的创新机会都时时存在、处处存在，但是，这还要看我们是不是一个有心人，是不是有创新方面的意识，善不善于抓住机会。德鲁克认为：创新机会是从易到难、从内到外、从可靠到不可靠、从可预测到难以预测的。创新的机会主要体现在以下几个方面。

一、意外发生的时候

在日常生活和经济生活中，人们通常只愿意观察和发现那些自己熟悉的或希望的结果，但是，往往会有未曾预料或希望的结果出现。这种意外的结果可能是意外的成功，也可能是意外的失败。意外的成功虽然为创新提供了大量的机会，但是这种机会往往容易被人们视而不见而悄悄溜走，有时甚至被视为“异端”而遭到排斥。意外的成功容易被忽视，但意外的失败人们却不能不正视。因为人们通过精心的准备和努力的实施，最终还是失败了，这种失败必然隐含了某种变化，这种变化实际上就是某种创新机会的存在。另外，当意外的事件、突发的事件出现时，人们要冷静地意识到，要积极面对、勇于担当，尽可能地把不好的概率降低，创新性地转变或提高好的方面。

不管是意外的成功，还是意外的失败，或者是突发的事件，一旦发生，就要正视其存在，此时就是最好的创新机会。人们应该进行认真分析，努力想明白这几个方面的问题：第一，究竟发生了什么问题？第二，为什么会发生这样的问题？第三，这种问题将会把事情引向何方？第四，采取什么应对策略才能充分地利用这种意外的或者突发的事情，使之成为更好的发展机会？

二、不协调的时候

不协调是指事物的状态与事物应该有的状态之间，或者事物的状态与人们假想的状态之间的不一致、不合拍，或出现的不正常现象。不协调就好比地质学的一个术语"断层"一样，表示出现了裂痕，出现了变化，事物现在的状态与原有的、应该有的状态不一致了，这种征兆就是创新机会。当人们的日常消费与收入之间存在不协调，当大学的招生与就业之间存在不协调，当事物的价值和客户的期望之间存在不协调，当现状与设想之间存在不协调，当经济现状之间存在不协调，当程序的节奏或逻辑的内部存在不协调，当组织内外之间存在不协调，当管理系统内外之间存在不协调时，都存在着创新的机会，人们要有意识地利用这些创新的机会。

随堂思考 9-6

如果没有了战争，动力强劲、武器先进、排水量大、耗资巨大的核动力航空母舰该作何用途？

三、流程不畅的时候

导致工作效率和办事效率不高，或工作效果和办事效果不好时，一方面可能是人为的因素，另一方面则可能是流程的问题。例如，一位刚刚上任的市长到该市的某药厂去搞调研，发现该药厂的一个改建项目已经立项两年多还没有开工，原因是还有十多个手续没有办完，而且已经办完了几十个手续。市长立刻要求相关的政府职能部门领导马上到现场，结果一个星期以后，该项目就开工了。此时，市长意识到该对市政府各职能部门的工作流程进行整改了。半年后，多个政府职能部门的工作流程得到了改善。

流程不畅主要是由于在现有的流程中存在多余的环节、薄弱的环节或者各个环节脱节、比较分散等。在实践中，如果对这些多余的环节、薄弱的环节以及脱节、分散的环节进行分析、改善和创新，就能很好地提高工作的效率和效果。例如，有家民营饲料生产企业的总经理，发现客户从进入厂里把饲料装上车到办完所有手续、把车开出厂门口，需要近两个小时，而大门外还有排起长队等待装车买饲料的客户。有一天，一位被请来给他们员工讲课的老师发现了这个情况，就对总经理说："你们的生意特别好，但是你们的效率比较低。"总经理也意识到了效率低的问题，于是他问："如何解决呢？"老师认为问题的关键是他们的工作流程没有设计好，于是对他们的工作流程进行了一系列改进，其中包括把多个职能部门的办公地点集中到靠近大门的地方，把称重的方式也改进了。这样，客户装车从进大门到出大门只需要半个小时。

四、结构变化的时候

结构变化主要是指市场结构和行业结构两大方面的变化，当这种变化出现时或者即将出现时，组织必须迅速做出反应，进行调整和创新，否则就可能影响组织在市场和行业中的地位，甚至带来生存危机。市场结构主要与消费者的需求特点有关，当消费者的需求发生变化时，组织应及时地发现，并进行有效的创新来适应这种变化。例如，电视机的需求变化，由黑白电视机的需求转向彩色电视机的需求，电视机的需求转向高清晰电视、等离子电视、液晶电视以及数字电视等的需求。行业结构的变化主要是指行业中不同组织的相对规模和竞争力结构以及由此决定的行业集中或者分散的变化。这种变化不是突然出现的，当组织发现的时候，往往已经失去了往日的竞争优势和地位。任何一个行业或者市场都处在变动之中，参与者的数量、参与者的质量、行业的成熟度以及在国民经济和世界经济中的地位都在发生着巨大变化，只不过行业结构的变化为旁观者提供了一个清楚且可以预见的机会，而局内人则将这些变化视为威胁。面对市场结构和行业结构的变化，关键的问题是要迅速地进行创新活动，至于创新的形式或者方向则可以是多样化的。

五、人口变化的时候

人口因素是社会各项活动中必不可少的一种重要的资源，人口结构的变化直接决定着劳动力的供给；而作为产品的最终用户，人口的数量和结构又决定了市场的规模与结构。因此，人口结构变化的时候将是组织进行创新的良好机会。

人口结构变化的因素包括人口的总量、收入构成、年龄构成、受教育的程度以及就业水平等，组织对这些人口结构因素进行分析，根据各种人口构成的统计资料来反映其变化趋势，有利于准确地创新。

六、新知识应用的时候

知识创新是指通过科学研究，包括基础研究和应用研究，来获得新的基础科学、技术科学和应用科学知识的过程，它是创新的基础，是新技术和新发明的源泉，是促进科技进步和经济增长的革命性力量。知识创新是为了追求新的发现、探索新的规律、创立新的学说、创造新的方法、积累新的知识，但是，这种创新无论是所花的时间，失败的概率，还是挑战的程度都是变幻莫测的。

由知识创新所产生的新知识不仅包括新的基础知识、技术知识，而且还包括更多的应用管理方面的知识。当这些新的知识已经产生，并且逐渐完善的时候，就要应用它，在应用中更好地抓住创新机会。网络计划技术是源于关键路线法（CPM）和计划评审法（PERT）两种新知识的创新应用。关键路线法是 1956 年美国的杜邦公司在对企业不同业务部门进行系统规划时制订的一套网络计划。这种计划借助于网络表示各项工作与各项工作完成所需要的时间，以及各项工作的相互关系，通过网络分析研究工程费用与工期的相互关系，组织可以找出在编制计划及计划执行过程中的关键路线。1965 年，著名的数学家华罗庚将网络计划技术引入我国，该技术在计划管理中得到了广泛的创新应用。例如，在某钢铁厂的高炉大修理计划中，该钢铁厂应用网络计划技术来进行大修理，比原计划提前 21 天完成。

9.2 创新职能的基本内容

创新是一种思想及在这种思想指导下的实践活动，是一种原则及在这种原则指导下的具体活动，这是管理的一种基本职能。因为管理系统是一个动态的系统，仅有属于管理“维持职能”的组织、领导和控制职能是不够的，还应该有能够随环境条件的变化而不断调整的“创新职能”。创新职能是管理系统中通过组织提供的产品或服务的更新和完善以及其他管理职能的变革和改进来证明其存在的。对于一个有活力的组织来讲，创新无时不在，无处不在。创新贯穿于各项管理职能和组织的各个层次之中，是各项管理职能的灵魂和核心。

随堂思考 9-7

创新与维持的关系如何？

对于一个管理系统而言，创新涉及许多方面的内容，但其基本的内容主要表现在观念创新、目标创新、技术创新、环境创新和组织创新等方面。

9.2.1 观念创新

观念影响并决定着人们的精神和素质，在相同的客观条件下，人的观念不同，主观能动性的发挥就不同，具体行为也就不同，产生的效果也就大不相同。

随堂思考 9-8

你想用脖子以上赚钱，还是用脖子以下赚钱？

观念创新实际上就是转变观念，要用能够适应新形势和新变化的新观念去代替已经跟不上形势发展要求的旧观念。观念创新是最重要的，也是最关键的创新，是其他一切创新的基本前提。如果没有观念创新，就不可能有更好的其他创新。在当今以市场经济和知识经济为主导的创新型社会，人们应该注重在思想观念、思维观念、市场观念、竞争观念、择业观念、人才观念、团队观念和实践观念等方面有所创新。观念的创新不仅影响和决定一个人的命运，而且也是一个国家、一个民族兴旺发达的不竭动力，思想解放、观念创新在任何时期都是经济发展的先声。

9.2.2 目标创新

不论是工作、创业，还是规划未来的生活，首先需要确定目标，然后才能围绕这个目标制订行动计划。如果没有明确的目标，行动就失去了方向和指引，往往导致行动偏离目标的方向或者不足以支撑目标的实现。但是，由于环境条件的变化、主观和客观因素的影响，目标的确定往往具有一定的瑕疵，如目标太模糊、太理想，甚至目标是错误的。例如，沈阳某公司曾拥有几个市场前景非常好的产品，公司业绩也很好，结果没过几年公司经营却很困难。原因在于公司当时的目标是追求利润最大化，并且没有在目标的确定上进行创新。当时有人提醒该公司要注意自己的理性化目标，如生存目标、双赢目标以及可持续发展目标等，结果该公司根本没有在意。

正确的、明确的目标是成功的前提，是力量的源泉。那么什么目标才算得上是正确、明确的目标呢？这就涉及创新职能的另一个基本内容——目标创新的问题。进行目标创新要把握以下几个方面的基本特征。

一、目标创新的方向性

目标创新的方向性是指确定的目标是否正确和清晰，是否适应环境、顺应趋势并具有明确的导向作用。例如，在今天的互联网时代，常常是“百度干了广告的事，淘宝干了超市的事，微博干了媒体的事，微信干了通信的事，支付宝干了银行的事，直销干了传统店面的事”， 这种明显“跨界”的目标创新，看似是外行干掉了内行，实则是趋势干掉了规模，创新战胜了保守。“跨界”的成功源于目标创新的方向是正确的，而目标创新的方向正确则得益于创新主体能够敏锐地把握趋势并顺势而为。

二、目标创新的挑战性和可达性

目标创新的挑战性和可达性是指确定的目标不能是轻易就可以实现的，也不能太难甚至是根本无法实现的。太容易实现的目标，容易使人产生惰性，不能调动人的积极性和创造性。太难实现的目标，可能会使人一开始就想放弃。因此，组织在进行目标创新时，要注意挑战性和可行性的结合。就如猩猩想把香蕉摘来吃一样，如果香蕉挂得太高，它看一眼转身就走；如果不太高，它就会努力想办法，最后跳一下，把香蕉摘来吃。

三、目标创新的系统性

目标创新的系统性是指确定的目标不应只是总目标或者目标框架，而应有具体的目标和完善的目标体系。犹如洋葱要一层一层地剥，目标也应一点一点地分段实现，最后组合起来形成完善的目标体系。在 1984 年的东京国际马拉松邀请赛中，一个名不见经传的日本人夺得了世界冠军，震惊了所有的人。记者采访时，他说：“我是凭智慧战胜对手的。”很多人不解，直到 10 年后他才在自传中揭开谜底。原来，他事先把 40 多千米的赛程分解成了若干段，并且找好标志，如第一个标志是棵大树，第二个标志是个红房子，第三个标志是一个小山丘，直到最后的标志。比赛开始后，每一段他都以百米冲刺的速度来跑，在一次又一次的成功到达之后，冲向最后一个目标。同样，在 2008 年的北京奥运会上，我国的不少金牌获得者在接受采访的时候几乎都说了同样的话：“开始没有去想获得冠军的事，只是想把每一个动作做好、发挥好，结果成就了梦想。”而有些一心想得冠军的运动员最终因压力过大而往往没有得到。

相关链接：哈佛大学的一项调查

四、目标创新的可量化性

目标创新的可量化性是指确定的目标不要定性化，而要定量化，包括时间的定量化，只有数字才能更好地说明问题。有一个青年人，他的人生目标是“这一辈子我要挣很多钱”。他的人生目标具有创新性吗？一辈子是多少年？10 年、20 年，还是 50 年？很多钱是多少钱？我国的一些大型企业的目标是成为世界级的知名企业，其目标同样没有在时间上进行量化，也没有在竞争地位上进行量化——如在世界500强中处于第几位。因此，组织在进行目标创新的时候，要尽量做到主观目标客观化，定性目标定量化，定量目标数字化，数字目标记录化。

9.2.3 技术创新

技术创新是指企业应用创新的知识和新技术、新工艺，采用新的生产方式和经营管理模式，提高产品质量，开发生产新的产品，提供新的服务，占据市场并实现市场价值。在这里技术创新已经不是单纯的技术概念，而是技术与经济结合的经济学范畴的概念，涵盖组织运行的全过程。技术创新是一项高风险的活动，同时又是一项高收益的活动。资料显示，如果一项技术创新活动有20%的成功率，那么组织就可以收回投资并且能够赢利，因此，许多组织都愿意并舍得在技术创新方面进行投资。技术创新主要包括要素创新、要素组合创新、产品与服务创新三大方面。

相关链接：
吉列公司

一、要素创新

参与组织活动的要素创新主要包括材料创新、设备创新以及人员创新3个方面。材料创新是指寻找新的材料来源，开发和利用成本更低的替代性材料，提高材料的质量，改进材料的性能等方面。例如，用鲨鱼皮生产的游泳衣对水的摩擦力比用普通材料生产的游泳衣的摩擦力要小得多。设备创新则表现在以下3点：第一，将先进的科学技术成果用于革新和改造原有的设备，以提高设备性能和延长设备寿命；第二，利用创新的新设备提高组织的自动化和机械化程度；第三，有计划地更新设备，以更经济的、更先进的新设备来代替陈旧的、过时的设备。人员创新是指组织应不断从外部吸纳高素质的人才，也应注重对组织现有人才的有效使用和继续培养，不断地对他们进行新知识、新技术的培训和改造，使之适应技术进步的要求。

二、要素组合创新

组织活动中的要素除了材料、设备和人员外，还包括市场、厂房等要素，要素组合创新就是利用一定的方式将不同的运营要素进行有机的组合，尤其是在时间和空间上加以创新，使得组合创新后的要素能发挥更大的效用。组织在运营过程中，充分利用不同空间的材料、设备、厂房、技术人员与管理人员等多种要素资源进行整合性的创新，就能够产生更大的效用。同时，在时间上进行整合创新，可以通过缩短运营的周期来提高各种要素的利用效率。很多组织都通过合作、兼并的方式来整合各种要素进行创新，这是一种行之有效的方法。例如，康佳集团为了更好地占领东北市场，并没有把在广东生产的产品运到东北地区，而是兼并了一家位于黑龙江的电视机企业，利用当地的厂房、技术人员、材料以及市场等多种要素，再结合自己在广东的各种优势要素来进行整合创新，从而有效地利用了两地的要素资源，取得了很好的效益。

随堂思考 9–9

请上网搜索“虚拟化经营”是什么意思？

三、产品与服务创新

各类组织要想保持长久的竞争力和旺盛的生命力，必须不断地组织并实现产品与服务的创新，不断地为客户提供新的产品与服务。产品与服务创新主要是指组织在产品与服务的结构、品种以及效用等诸多方面进行创新。结构创新是指组织通过改进结构，使产品与服务结构更合理、性能更高、使用更安全、操作更方便、更具有市场竞争力。品种创新要求组织根据市场需求的变化及时调整作业方案，开发受市场欢迎的、适销对路的产品与服务品种。而效用创新则是指组织通过了解客户的偏好，以此为依据改进原有产品，开发新产品，使产品能给客户带来更大满足，更受客户的欢迎和喜爱。

从新旧产品与服务的角度来讲，产品与服务创新主要包括旧产品与服务的改造和新产品与服务的开发两大方面，这两个方面是指对产品与服务的结构、性能、技术特征等方面进行改造、提高。产品与服务创新，既可以利用新技术、新原理开发出一种全新的产品与服务，也可以在原有产品与服务的基础上，部分采用新的原理、技术而开发出适合新用途、满足新需要的新一代产品与服务，还可以在原有产品与服务的规格、性能、品种、款式以及包装等方面进行创新。

对市场来说，大多数的情况下技术创新只是手段，只是为了实现产品与服务创新的一种手段，产品与服务创新才是目的。根据国内企业新产品研究开发的实践与经验，对国内外市场千姿百态的产品销售动向进行观察与分析，产品创新的发展方向主要包括以下方面。

1. 创新不同领域且相互融合的“复合型”产品

“复合型”产品，是指通过现有技术与高技术的融合，传统工艺与现代新技术的融合，自有技术与引进技术的融合，军用技术与民用技术的融合等，使原有产品具有新的使用性能和使用价值，从而成为“复合型”高新技术产品。例如，计算机与现代通信技术的融合产生具有各种新功能的信息技术产品。

2. 创新富有智能启发功能的“智力型”产品

“智力型”产品，是指创新产品的物质实体具有演唱、奏乐、模仿、计算、学习和对话等功能，能给人以智力启迪的产品。例如，智能点读机、英语学习机等就是具有很大诱惑力的“智力型”产品。

3. 创新融机电为一体的“机电型”产品

“机电型”产品，是指综合运用机械技术、电子技术和信息技术研制的机电一体化产品，它实现了机械装备的整体优化。具体创新的优先领域有数控机床及其他机械制造设备，例如，过程检测控制仪表、工业机器人，以及电子控制的轻工纺织、医疗器械等。具体创新的关键技术有检测传感、信息处理、自动控制、精密机械等。

4. 创新高效且低耗的“节能型”产品

高效、降耗、省料的“节能型”新产品的开发创新，是国民经济发展的迫切需要，一旦创新成功并被社会广泛采用，就会有令人瞩目的社会价值和经济价值。因此，应用节能新技术改造旧设备和发展“节能型”创新产品，是工业生产领域的一个永恒主题。

5. 创新普遍需要的“安全型”产品

企业对安全装置、设施和设备的需求日益迫切，开发创新“安全型”产品，确保劳动者安全、健康、舒适、愉快地劳动，以提高工作质量和劳动效率，是企业生产的普遍需求。例如，覆盖火区、迅速灭火并能预防瓦斯爆炸的矿井灭火装置，能为井下工人带来福音，具有很大的市场潜力。

6. 创新档次不同的“系列型”产品

“系列型”产品，是指以技术先进、功能完善、结构相近的名优产品为基型，通过优先升级、提高，形成具有新功能、能满足新需求的系列化产品。例如，近年来市场上涌现的用途相同而档次不同的监控系列化仪表、系列化家用电器、系列型汽车等都具有旺盛的需求。

7. 创新代表新技术发展趋势的“轻微型”产品

微电子技术的发展，加速了“轻微型”产品的开发创新进程，“短、轻、精”的创新产品一经问世即称雄市场，使“长、大、重、厚、粗”的老产品相形见绌。例如，我国创新推出的一批微型机床、微型耕作机械、微型收录机和微型矿用机具等，迅速获得市场的认可。它们是一种耗料少、运输方便、价格便宜，低投入、高产出的新技术产品，代表了创新产品发展的趋势。

8. 创新符合环境保护的“环保型”产品

当今世界，日益强烈的环境保护呼声已成为许多国家强化环保立法的推动力，作为抵制破坏环境的一项战略性手段，越来越多的国家开始重视发展“环保型”产品。为此，企业需要根据消费者的绿色消费意识尽早进行绿色产品的创新，方能驾驭未来的市场。

产品方面的创新除了以上发展方向，还有诸多的改进和更新方面的创新。产品创新的同时还伴随着诸多千姿百态的服务创新，未来竞争的关键不仅在于企业能创新什么产品，而且更在于企业能创新多少服务。例如，IBM 公司不仅创新了无数的 IBM 产品，而且公司的服务还是世界最佳服务的象征，形成了 IBM 这一代表最佳服务的品牌。

9.2.4 环境创新

环境是人类生存发展的物质基础和制约因素，环境的承载能力和容量是有限的，如果人类不考虑环境条件的限制，就会导致环境的污染与破坏，造成资源的枯竭和对人类的损害。环境问题的实质在于人类经济活动索取资源的速度超过了资源本身及其替代品的再生速度，以及向环境排放废弃物的数量超过了环境的自净能力。在环境科学中，一般认为环境是指围绕人类的空间以及可以直接或间接地影响人类生存和发展的各种自然因素和社会因素的总称。相对于地理条件、资源状况、基础设施、基础条件等因素组成的硬环境而言，思想观念、文化氛围、体制机制、政策法规及政府的行政能力水平和态度等因素所形成的软环境才是人们应该特别重视的。

人们不仅能适应环境，而且还能开发和利用环境，甚至还能改造和创新环境，使环境更加适应人们的生存和发展要求。实践证明，一个地区的环境是否优化、是否宽松，直接关系到生产要素能否聚集、人才能否聚集、人们的积极性能否发挥，直接关系到一个地区、一个部门的生存和发展。环境创新是一个综合的概念，既要有产业环境、居住环境、交通环境、商业环境等硬环境的创新，又要有政策环境、服务环境、信用环境、商务环境、法治环境、舆论环境等软环境的创新。

对于组织而言，环境既是组织生存与发展的基础和土壤，同时也制约着组织的生存与发展。组织环境创新不是指组织为了适应外界环境的变化而调整内部结构或者活动，而是指通过组织积极的创新活动去改造、改善环境，去引导环境朝着有利于组织生存与发展的方向变化。

9.2.5　组织创新

组织创新是指组织中的管理者和其他成员为了使组织系统适应外部环境的变化，或者满足组织自身内在成长的需要，对组织内部各个子系统及其相互作用机制，或者组织与外部环境的相互作用机制进行创新性的调整、开发和完善的过程。具体来说，组织创新是通过调整与优化各项管理要素，如人、财、物、时间、信息等资源的配置结构，来提高现有管理要素的效能。

企业的组织创新可以包括新的产权制、用工制和管理机制，企业兼并和战略重组，对企业重要人员实行聘任制和选举制，企业人员的调整与分流等。企业组织创新的方向就是要建立现代企业制度，真正做到产权明晰、权责明确、政企分开和管理科学等 4 个方面。而企业组织创新的内容就是要全面系统地解决企业组织的结构与运行，以及企业间组织联系方面所存在的问题，使之适应企业发展的需要。组织创新的主要内容表现在以下几个方面。

一、职能结构的创新

职能结构的创新的主要思想是走专业化的道路，分离由辅助作业、生产与生活服务、附属机构等构成的企业的非生产性主体，发展专业化社会协作体系，精简企业生产经营体系，集中资源强化企业核心业务与核心能力。同时，企业还应加强对市场调研、技术开发、产品开发、市场营销和用户服务等环节的创新。

二、组织体制的创新

组织体制是指以集权和分权为中心，管理者要全面处理企业纵向各层次，特别是部门同上下级部门之间权、责、利关系的体系。在进行组织体制的创新时，应注意以下 3 个方面的问题。第一，要在企业的不同层次，正确设置不同的经济责任中心，包括投资责任中心、利润责任中心、成本责任中心等，消除因经济责任中心设置不当而造成的管理过死或管理失控的问题。第二，突出生产经营部门的地位和作用，管理职能部门要面向一线，既管理又服务于一线，从根本上改变管理部门高高在上，对下管理过程中指挥监督多而服务少的传统结构。第三，基层实行管理中心下移，这一层次在较大的企业中还可分为分厂、车间、工段、班组等若干层次。企业可以借鉴其他优秀企业的先进经验，调整基层的责权结构，将管理重心下移到工段或班组，推行作业长制，生产现场发生的问题由最了解现场的人员在现场迅速解决，从组织上保证管理质量和效率的提高。

三、机构设置的创新

机构设置是指管理者要考虑横向上每个层次应设置哪些部门，部门内部应设置哪些职务和岗位，怎样处理好他们之间的关系，以保证彼此间的配合协作。创新的方向是推行机构综合化，在管理方式上确保每个部门对其管理的业务流程，能够做到从头到尾、连续一贯的管理，达到物流畅通、管理过程连续。具体做法就是把相关性强的职能部门归并到一起，做到一个基本职能设置一个部门，一个完整流程设置一个部门；另外，机构设置还应从领导岗位开始，推行领导单职制，即企业高层领导尽量少设副职，中层领导和基层领导基本不设副职。

四、横向协调的创新

横向协调的创新主要体现在以下 3 个方面。第一，实行相关工序之间的指挥、服从以及自我协调。第二，管理者在设计各职能部门的责任制时，对专业管理的接合部和边界处，有意识地安排一些必要的重叠和交叉，有关科室分别享有决定、确认、协助、协商等不同责权，以保证同一业务流程中的各个部门能够彼此衔接和协作。第三，针对大量常规性管理业务，管理者在总结先进经验的基础上制定制度标准，并大力推行规范化管理制度。

五、运行机制的创新

建立企业内部的价值链，把上下工序之间、服务与被服务的环节之间，用一定的价值形式联结起来，相互制约，力求降低成本、节约费用，最终提高企业整体效益。废除原有自上而下进行考核的旧制度，按照价值链的联系，实行上道工序由下道工序考核、辅助部门由主体部门评价的新体系。

六、跨企业联系的创新

除了考虑企业内部组织结构及其运行方面的内容外，管理者还要考虑企业外部相互之间的组织联系问题，重新调整企业与市场的边界，重新整合企业之间的优势资源，推进企业间组织联系的网络化，这是企业组织创新的一个重要方面，如 ERP 的创新应用以及虚拟化组织的创新应用等。

组织创新是一个系统过程，它不仅会受到组织内部个体特征、群体特征和组织特征的影响，还会受到整个社会经济环境的制约。组织创新行为又会直接影响组织绩效，包括市场绩效、竞争能力、赢利情况、员工的态度等。同时，组织创新是一个渐进的过程，往往从技术与产品开发入手，逐步向生产系统、销售系统、人力资源、组织结构发展，进而进入战略与文化创新领域，表现为一种渐进创新的过程。一般来说，组织创新应该遵循以下原则。

第一，一致性原则。“一致性”是指各要素之间的相互匹配，换言之，就是各要素之间要避免出现“自相矛盾”的情况。这种一致性不但包括组织结构、企业文化和制度设置等宏观方面的一致性，而且还包括各微观要素之间的一致性，如员工的举止规范与企业形象的一致性，核心价值观与管理制度之间的一致性。

第二，进步性原则。“进步性”是指组织的使命定位和价值取向是否符合历史发展的潮流，是否遵循与组织属性相关的法律法规，是否遵循人性的价值及其诉求。不少企业在创立伊始就拥有先进的设备和充足的资金，但是，企业因为组织创新能力偏弱，缺乏进步性，最终走向衰落。只有创新的组织才是有生命力的组织，只有创新的组织才能由弱小走向强大、由被动走向主动、由困境走向辉煌。

第三，本土化原则。任何组织都会面临“落地生根”的问题，“空中楼阁”是没有生命力的。因为组织的核心构成要素是人，而人的基本属性是社会性，人的社会性当然与其所处的特定的社会环境密不可分。即使是同一种管理思想，甚至是同一种管理工具，在不同的国家，不同的企业，产生的效果都是不一样的。

第四，导向性原则。组织的导向决定着全体成员的注意力，组织的导向经历了一个从生产导向、产品导向、促销导向、营销导向到服务导向的发展历程。组织必须根据自身的使命或战略确定明确的组织导向，处于不同的业态、竞争环境和市场地位中的组织需要不同类型的导向。同样，不同导向的组织形态会决定组织的注意力、财力和人力的投向，以及不同信息在组织内的传导方式和处理方式。

组织创新决定了一个组织的基本框架和发展的潜力，它决定了一个组织未来的命运，时时刻刻影响着组织发展的过程。一个结构混乱的组织可能导致职责不清，工作混乱；而一个结构理性、清晰，又时刻充满了创新精神的组织，就如同一个过滤器，会自动地解决组织中的一些小问题，从而使组织以良性的方式自动成长。所以说，组织创新可以使一个组织成为自动成长的生命体。

随堂思考 9–10

请为一家只有 10 个员工的新型网络研发公司设计组织结构，讨论这家公司最适合采用哪种类型的组织结构。

9.3 创新的过程和模式

9.3.1 创新的过程

处处有创新，人人能创新，但是在人们的实际生活、学习和工作中常常又是“处处无创新，人人不创新”，很多人认为创新离我们太遥远，创新有太多的困难。其实，这是对创新的一种误解。这些人没有掌握创新的一般规律和过程，可能是把创新看成一个结果，而没有把创新看成一个过程。创新往往不是一有好的点子，或者只要一行动，就能有一个好的结果的，而是需要一个循序渐进的、科学合理的、持之以恒的过程。总结众多成功创新的经验可知：成功的创新需要经过培养创新意识、寻求创新机会、提出创新构想、制订创新方案、迅速行动和坚持忍耐等过程。

一、培养创新意识

创新意识是指创新的愿望和动机，是人们根据社会和个体发展的需要，引起创新前所未有的事物或观念的动机，并在创新活动中表现出的意向、愿望和设想。如果没有这种创新意识，或者这种意识不够强烈，人们就不可能产生创新活动。因此，培养创新意识是创新活动的首要环节，是创新活动的第一过程。人类意识活动中的一种积极的、富有成效的表现形式，是人们进行创新性活动的出发点和内在动力，它以感知、记忆、思考、想象等能力为基础，体现着智力品质的综合性，并表现出目的性、探索性、求新性和超越性等基本特征。创新意识是创新性思维和创造力得以发挥的前提条件，具有创新意识的人才能对已积累的知识和经验进行科学的加工创造，产生新知识、新思想、新概念、新成果或新产品。

二、寻求创新机会

创新机会主要表现在意外发生的时候、不协调的时候和流程不畅的时候等，这些时候都是人们寻求创新的契机。当然，除了在这些时候要把握住创新的机会，人们在日常的生活和工作中遇到的一些不正常的事件甚至是正常的事件，都有可能是创新的机会。只要人们具有创新意识和创新观念，时刻做一个有心之人，就有可能发现创新的机会。

三、提出创新构想

寻求到创新的机会，发现了各种变化和需求的时候，人们就要透过现象去分析原因，并据此来分析和预测这种现象背后的变化和需求趋势，估计这种趋势可能带来的消极或者积极的东西，以便利用好这种趋势，从而提出符合实际的构想。这种构想的方向性、层次性、新颖性等方面都要体现创新的思想。

四、制订创新方案

提出的创新性构想一般只是粗略的框架，要想把这种构想变为现实，还要进一步制订具体可行的方案。方案应尽量细化，就所涉及的人、财、物、时间、信息、技术以及市场等多个方面进行计划、创新和论证。

五、迅速行动

不管是好的创新构想，还是完善、具体的创新方案，都必须付诸行动才有意义。只有通过具体的实践行动才能检验提出的创新构想是不是好的、制订的创新方案是不是具体和完善的。一般来说，再好的构想和方案都不可能是十全十美的，如果在提出构想或者在制订方案的时候就一味追求完美，而不是迅速行动，就很有可能坐失良机，错过创新的机会。

六、坚持忍耐

创新的过程往往是在行动中不断尝试、不断完善、不断提高，甚至是不断失败的过程。创新行动往往不是一帆风顺的，有可能会因为各种各样的主观和客观因素的影响或者限制而造成创新行动的缓慢推进甚至是失败。此时，管理者必须要有足够大的信心和较强的耐性，能够正确对待创新活动中出现的失败，具体深入地分析原因，采取必要的纠正和预防措施，减少失败或者消除失败后的影响。要知道创新的成功在很大程度上往往取决于最后的坚持。

随堂思考 9-11

你进行过自我超越方面的修炼吗？

9.3.2 创新的模式

创新的过程涉及一系列的活动，所有的活动都是相互联系的。创新模式表述了创新过程中这些创新活动或创新要素的联系与制约关系。自20世纪60年代以来，国际上先后出现过一些具有代表性意义的创新模式。

一、技术推动的创新模式

在早期阶段，人们对创新过程的认识：研究与开发或科学发现是创新的主要来源，技术创新是由技术成果引发的一种线形过程。这一过程始于研究与开发，经过生产和销售，最终将某项新技术产品引入市场，市场是研究与开发成果的被动接受者。这种技术推动的创新模式首先包括基础研究、应用研究与开发、生产和销售以及市场需求，然后再由市场的需求来促进基础研究。实际上，许多根本性的创新确实来自技术推动，对技术推动的认识会激发人们的创新意识，特别是新的发现或新的发明。

二、需求拉动的创新模式

需求拉动也称市场拉动。需求拉动的创新模式认为，在创新过程中，市场需求是研究与开发构思的来源，市场需求为产品和工艺创新创造机会，并激发为之寻找可行的技术方案的研究与开发活动；创新是市场需求引发的结果，市场需求才是推动创新的原动力。需求拉动的创新模式首先包括市场需求、消费信息反馈、研究与开发，然后再由市场需求推动生产。由于消费者需求变化的多样性及对其进行准确预测的难度，尽管市场需求可能会引发大量的技术创新，然而这些创新大都属于渐进性的创新。

三、一体化创新模式

一体化创新模式不是将创新视作从一个职能到另一个职能的序列性转换过程，而是将其看作同时涉及创新构思的产生、研究与开发、设计、制造与市场营销等环节的并行的全面过程。一体化创新模式强调创新过程中全部要素的参与以及所有创新要素之间存在的关系，在此基础上进行整合创新。创新的过程有可能划分为多个不同的阶段，而各个阶段之间常常由不同的职能小组或职能部门来完成特定的创新任务，这些小组或职能部门之间一般存在着一定的界限。这些界限很有可能对整体创新过程造成协同障碍，从而在一定意义上影响或制约创新的效率。

随堂思考 9-12

一体化创新模式中的“一体化”应怎样理解？

四、持续创新模式

持续创新模式是指在根本性创新产生以后，特定产业中各类型创新的分布形式以及创新对产业成长的作用方式。创新的分布形式是创新产品在生命周期的不同阶段，各种创新及其后续创新之间的数量、强度及其频率。1973年，美国哈佛大学的阿巴纳希教授和麻省理工学院的阿特拜克教授通过以产品创新为主的持续创新过程的分析与研究，发现企业的创新类型与创新程度在一定程度上取决于企业和产业的成长阶段。他们把企业创新的演化进程划分为3个阶段，即不稳定阶段、过渡阶段和稳定阶段，并将这一创新、演化进程与产品生命周期联系起来，提出了描述以产品创新为中心的产业创新分布形式的创新模式。这一创新模式表明：以产品创新为主的持续创新过程是产业内的企业在产品设计、生产工艺和企业组织等方面，从无序到有序、从离散到高度整合状态的转换过程。其创新过程中的各阶段在竞争重点、创新激励、创新类型、生产方式、生产工艺和组织管理等方面都显示出各自不同的特点。

五、能力创新模式

能力创新模式强调：为了应对整合的需要，组织必须能够在现有的流程之外发展出一种新的模式，以便从整体、系统和动态适应性的角度来打造企业的核心竞争力。组织的能力是由多种不同的能力要素所构成的综合体，这些能力要素主要包括战略与策略、财务状况、流程系统、人力资源系统、无形资源系统、技术与组织结构、系统外部环境等。只有当所有这些能力要素能够形成某种有机整合机制时，才能构建一个组织的综合竞争优势。能力创新的关键在于：组织能够把每种能力要素都深度开发出来，并且能够同时形成一种合理的能力结构。实际上，创新能力的结构复杂度越高，组织从能力创新中得到的创新价值就越大。

六、重新创新模式

在知识经济时代的创新型社会中，各类组织或者个人都处于一个高度动态的、复杂的和充满替代性的竞争环境之中，差别化的优势对所有的组织来说都是关键的制胜法宝。然而，组织想要取得差别化的优势并不容易，新产品可能很快被竞争对手模仿并将其运用于市场竞争。为了防止被学习或者模仿，组织要形成自身的快速反应能力，打造高度柔性的结构流程。因此，重新创新模式就成为当今各类组织都竭力追求的创新模式，这种模式的基本思路就是重新思考、重新组合、重新定序、重新定位、重新定量、重新指派和重新构建。只有这样，组织才能使竞争对手永远慢一步，从而使自己立于不败之地。

本章内容小结

本章主要从创新的基本理论、创新职能的基本内容以及创新的过程和模式3个方面来讲述了创新的相关知识和应用。介绍了创新的内涵和本质，创新思维的特征以及创新思维的培养原则；创新机会一般体现在意外发生的时候、不协调的时候、流程不畅的时候、结构变化的时候、人口变化的时候以及新知识应用的时候；创新职能的基本内容包括观念创新、目标创新、技术创新、环境创新以及组织创新；创新的过程包括培养创新意识、寻求创新机会、提出创新构想、制订创新方案、迅速行动以及坚持忍耐等方面；创新模式方面具体介绍了国际上先后出现的一些具有代表性意义的创新模式。

案例思考

支付创新

支付宝，一个很成功的创新案例。

当年，淘宝发展迅速，但是存在没办法交易的问题，而且网上诚信现状促使阿里巴巴必须解决支付的问题。“什么让你创新和做出对未来的决定？那是使命。”所以阿里巴巴做了“支付宝”。

支付宝的模式其实也谈不上创新，就是“中介担保”。客户想买一个包，但不相信商家，不敢把钱汇过去，就把钱放在支付宝里面。客户收到包后，满意了，“中介”就把钱汇过去，不满意就通知“中介”把钱退回去。学者们在谈到这种想法时，都说：“这太愚蠢了！这个东西几百年前就有了。早就被淘汰了，为什么还要做？”阿里巴巴不想去创造一种新的商业模式，只不过是为了解决很现实的问题。到今天为止，支付宝的用户已经突破 10 亿人。

阿里巴巴从来不谈“模式的创新”，因为阿里巴巴旗下的每个公司都无法在创业第一天就被规划出成型的样式。阿里巴巴的模式是“需求”出来的：根据客户需求来调整自己，甚至客户要什么，阿里巴巴就调整成怎样。

思考题：

（1）你认为支付宝的创新体现在哪些方面？

（2）你认为阿里创新思想的核心是什么？

管理者价值点分享

1. 要不断鼓励崭新的思考方式。
2. 唯一持久的竞争优势，也许就是比你的竞争对手学习得更快的能力。
3. 顾客是重要的创新来源。
4. 脑力激发出的意见，就算不采用，亦不可轻视。否则，会打击人的积极性，创意的流动也会因此停止。
5. 可持续竞争的唯一优势来自超过竞争对手的创新能力。
6. 创新是做大公司的唯一出路。
7. 可以提倡周边想法，但要以合逻辑的方式发展。

推荐阅读：跳蚤效应

练习与应用

第 9 章练习与应用

第 10 章 管理的基本原理和方法

学习目标

知识目标：了解管理方法的含义与类型。

素质目标：培养学生形成科学管理、系统管理的管理思维，使学生具备实事求是、理论联系实际的管理素养。

技能目标：培养运用管理的基本原理分析实际问题的能力。

能力目标：学会运用管理的基本方法分析管理问题。

开篇故事

木桶效应

木桶效应借用木桶形象地描述系统论思想：木桶代表系统，每块木板是一个子系统。当木板长短不齐时，木桶盛水量的多少，显然取决于最短的那块木板，而并不取决于最长的木板，因此木桶效应也叫短板效应。这就告诉我们系统论的一个基本道理：单一子系统最优，并不代表整个系统最优，整个系统功能的发挥往往受制于劣势子系统；子系统同步发展、动态均衡才有利于系统总体功能的实现。然而，即便木板质地优良且长短平齐，但如果木板之间存在缝隙，木桶中的水同样会漏掉。可见，它同时还说明这样的道理：子系统必须紧密配合、互动，才可能更好地实现系统总体功能。

互动游戏

搭积木

形式：选出 6 位同学，分成 3 组，每组 2 人。
道具：3 盒积木。
时间：30 分钟。

活动目标

比较不同的管理风格。

操作程序

（1）每个小组中的一个人是主管，另一个人充当下属。每个主管按照发放的材料（主管的卡片）内容指挥下属，下属按主管的指示进行操作。

（2）小组 A 上台，主管 A 指挥下属活动。

（3）询问其他同学“主管 A 是如何领导下属的”。

（4）小组 B 上台，主管 B 指挥下属活动。

（5）询问其他同学“主管 B 是如何领导下属的”。

（6）小组 C 上台，主管 C 指挥下属活动。

（7）询问其他同学“主管 C 是如何领导下属的。”

（8）教师把发给主管们的材料与黑板上记录的学生的回答一一对比，并进行归纳、总结。

（9）由学生举手表决，选出最受欢迎的管理风格。

游戏规则

（1）主管 A 实行直接管理的方法，每一步都要给予特别、详尽的指示，不允许下属做任何独立的决定。

（2）主管 B 只是简单地陈述要做什么，不需要提供任何进一步的指导和反馈，下属可以做任何他想做的事。

（3）主管 C 为下属描述他需要做什么，让下属自己尝试各种技巧，必要的时候给予正确的反馈。

学习内容

10.1 管理的基本原理

管理原理是对管理活动及其运动规律的概括，是对管理活动和管理过程的内在本质的反映，因而对组织的管理活动具有普遍的指导意义。管理学的基本原理主要有以下几个。

10.1.1 系统管理原理

一、系统的概念及其分类

系统是指相互联系、相互作用的若干要素的复合体。系统中的要素与系统整体具有不可分离性。要素离开系统整体，就失去了存在的环境和意义；系统若缺乏相关要素，就失去了活力和效率，甚至导致瘫痪与崩溃。系统是复合体而不是组合体，构成系统的各要素有机地统一于一个系统中。每个系统都存在于某个环境中，这个环境就是它生存的大系统。

比如人体、组织、企业、国家等，都是系统，具备若干要素，各个要素间相互作用才能使系统健康地生存、良性地发展。

很多事物都是以系统的形式存在的，根据存在方式不同可将系统划分为以下几类。

（1）封闭系统与开放系统。这是按照系统与周围环境有无交换关系划分的。封闭系统是指那些与外界环境只有能量交换，但没有物质交换的系统；开放系统是指与外界既有能量交换，又有物质交换的系统。

（2）自然系统与人造系统。这是按照系统的要素属性划分的。自然系统是由自然物组成的系统，它是自然形成的，是人造系统的基础。人造系统是人创造的系统，它又可以分成三类：一是工程技术系统；二是组织管理系统；三是科学技术系统。人造系统又称为社会系统，管理中研究的系统是人造系统。

（3）静态系统与动态系统。这是按照系统的状态是否随时间变化来划分的。静态系统是系统的状态参数不随时间改变的系统；动态系统是系统的状态随时间改变的系统。静态系统是动态系统的基础。

小资料：现代社会分工的类型

现代社会大致按下列4种类型进行分工。

（1）按社会功能进行专业化功能分工。现代社会是按照事物的社会功能及固有规律来进行分工和组织的。政治、经济、立法和司法、工农兵学商、科学实验等社会活动各成体系，同时各个体系构成也是有分工的，并且分工日益精细。

（2）按自然资源特点进行专业化区域分工。自然资源是生产力的重要构成，它的分布是不以人们的意志为转移的。现代管理只能且必须顺从自然规律，才能充分有效地利用自然资源，创造更大的生产力。

（3）按产品及其构成进行专业化生产分工。现代工农业产品正以惊人的速度增长。这些产品不可能由一个企业、一个部门来进行生产，必须实行专业化，以达到技术上精益求精的效果并且这种专业化生产已不是生产“成套机组”，而是更多地生产“零部件”。

（4）按作业程序进行专业化作业分工。这类分工正日益在生产和科研的不同层次内深入进行。现代企业不再是传统意义上的工厂，而是包括市场预测系统、研究开发部、生产工厂、技术服务和销售系统等的现代化企业。

二、管理系统的特征

管理系统是人造系统，它具有以下几个特征。

1. 目的性

每个系统都有明确的目的，而且通常只能有一个目的。不同的系统有不同的目的，没有目的的系统是不应当存在的，目的不明确或者混淆了不同目的系统，都必然导致管理的混乱。这是系统设计中一个非常重要的问题。例如，企业经营系统在限定的资源和现有职能机构的配合下，它的目的是达到规定的质量、成本和利润指标等。系统的目的决定着系统的功能性质。系统功能一般是通过同时或顺次完成一系列任务来实现的。这些任务的完成，其结果就是系统功能中间的或最终的目的。因此，有步骤地分析、规划和设计各系统的任务，以实现系统总目标，这是管理系统的重要内容。

2. 集合性

管理系统至少是由两个或两个以上的可以相互区别的要素或部分所组成的。集合性又称为分离性，即一个系统可以分离出能独立存在的两个或两个以上的组成要素。这里所说的“相互区别”和“独立存在”是指各个要素或部分各自具有的特性以及在系统中发挥的独立功能。在工业企业中，各种各样的厂房、设备、工具、原材料、燃料、加工制品、工人、技术员、管理人员以及各种各样的信息、数据、指标、报表、规章制度等，都是组成工业企业的基本要素，它们在这个系统中以自身的特征和功能相互区别。

3. 相关性

相关性是指管理系统中的各个要素或部分都是相互联系、相互作用的。例如，工业企业的生产、技术、经营过程中的各个要素之间存在着相互联系、相互作用的关系，因而可以组合。从生产过程来看，原材料的供应——供应部门，原材料的加工——加工车间，工件的处理——热处理及表面处理车间，机件的组装——装配车间和产品的检验车间，产品的销售——销售部门，还有动力供应——机动车间，工具的加工——工具车间，以及后勤保障、思想政治等部门都是相互关联的。因此，管理者必须了解和掌握管理系统中各要素之间或部分之间的相关性。

4. 层次性

系统作为一个相互作用的总体，它有着一定的层次结构，并分解为一系列的分系统。分系统的功能是系统功能的一部分。各个分系统本身又是由更小的要素组成的，这样，系统、分系统和要素就构成了一个阶层结构。这个阶层结构应当体现出目的性、集合性和相关性，从而构成系统的骨架。

5. 整体性

整体性是指具有独立功能的各个系统和要素之间必须有逻辑地统一和协调于系统的整体之中，即对任何一个要素的研究都不能脱离整体，对要素间的联系和作用也不能脱离整体的协调去考虑。脱离了整体，各个要素的机能和要素间的相互作用也就失去了意义。

系统中的各要素的相互作用也一定要服从于系统的整体目的。只有在发挥整体功能的基础上展开各要素及其相互之间的活动，才能形成系统整体的有机行动。这就是管理系统的功能应具有的整体性。

6. 环境的适应性

任何一个管理系统都处于一个更大的系统之中，它的存在和发展都受外界环境和客观条件的制约，因此必须具有对环境的适应能力。工业企业是一个通过资源的获得和产品的销售与外界发生联系的系统，受整个社会经济环境的影响，工业企业必须使自己的活动（产品）与社会经济活动协调一致、密切衔接，才能适应市场经济的要求和变化，进而推动自身的发展。

三、系统管理的基本原则

组织根据系统原理进行管理时，在实践活动中应遵循如下原则。

1. 整分合原则

现代高效率的管理必须在整体规划下明确分工，在分工基础上有效地综合，这就是管理的整分合原则。这里，整体观点是个大前提，不充分了解整体及其运动规律，分工必然是混乱而盲目的。但是分工是关键，没有明确分工的管理系统只能是混沌的、原始的，构不成现代有序的系统。协作是以分工为前提的，没有合理的分工，也就没有协作，在合理分工的基础上使组织严密有效地协作，才是现代化的科学管理。

分工并不是现代管理的终结，分工也不是全能的，它会带来许多新问题。分工特别容易在时间和空间、数量和质量等方面造成脱节，因此，系统必须采取强有力的组织管理，使多方面同步协调，有计划地按比例综合平衡发展，才能创造出现代化的科学生产力。在合理的分工下如果系统没有强有力的组织管理，其效能也是不高的。

2. 相对封闭原则

在任何一个系统内，其管理手段必须构成一个连续封闭的回路，才能形成有效的管理运动，从而使组织自如地进行管理。

相关链接：系统管理方法

一个管理系统可以分解为决策中心、执行机构、监督机构和反馈机构。由决策中心（指挥中心）为管理的起点，决策中心的指令一方面通过执行机构去贯彻执行，同时又发向监督机构，由其监督执行情况。指令执行效果输入反馈机构，反馈机构对信息进行处理，比较效果与指令的差距，将其返回决策中心（指挥中心），便形成了管理的封闭回路。管理运动在封闭回路中不断往复，从而推动管理运动不断前进。如果管理系统缺少反馈机构，那么反馈的职能只能由执行机构代为行使，变成自己执行自己检查。

10.1.2 人本管理原理

相关链接：人本管理方法

一、人本管理概述

人本管理是指一切管理均应以调动人的积极性、做好人的工作为根本，即以人为本。

人本管理原理要求每个管理者必须从思想上明确，要想做好整个管理工作，要想管好物、财、时间、空间和信息等，都必须紧紧抓住做好人的工作这个根本，使全体员工明确整体目标、自己的职责、工作的意义、相互关系等，从而能够主动地、积极地、创造性地完成自己的任务，这就是人本管理原理的基本思想。管理者必须端正自身在企业中的位置，要依靠员工，要多考虑如何能给员工以相应的自主权，把他们的积极性、聪明才智充分发挥出来，而不是满脑子的“管人”。

现代管理思想把人的因素放在第一位，强调注意处理人与人的关系，发挥人的自我实现精神和创造才能。实践证明，一旦发挥和调动了人的主观能动性和积极性，就可以发挥人的70%的才能；如果一个人被动地生产和工作，就只能发挥才能的20%～30%。因此，现代管理科学把人本管理的研究列为它的核心内容，强调以做好人的工作为根本。实践证明，人的能动性发挥的程度越高，管理的效应就越大；反之，管理的效应就越小。

二、人本管理的基本原则

1. 能级原则

能是做功的本领，按其大小排列成阶梯状就是能级。这是物理学上的概念，它在现代企业管理中也存在。能量有大有小，能量大代表着干事的本领大。能量可以分成能级，分级就是建立一定的秩序、一定的规范、一定的标准。企业的机构、人都是有一定能量的，要根据能量大小对应分级，使管理有一定秩序、标准和规范。

2. 动力原则

动力原则是指管理者必须有强大的动力，而且要正确运用动力，才能使管理持续而有序地进行。动力原则在很大程度上决定了其他原则的效能。能级原则必须有充分的能源才能实现，没有强有力的动力制约因素，能级可能蜕变为封建等级制度。人才辈出，人尽其才，只依靠良好的意愿是不能实现的，只有某种动力因素迫使管理者非用人才不可，才能真正做到不拘一格选拔人才。

动力原则要求管理者注意几个问题：一是要加强教育培训，提高员工思想政治觉悟、文化技术水平，从而使其产生正确的动机和行为；二是物质动力、精神动力和信息动力要配合使用；三是要正确认识和处理个体与集体动力的辩证关系，因势利导，结合平衡；四是运用动力要重视“刺激量”，动力靠刺激产生，刺激有正有负，其量必须适当，要使其与员工承担的任务相适应，并逐步增大。

小资料：现代管理中动力的分类

现代管理中将动力分为三大类。

（1）物质动力。辩证唯物主义告诉人们，物质是第一性的，物质的存在决定人们的意识。物质动力是根本的动力，物质动力不仅是物质刺激，更重要的是经济效益。经济效益是检验管理实践的标准，是现代管理的灵魂。现代社会化大生产主要依靠科学技术推动，创造性的脑力劳动日益重要，并将成为社会的主要劳动方式。尊重知识、尊重人才将是现代管理日益重要的课题。脑力劳动具有创造性、连续性和复杂性的特点。不重视物质动力或者物质动力运用不当，就会受到恶化的物质后果的惩罚。当然，物质动力不是万能的，使用不当就会带来副作用。因此，除了用物质的办法来解决物质的问题外，还必须充分发挥其他两种动力的作用。

（2）精神动力。精神动力主要是指思想教育、日常的思想政治工作、精神奖励、信仰和理想等。

精神动力是客观存在的。管理是人的活动，人有思想、有精神，必有精神动力。精神动力不仅可以补偿物质动力的缺陷，而且具有巨大的威力。一个先进集体，为了共同的荣誉，团结战斗；一个劳动模范、先进工作者，为了赢得荣誉，忘我工作，为社会做出巨大贡献；无数科学家为了寻求科学真理，不慕富贵，研究发现科学定律，为后人所敬仰。在特定条件下，精神动力可以成为决定性的动力。

（3）信息动力。从管理角度看，信息作为一种动力，有超越物质动力和精神动力的相对独立性。信息是关于事物运动状态的表达。信息不是事物本身，而是人们对事物及其运动状态认识的反映和描述。信息向人们展示的是认识和智慧。人类进入现代社会，已远远不同于历史的“昨天”和“前天”。信息和效率已成为时代的特征。我们面临的新技术革命，其核心可以说是信息革命。信息给管理以不断发展的模式，使之日臻完善；信息给人以智慧，激发其创造力。可以说：信息+管理+人才=最大的创造力。

10.1.3 动态管理原理

一、动态管理概述

动态管理是指任何管理系统都受多种因素影响，管理系统处于不断发展变化中，因此要注意其动态特征，遵循在动态中进行管理的规律。动态管理的管理对象是某个系统，管理目的是实现最佳效益。任何系统的正常运转，不但受系统本身条件的限制和制约，而且还受有关系统的影响和制约，随着时间、地点和人们努力程度的不同，系统都在不断发生变化，管理者必须遵循在动态中做好管理工作的原理。动态管理原理要求每个管理者必须从认识上明确：管理的对象和目标在发展、变化，不能一成不变地看待它们，必须把握管理对象复杂多变的特点，注意收集信息，进行调节，保持充分的弹性，以适应客观事物带来的各种可能的变化，有效地实行动态管理。

管理系统的静止是相对的，运动是绝对的。第一，管理的要素包括管理者、被管理者和环境，三者都会受各种因素的影响；第二，管理组织要受各要素、各部分结合方式及目的的影响和制约，是一种特殊的动态系统；第三，管理活动的劳动对象、劳动资料等会随社会化生产和科技发展而变化；第四，管理活动的场所和时间也具有动态性；第五，管理的信息在生产经营过程中不断产生、传递、反馈；第六，管理系统是开放系统，与外部环境联系紧密，企业外部环境是不断变化的；第七，管理过程本身也处于不断运动中。所以，企业管理是在运动中进行的。

管理的运动是振荡的运动，要求管理者预先采取措施，使振荡幅度尽可能小，从而产生更大的前进力；而且企业管理一定要形成竞争优势，推动企业发展。市场经济是竞争经济，不进则退，静止是没有生命力的。所以，管理者要根据系统的开放性、不平衡性特征，在企业内部、外部主动积极地提倡、参与竞争，这样才能使企业在动态中生存和发展。

二、动态管理的基本原则

1. 弹性原则

动态管理必须留有余地，管理者应及时适应客观事物各种可能的变化，才能有效地实现动态管理。管理的弹性原则是由管理系统的特性所决定的。

（1）管理所面临的问题，从来不是单因素或少因素的，而总是多因素的。这些因素之间存在千丝万缕的联系，如同蛛网交织。而管理决策总是合力的结果，任何一个领域或地域的社会、经济、科技、生态的管理，涉及成千上万个因素。然而，在现实的管理中，人们要完全掌握所有的因素是不可能的。一个卓越的管理者，决不能认为自己的决策完全正确，管理必须要留有余地。

（2）对于科学的研究，特别是自然科学的研究，总要想方设法排除次要因素，力争抓住主要因素。做科学实验，总是把其他一些因素固定起来，而去探求主要因素之间的因果联系和变化规律。创造理论也往往都首先给出假定和边界限制，才能得出相应的结论。恩格斯在《自然辩证法》中说："为了了解单个的现象，我们就必须把它们从普遍的联系中抽出来，孤立地考察它们，而且在这里不断更替的运动就显现出来，一个为原因，另一个为结果。"然而，管理却永远处在实际的和普遍的联系之中，管理者对各方面都要看到，要顾及"左邻右舍"。因此，管理者在抓住主要因素的同时，不可忽视各种细节。科学管理必须考虑尽可能多（一切可能）的因素，综合平衡，以求得最佳技术经济效益。若忽视某一因素，也许就会造成全局的失败。然而，在实践中，真正做到明察秋毫也是很难的，要完全抓住每个细节也是不可能的，而且实际上也没有必要，聪明的管理者总是留有余地，而不是抓住所有的细节。

（3）世界上一切事物都在运动变化之中，管理更具有不确定性。这不仅因为管理的因素多，更因为管理是人的社会活动。某种管理办法在此时此地十分有效，但如果没有弹性，运用到彼时彼地，就会导致效益下降，甚至是一败涂地。

（4）管理是行为科学，它有后果问题。由于管理的因素多、变化大，一个细节的忽视就可能产生很大的影响。常言道"差之毫厘，谬以千里"，因此，科学的管理必须留有余地，保持必要的可调节性。这样，即使出现重大失误的情况，也能及时采取对策，避免重大损失的出现。

企业管理弹性有两种分类方法。一是按弹性的作用范围分为局部弹性和整体弹性。局部弹性是指任何一类管理必须在一系列管理环节上保持可以调节的弹性，特别是在重要的关键环节上要保持足够的余地。整体弹性是指管理整体系统的可塑性和适应性。在管理中必须做到企业整体系统和各环节、各部门都有弹性。二是按弹性的作用性质分为消极弹性和积极弹性。企业管理的伸缩性，主要着眼于"积极弹性"。也就是说，现代管理中应用弹性原则，不仅要有"留一手"的以防不测的消极弹性，更主要的是应有遇事能"多一手"的积极弹性，这样才可能灵活机动地应付瞬息万变的市场，从而达到企业管理的目的。

2. 反馈原则

反馈是控制论中一个极其重要的概念。反馈是指由控制系统把各种信息输送出去，又将其作用结果返送回来，并对信息再输出产生影响，起到控制的作用，以达到预期的目标。

原因产生结果，结果构成新的原因，反馈在原因和结果间架起了“反向”的桥梁，在因果性和目的性之间建立了紧密的联系，这种因果关系的相互作用，不是为了实现各自的目的，而是为了实现一个共同的功能目的。同时，反馈使任何事物本身与其环境统一于某种动态之中，构成循环的新陈代谢活动。

在生产系统中，从投入原料到产品制成，一个合格的优质产品需要经历各种工序，在每道工序之后，都要经过检验，人们把检验数据与计划指标、技术参数做比较，找出误差数据，然后返回到有关工序，及时予以调整与修正，从而使次品消失于生产工艺过程中，杜绝废品出现。所以，反馈的本质特征就是根据工艺过程的各种操作情况去调整未来的行动（工艺流程），达到生产出合格的优质产品的目的。

管理者应用反馈原则进行控制时，一般会产生两种不同的效果：如果反馈使系统输入对输出的影响增大，导致系统的运动加剧，这种反馈称为正反馈；如果反馈使系统的输入对输出的影响减小，使系统偏离目标的运动收敛，趋向于稳定状态，则称为负反馈。在现代管理中，反馈的主要作用就是对所执行的前一个决策引起的客观变化及时做出有益的反应，并提出相应的新决策建议。管理是否有效，其关键在于是否有灵敏、正确、有力的反馈。要有灵敏的反馈就必须有灵敏的感受器，以便及时发现管理与变化着的各种客观现象之间的矛盾所在；要有正确的反馈就必须有现代分析系统，以过滤加工感受的各种信息，达到去粗取精、去伪存真、由此及彼、由表及里的效果；要有有力的反馈就必须把分析的信息及时转变为决策部门的有力行动，修正原来的管理行动，使之更符合客观实际情况，获得管理的更大效益。灵敏、正确和有力的程度，是一个管理制度、一个管理部门是否有充足生命力的标志。

对管理系统进行控制时，情况是多种多样的，因此常采用简单控制、跟踪控制、自适控制和最佳控制等。在现代管理中，为使系统达到既定目标，无论采用哪一种控制，都必须贯彻反馈原则。而要使系统保持稳定有序，必须使系统结构具有不断自我调节的能力。在实践过程中，任何一种调整、改革，一开始都不一定十分完善，但只要系统具有良好的反馈机制，管理者就可以不断地调节，不断地纠正偏差，使系统逐步趋于完善，直至达到满意的管理效果。

随着社会经济的发展，现代社会组织的管理已是纵横交织、瞬息万变的动态网络化管理，即使是天才的管理家也无法洞察一切、包揽一切，无法靠自己掌握一切信息来构思政策、计划和措施。因此，在现代管理中，没有一个指挥中心可以不建立自己的反馈系统而能有效正确地进行指挥。

相关链接：项目经理的烦恼

小生产的传统管理习惯于“平安无事”“积小变为大变”“不断完善”。事物发展无止境，人们对事物的认识在不断深化，事物始终存在改革（改进）的余地。有效的管理要善于捕捉各种信息及反馈，及时做出相应的变革，把各种矛盾解决在萌芽状态之中。决策、执行、反馈、修正，再决策、再执行、再反馈，由此无穷地螺旋上升，管理也将不断地进步和完善。从此看来，反馈原则正是“一切从实际出发”“实践是检验真理的唯一标准”这一马克思主义基本原理在现代管理科学中的运用和体现。

10.1.4 效益管理原理

一、效益管理概述

1. 经济效益的概念

经济效益是人类活动的根本目的。任何社会实践都会产生某种效果，如经济效果、政治效果、艺术效果等。人类从事生产活动，都是为了有用的物质效果，也就是要创造具有使用价值的产品或劳动。为了实现这一目的，人们在进行生产劳动时，必须有相应的投入。因此，经济效益就是在既定的目标条件下，劳动消耗量和劳动占用量与所取得的有用成果量之比。在现实社会中，为了计算方便，劳动消耗量、劳动占用量和所取得的有用成果量，一般用货币计价的形式，用金额近似地表现出来。计算公式如下所示。

经济效益（E）=有用成果量（Y）/ 劳动消耗量和劳动占用量（L）

经济效益的计算公式，既能反映宏观经济效益，又能反映微观经济效益；既可以全面反映劳动成果、劳动消耗和劳动占用，又可以比较准确地反映正效果、负效果和零效果。

管理的目的是创造更多、更好的社会效益和经济效益。社会效益是从全社会的角度出发，追求的是全社会和整体的效益；经济效益是从企业的角度出发，使人、财、物、信息、时间和科技等资源得到最充分有效的利用，产生最佳的投入产出效果。社会效益和经济效益是一致的，但有时也是矛盾的：经济效益不能完全表现社会效益，社会效益也不能完全代表经济效益。

效益管理原理要求企业管理必须追求经济效益，它是企业生产经营活动的出发点和归宿。经济效益指标可分解为产量、产值、成本和利润等，在生产经营过程中的不同时期、不同阶段，企业可根据生产任务、产品要求追求最大产量、产值或利润，也可追求最低成本。当经济效益与社会效益发生冲突时，企业要服从全局和整体，任何时候也不能用损害社会利益的手段获取企业的经济效益。要认识到企业要获得长期、稳定的经济效益，就必须使自身的发展目标、经济效益指标与社会发展目标和效益指标相一致。

2. 提高经济效益的理论依据

提高经济效益是我国经济建设的核心，是企业生存和发展的基本要求，其理论依据如下。

（1）强调经济效果，提高经济效益，实质上是提高劳动生产率，增加产出扣除投入后的余额。根据马克思的扩大再生产理论，这一余额的大小对经济发展至关重要。积累是扩大再生产的唯一源泉，因此，提高经济效益是人类物质文明和精神文明提高的基础，是社会经济不断增长的根本保证。

（2）提高经济效益是经济规律的要求。在社会经济活动中，无论是必要产品的增长还是剩余产品的增长都是同等重要的。整个国民收入的实物量不断增多，经济效益才能提高，从而满足人们日益增长的物质和文化生活的需要。

（3）在物质资料生产过程中，能够投入的资源总是有限的，而人们的消费水平总是不断提高的，对物质产品和精神产品的需要则是无限的。这就要求我们正确处理好人力、物力、财力、信息的有限性与人们需要增长的无限性之间的矛盾。因此，必须强调经济效益的提高，以便提供更多的剩余产品，为社会增加更多的新财富。

（4）提高经济效益是节约时间的要求。一切活动都要讲求节约人力、物力和财力。节约人力是直接节约劳动时间，节约物力是节约生产资料的消耗和占用，节约财力是节约人力和物力的价值形式。所有这些，归根结底是劳动时间的节约。这样不仅可以以尽可能少的劳动时间生产出满足社会需要的产品，同时将节约下来的时间用于其他部门，具有合理分配劳动时间的作用，从而可以取得宏观和微观双重意义上的经济效益。

（5）提高经济效益是价值规律的要求。价值规律是市场经济条件下的重要经济规律，它要求产品的价值由生产产品的社会必要劳动时间决定，产品的交换按照产品的价值量来进行。因此，价值规律必然要求计算产品的价值量，进而计算成本和利润等。这就决定了生产单位降低消耗，提高经济效益，就可以使单位产品的劳动消耗量低于社会平均必要劳动量，从而获得更多的盈利。这是在市场经济条件下任何一个物质生产部门进行扩大再生产和继续发展下去的前提和保证。

二、效益管理的基本原则

根据效益管理原理的要求，在企业管理中应遵循价值分析原则和可行性研究原则。

1. 价值分析原则

价值分析是指通过集体智慧和有组织的活动对产品或服务进行功能分析，使目标以最低的总成本（生命周期成本），可靠地实现产品或服务的必要功能，从而提高产品或服务的价值。价值分析的主要思想是通过对选定研究对象的功能及费用分析，提高对象的价值。这里的价值，反映的是费用支出与获得之间的比例，用数学公式表达如下：价值=功能/成本。提高价值的基本途径有5种，即：提高功能，降低成本，大幅度提高价值；功能不变，降低成本，提高价值；功能有所提高，成本不变，提高价值；功能略有下降，成本大幅度降低，提高价值；大幅度提高功能，适当提高成本，提高价值。

价值分析原则从企业管理角度讲，是指对产品或作业进行功能分析，以求得以最低成本可靠地实现产品或作业的必要功能。价值是一个特定的概念，表示其产品或作业项目的功能水平与成本水平的比值，计算公式如下所示。

$$\text{价值}=\text{功能}/\text{成本}\ (V=F/C)$$

在现代企业管理中，价值分析的计算公式如下所示。

$$\text{价值}=\frac{\text{功能}}{\text{成本}}=\frac{\text{产出}}{\text{投入}}=\text{社会经济效益}=\frac{\text{符合社会需要的产品总量}}{\text{社会所耗劳动总量}}$$

企业管理只有按价值分析的原则进行，才能实现社会效益和经济效益的统一。“必要功能”不是高功能或全功能。要提高产品价值，就必须改善功能或降低成本。改善功能等于提高产品价值，降低成本同样等于提高产品价值。所以，产品和作业分析的关键在于产品功能分析，改变了传统的产品结构分析方式，有利于新产品的开发。例如，开发手表的新产品，如果按传统的产品结构进行分析，就始终跳不出机械表的范围，最多改变形状、大小、厚薄等；而如果按价值分析原则进行分析，从产品的必要功能方面考虑，只要能显示时间、具有手表的必要功能即可，结果有了新的突破，出现了石英电子手表。

进行一项价值分析，首先需要选定价值分析的对象。一般来说，价值分析的对象要考虑社会生产经营的需要，以及对象价值本身被提高的潜力。例如，选择占成本比例大的原材料部分作为对象，如果能够通过价值分析降低成本、提高价值，那么这次价值分析对降低产品总成本的影响也会很大。当我们处于一个紧迫的境地，如生产经营中的产品功能、原材料成本都需要改进时，研究者一般采取经验分析法、ABC 分析法以及百分比分析法。选定分析对象后，需要收集对象的相关信息，包括用户需求、销售市场、科学技术进步状况、经济分析以及本企业的实际能力等。价值分析中能够确定的方案的多少以及实施成果的大小与情报的准确程度、及时程度、全面程度紧密相关。有了较为全面的情报之后就可以进入价值分析的核心阶段——功能分析。在这一阶段要进行功能的定义、分类、整理、评价等步骤。经过分析和评价，分析人员可以提出多种方案，从中筛选出最优方案加以实施。在决定实施方案后，应该制订具体的实施计划，明确工作的内容、进度、质量、标准、责任等方面的内容，确保方案的实施质量。为了掌握价值分析实施的成果，还要进行成果评价。成果的鉴定一般以实施的经济效益、社会效益为主。作为一种技术经济的分析方法，价值分析做到了将技术与经济的紧密结合。此外，价值分析的独到之处还在于它注重提高产品的价值、注重在研制阶段开展工作，并且将功能分析作为自己独特的分析方法。

价值分析已发展成为一项比较完善的管理技术，在实践中已形成了一套科学的实施程序。这套实施程序实际上是发现矛盾、分析矛盾和解决矛盾的过程，通常围绕以下 7 个问题展开：①这是什么？②它的作用是什么？③它的成本是多少？④它的价值是多少？⑤有其他方法能实现这个功能吗？⑥新方案的成本是多少，功能如何？⑦新方案能满足要求吗？按顺序回答和解决这 7 个问题的过程，就是价值分析的工作程序和步骤，即选定对象、收集信息、进行功能分析、提出改进方案、分析和评价方案、实施方案、评价活动成果。

价值分析虽然起源于材料和代用品的研究，但这一原理很快就扩散到各个领域，大体可应用在以下两大方面。一是在工程建设和生产发展方面。大的方面可应用于一项工程建设或一项成套技术项目的分析，小的方面可应用于企业生产的每一件产品、每一个部件或每一台设备，在原材料采用方面也可应用此法进行分析。具体做法有工程价值分析、产品价值分析、技术价值分析、设备价值分析、原材料价值分析、工艺价值分析、零件价值分析和工序价值分析等。二是在组织经营管理方面。价值分析不仅是一种提高工程和产品价值的技术方法，还是一种指导决策、有效管理的科学方法，体现了现代经营的思想。在工程施工和产品生产中的经营管理也可采用这种科学思想和管理技术，例如，对经营品种的价值分析、施工方案的价值分析、质量价值分析、产品价值分析、管理方法价值分析、作业组织价值分析等。

2. 可行性研究原则

可行性研究原则是指对某方案或某计划能够实现或成功的可能性进行分析论证，以求获得管理的最佳效果。可行性研究是决策的事前行为。可行性研究告诉决策者，在一定的限制条件下有关的目标能否实现、是否可行以及何者为最优。决策是企业管理的重要职能，决策正确与否直接关系企业兴亡。而决策是否正确，取决于预测和经营信息的可靠程度。这一切均以可行性研究为根本。可行性研究的内容应根据项目的各自特点决定，一般要解决决策者主要关心的几个问题。

（1）各种条件是否具备了成功的可能性？

（2）项目采用的技术是否先进和适用？

（3）项目是否经济合算？

（4）项目的效益是否达到最佳？

可行性研究因其对象的复杂程度不同，具体研究步骤也有差异。大型、复杂的项目要经过4个阶段，小型、简单的项目可简化为2个或3个阶段。一般可行性研究的步骤分为机会研究、初步可行性研究、最终可行性研究、论证和审批。机会研究阶段主要判断该项目有无深入研究的价值和必要；初步可行性研究阶段主要提出较为系统的设想方案；最终可行性研究阶段主要为决策项目提供技术、经济和商业上的充分依据，在做全面准确的分析计算和论证的基础上提出完备的方案；论证主要是指在可行性研究报告审批前交给有关专家进行的论证；审批即是可行性研究报告完成后，经专家论证通过，按隶属关系由管理部门审批。

10.2 管理方法概述

10.2.1 管理方法的含义与类型

一、管理方法的含义

管理方法源于人类的实践活动，是随着人类社会实践的发展和科学技术的进步而不断发展起来的。人们在协调群体的活动以实现一定目的的过程中，根据管理任务和管理对象的情况，确定达到既定目标的活动方式。利用这种方式如果达到了既定的目标，就说明它是有效的。这种方式在人们的活动中经过不断重复，就逐渐在人们的头脑中固定下来，变成了正确的管理方法。

管理方法是管理者行使管理职能和实现管理目的的手段、方式、途径和程序的总称。从行使管理职能来看，管理方法是执行有关职能的手段；从完成管理任务来看，管理方法是协调分工、协作劳动和各种措施的总和；从维持管理主体和管理客体的关系来看，管理方法则是管理主体作用于管理客体的方式。总之，无论是行使管理职能、完成管理任务，还是维持管理主体和管理客体之间的关系，都必须借助于一定的管理方法。也可以说，没有方法就没有管理。

任何管理都要选择、运用相应的管理方法。但说起管理方法，人们很容易想起由密密麻麻的数字和符号构成的数学模型、烦琐的逻辑运算和操作复杂的计算机，这使一般人望而生畏，觉得管理方法高不可攀。其实，数学方法只是思维逻辑的一种形式，计算机是提供信息、进行运算的一个辅助性工具。数学手段和计算机运用只是管理方法的一个部分、一个方面或一种类型，并不是管理方法的全部。由于管理的任务、对象和环境是复杂多变的，因此，实践中运用的管理方法也是多种多样的。

二、管理方法的类型

管理方法多种多样，可按照不同的标准进行分类。

（1）按照管理方法的适用范围，可将其分为专门管理方法和通用管理方法。在某个领域或特定条件下使用的管理方法是专门管理方法；使用范围广泛，在任何管理中均可使用，具有共性的管理方法是通用管理方法。

（2）按照管理方法的层次，可将其分为哲学方法、一般方法和具体方法。哲学方法是最高层次的管理方法，对低层次的具体方法起指导作用，即具有方法论的作用。此方法适用于任何领域、任何过程，是整个管理方法体系中最基本的、有指导意义的、制约其他方法的方法。管理的定性分析问题均需使用这种方法。一般方法是指常用的行政方法、经济方法、法律方法、教育方法、数学方法等。具体方法是管理活动中针对性极强、处理具体问题的方法。此类方法适用于管理的某一领域、某一过程中的局部，它是对某种活动过程、某个资源要素实施管理所特有的专业方法，其技术程度较高，是为解决具体管理问题服务的，如以物质资源为主要管理对象的具体管理方法有网络技术、全员设备管理等，以信息资源为主要管理对象的具体管理方法有预测技术、决策技术等。

（3）按照管理方法的性质，可将其分为定性分析法和定量分析法。在管理活动中需要深入剖析事物内在本质特性，从而采取相应手段、措施，这就是定性分析法；为提高管理的科学化程度，以准确的数据及数学方法揭示事物运动规律，从而找出管理措施的方法是定量分析法。

（4）按照管理方法的强制程度，可将其分为硬方法和软方法。硬方法是指管理者靠权威强制实施管理的方法，如行政方法、法律方法；软方法是指管理者充分运用社会学、心理学等知识，在管理中循循善诱，靠以理服人来实现其目的的方法，如教育方法、咨询方法等。

10.2.2 管理的基本方法

一、经济方法

经济方法是指管理者依靠经济组织，按照客观经济规律的要求，运用经济手段来调整各种不同经济利益主体之间的关系，以获得较高的经济效益、社会效益和生态效益的管理方法。经济手段包括价格、工资、利润、利息、税收、信贷、奖金、罚款等经济杠杆和价值工具，以及经济合同、经济责任制等制度。由此可知，经济方法就是运用经济手段来调节人们之间的物质利益关系，促使经济组织和员工从物质利益上关心生产经营活动，提高经济效益的有效方法。目前在经济管理中，经济方法已越来越受人们重视。

经济方法的核心在于正确贯彻物质利益原则，处理好国家、企业和个人等各方面的经济关系，使管理活动符合客观经济规律的要求。这样才能调动各方面的积极性，为实现管理的目标而共同努力。

1. 经济方法的特性

经济方法的主要特点：经济组织对下属单位或个人不进行直接的强制性管理，而是按照客观经济规律的要求，运用经济手段，使其从自身的物质利益出发，自觉按经济规律行动，以保证经济目标的实现。一般来说，经济方法具有以下特性。

（1）客观性和平等性。在经济管理中采用经济方法，是客观经济规律的要求，经济方法必须符合客观经济规律，否则在实践中就不能为人们所接受，或者根本行不通。经济方法强调：各个企业在获取自身经济利益的权利上是平等的，社会按照统一的价值尺度计算和分配经营成果；各种经济杠杆和经济手段的运用对相同情况的企业起同样的作用，不允许有特殊；经济合同的签订，是在法人地位平等的前提下进行的。

（2）利益性和有偿性。利益性是经济方法最重要的特性，人们所确定的具体经济方法必须符合物质利益原则，使经济组织或个人的物质利益与其工作成果紧密相连，做到责、权、利相结合，使承担的责任与应有的权力、应得到的利益相当，这样的办法才行之有效。企业是在平等的市场竞争中进行经济活动的。各企业之间所有经济往来都必须根据等价交换的原则，实行有偿交换，互相计价，讲求各自的经济利益，任何单位和部门都不能任意平调企业的财产。经济方法鼓励公平竞争，促使企业及其员工发挥主观能动性，使企业具有生机与活力。

（3）间接性和灵活性。经济方法是通过对各个方面经济利益的调节来间接控制和干预企业行为的。也就是说，国家或企业根据客观经济规律，确定符合物质利益原则的具体方法，使企业或个人的物质利益与工作成果挂钩，责、权、利一致，从而间接地制约企业或个人的生产经营活动，最终达到预定目标。经济方法的灵活性表现在两个方面：第一，经济方法针对不同的管理对象，如企业、员工个人，可以采取不同的手段；第二，对于同一管理对象，在不同情况下，可采取不同的方式进行管理，以适应形势发展的需要。

（4）可制约性和可调整性。国家和各级经济组织，可以运用各种经济杠杆和经济手段来制约下级经济组织和个人的生产经营活动，使其经济活动方向、经济行为符合国家和有关组织的要求，而不致产生较大的矛盾。

（5）技术性和多样性。运用经济方法需要确定各种有关的经济指标，而各类经济指标的确定必然涉及较广泛的生产技术知识，有的甚至要经过测定、试验、分析、计算等，因而它具有一定的技术性。部门、地区、工种、时间不同，人们所从事的生产经营活动的具体内容不同，人员的素质不同甚至习惯不同等，都会使具体的经济方法千差万别、各有不同，因而其具有多样性。

（6）公开性与竞争性。采用经济方法是为了充分调动经济组织和个人的积极性，以促进经济的发展。所以，只有将各项经济技术指标公开，开展竞争，鼓励经济组织或个人去竞争，才能取得预期的效果；同时，为了对比、激励，采用经济方法以后的执行结果也应是公开的。

2. 经济方法的局限性

用经济方法管理企业，有利于企业行使经营自主权，发挥主观能动性；有利于调动员工积极性，提高企业经济效益。但是，经济方法发挥作用是有一定条件的。它要求企业必须是真正独立的经济实体，有独立的经营自主权。企业内部要有科学、严密的制度，企业外部要有健全的法制保障。在社会主义市场经济建设过程中，企业理所当然要采用经济方法，不过也要看到其局限性。经济方法的局限性主要有以下 3 个方面。

（1）经济方法容易助长个人主义和企业短期行为。经济方法采用物质刺激，容易导致人们急功近利，使人们只关注眼前、局部、个人利益，而忽视长远、全局、国家利益。过于强调经济手段，可能会产生个人主义，使企业与社会化大生产条件下的企业生产经营不相适应。

（2）经济方法不能解决经营管理中需严格规定或需立即采取措施的问题。经济方法是一种软方法，具有间接管理的作用。对于企业经营中需立即解决的问题，如生产过程中出现的需要立刻解决的技术性问题，绝不能临时争论不休后再解决。市场竞争中，时间就是生命，时间就是效益，企业在采用经济方法的同时，还必须采用其他方法作为辅助。

（3）经济方法不是调动企业和员工积极性的唯一方法。经济方法是企业调动员工积极性的好方法，但强调过多，会助长“过于看重物质”的不良风气，不利于培养企业的社会责任感，最终还会失去物质刺激的作用，达不到调动积极性的目的。

经济方法的局限性决定了企业在使用经济方法的同时，必须结合运用多种方法，扬长避短，这样才能产生一种系统合力，达到管理的目的。

二、行政方法

行政方法是指依靠管理机构和管理者的权力，管理者通过带有强制性的指令性计划、命令、指示、规定以及规章制度等方式，直接对管理对象产生影响和作用。行政方法是最古老的管理方法之一。当管理活动随着共同劳动出现后，行政方法就随之产生。

1. 行政方法的特性

（1）权威性。运用行政方法进行管理，起主导作用的是权威性。管理是否有效，在很大程度上取决于管理者的权威。发出行政命令、指示的管理者的权威越高，被管理者就越服从。因此，提高各级领导的权威，是运用行政方法进行管理的前提，也是提高行政方法有效性的基础。管理者必须努力以自己优良的品质、卓越的才能去增强管理权威，而不能仅仅依靠职位拥有的权力来强化权威。领导者的威信是做好行政管理的重要一环。

（2）强制性。行政方法通过管理者或管理机构发出的命令、指示、规定、指令性计划、规章制度等进行管理，对管理对象来说具有强制性，被管理对象必须认真贯彻执行相关指令。但这种强制性与法律的强制性有一定程度的不同。法律的强制性是通过国家机构和司法机构执行的，它明确人们可以做什么和不可以做什么；而行政方法的强制性则要求人们在思想上、行为上、纪律上服从统一的意志，这种统一主要是原则上的统一，允许人们在具体方法上有所变通。从制约的范围来看，法律的强制性对任何人都是一致的，而行政方法的强制性一般只对特定的管理对象有效。

（3）无偿性。行政方法是以组织的权力为基础、以服从为天职的。因此，上级组织对下级组织发出的命令，如对人、财、物等的调动和使用不要求等价交换，下级在执行中不能以利益或者是其他方面的要求为代价，一切都要根据行政管理的需要，不能考虑价值补偿问题。

（4）层次性。行政方法是按行政管理层次进行管理的，它是纵向的分层次的垂直管理。上级管下级、下级服从直属上级的管理，横向之间一般不存在管理关系而只存在协作关系。

（5）保密性。行政命令、指示、计划、规定等方式一般只适用于所属的管理范围。因此，与其他方法相比，行政方法往往在某一阶段或在某种范围内具有保密性。管理者或管理机构为了某种需要，可以对管理范围内的某些事情进行保密，限制信息外流，这样可起到使管理者不受外部因素妨碍和干扰的作用。

（6）灵活性。由于行政方法是具体的，从行政命令发布的对象到命令的内容，都是针对某个组织、某些人或某件事做出的，有较强的针对性，因此，它能较好地处理特殊问题和管理活动中出现的新情况。它能通过有针对性地发出行政命令，对特殊的、个别的问题采取强有力的措施进行处理。此外，行政方法在实施的具体方式上，是会因对象、目的、时间的变化而变化的。因此，它往往只对某一特定时间和对象有用，具有一定的时效性。行政方法的针对性和时效性，决定了它具有一定的弹性和灵活性，它可以在总的目标之下，再因时、因地、因事、因人采取比较灵活的手段。

行政方法的特点是使其能保持管理系统的集中、统一，使企业生产经营活动协调一致。正确运用行政方法，既是充分发挥管理职能的有利条件，又是综合运用其他管理方法的重要保证。

2. 行政方法的局限性

虽然行政方法有诸多优点，但是行政方法是非经济手段，在企业的经济活动过程中，它也存在局限性。行政方法的局限性主要有以下4个方面。

（1）受管理者管理水平的影响较大。由于行政方法是“人治”手段，因此，行政命令的执行效果、经营管理的好坏，在很大程度上取决于管理者的知识水平、业务能力、领导艺术和道德修养等。行政方法要求下级毫不含糊地贯彻执行，权力高度集中在最高管理者手中。管理者的才能、素质和水平直接影响企业的命运。因此，运用行政方法要求上级管理者不但要有责、有权，还要有较高的政策水平、敏锐的眼光和较强的组织管理能力。

（2）不便于分权。因为分权容易削弱集中统一这个优点，出现各自为政的现象；而权力过分集中，又会因管理层次多而影响管理效率，造成各层次管理者主要听命于上层管理者，使下级单位产生有职、少权、无责的现象，不利于发挥下级单位的主动性、积极性和创造性，容易贻误经济活动的有利时机。

（3）容易助长管理者的依赖思想。行政方法的特点要求管理高度集中统一，管理者只需按文件、按指令办事即可。企业面对激烈的竞争和瞬息万变的环境，不是仅靠某一个人或某些最高层人物就能实施管理的，因此必须充分调动和发挥每一个管理者的主观能动性。而行政方法却要求按上级意图办事，使管理者产生“惰性”，不能开拓进取。

（4）由于行政方法是纵向垂直的管理，管理系统内部各子系统之间联系较少，横向沟通困难，横向传递的命令基本无效，因而子系统之间的矛盾较多，管理者的协调任务重。此外，行政机构庞大、管理层次较多，会造成信息传递迟缓甚至严重失真的情况。

企业管理必须运用行政方法，这种方法带有一定的权威性；若没有权威和服从，经营管理的职能就无法实现。但由于其局限性，管理者要特别注意正确运用该方法，使它真正建立在客观规律的基础上，反映员工利益。在管理中，既不能单纯依靠行政方法，也不能沿用陈旧的、过时的、不符合现代企业管理的行政法规。管理者只有将行政方法控制在一定范围内，并与其他方法结合起来，使多种方法相辅相成，随时根据变化的企业内外环境不断完善，才能更好地发挥行政方法的作用。

三、法律方法

法律方法就是把管理中比较成熟、比较稳定、带有规律性的原则、制度和方法，以经济法律、法令、条例等形式固定下来，作为调整国家、地方、企业和个人经济活动的法律规范，并由国家司法机关强制实施，以保证社会经济活动具有良好的经济秩序。因此，它也是现代管理中一种必不可少的方法。

1. 法律方法的特性

法律方法与行政方法相比有某些类似之处。不同的是，法律方法比行政方法更为成熟，更为稳定，更具有权威性和强制性。某决定一经用法律条文固定下来，便不能轻易变动，违法就要受到法律制裁，这是法律的严肃性。法律面前人人平等，这使法律方法具有无差别性。法律方法的特性可归纳为以下几点。

（1）概括性。法律方法的概括性就是无差别性。因为法律约束的对象是每个人，而不是某个具体的、特定的人，所以法律面前人人平等，法律方法对任何人的约束力是一致的，决不能因人而异。法律在同样的情况下，可以反复多次使用，而不是仅使用一次，因而它有高度概括性。

（2）规范性。法律的规范性是在人类长期社会生产实践中逐步形成的。法律的规范性表现在以下方面，法律和法规是所有组织和个人行动的统一准则，都是用极严格的语言，准确阐明一定的含义，并且只允许对它做出一种意义的解释，明确规定在一定条件下可以做什么和不可以做什么。

（3）强制性。法律和法规是国家权力机关或各级管理机构制定、颁布的，各个企业、每个公民要毫无例外地遵守。法律规范与其他社会道德规范不同，它是由国家强制实施的，所以具有强制性，不论愿意不愿意都要执行。运用法律方法来进行管理，实际上就是运用强制性来进行管理。法律方法的强制性与行政方法的强制性有所不同，行政方法的强制性主要是要求人们服从统一意志和统一原则，允许方法上有一定灵活性，并且只适用于一定的管理对象；法律方法的强制性则是人人都必须遵守既定的行为准则，具有普遍的约束力。

（4）稳定性。法律方法规定的行为准则，都是经过反复实践而总结出来的，一经确定，就比较稳定，可以反复应用，是严格按照法律规定的程序进行的，更改也必须经过必要的立法程序。

（5）预见性。正是由于法律的稳定性，人们可以事先预料到国家对自己和他人的行为会持有什么态度。也就是说，人们可以事先估计到自己或他人的行为是合法的还是非法的，会产生什么样的后果等，因而它具有预见性。

2. 法律方法的局限性

（1）只能在有限范围内调整和控制经济活动。法律方法不能解决所有的经济、社会问题，只能在有限范围内起作用，法律范围外还有各种各样的经济关系、社会关系需要调整和控制。而且，从法律方法的特点可以看出，它是一种强硬的管理方法，而法律、法规、法令总是预先规定人们的行为准则，面对纷繁复杂的社会、经济现象，法律方法不可能做到十全十美，灵活适应。

（2）不能代替经济方法影响经济发展。法律方法在社会生活、经济活动过程中十分有效，但是，它不能代替经济方法，不能深入、具体地调动人的积极性。社会活动、经济活动是人的主观能动的结果，客观上存在许多法律方法无法解决的问题。

四、教育方法

教育方法是指运用社会学、心理学的知识，了解人们的心理活动特点以及在生产经营活动中的规律，根据企业需要，采用宣传、鼓动、教育、培训的方式管理企业的方法。人是经营要素中的决定因素，管理企业的关键在于调动人的积极性。教育方法正是基于这一点，根据行为科学理论的要求，从研究中掌握企业员工在生产经营活动中的心理活动规律，有的放矢地进行管理。宣传、教育使国家的政策、法令、制度、方针、措施深入人心，让员工正确理解、领会相关法律法规，调动其劳动热情，使之自觉遵守且认真执行。教育方法包含了企业管理基础工作培训的内容，主要针对员工的思想政治素质，目的是提高全员的基本素质水平和企业凝聚力，调动员工的主观能动性和积极性，使员工在外力激励下，产生正确的动机和行为，以最终实现管理的目的。教育方法也要与技术培训、文化教育相结合，从而不断提高整个企业的员工素质。

教育方法是一种软方法，是由企业管理的软科学性所决定的，也是企业管理基础工作的必然要求，并且依据的是现代企业管理的人本管理原理和动力原则的要求。没有正确的指导思想和对客观事物的正确认识，便没有正确的方向和行为，也就达不到理想的目的。教育方法完全是针对人们的思想意识和观念而采用的方法。

1. 教育方法的特性

（1）启发性。教育方法集行为科学、社会学、心理学等于一体，采取以理服人、言传身教、防患于未然的方式。教育方法是启发人们自觉地向着共同的目标采取行动，通过启发去培养和推动人们忠于职守、努力工作的动机，从而促使人们产生积极劳动、努力工作的行为。按照心理学的观点，在现代社会经济条件下，人们对个人工作的评价越来越注重社会职能的实现，注重对社会贡献的大小，而不仅仅着眼于物质利益。这对强化人们的事业心、责任感，激发其工作热情，调动其主观能动性起着指导、启发、促进的作用。因而，恰当地运用教育方法，给予员工正确的启发，对做好管理工作是很有必要的。

（2）利益性。采用教育方法，既要强调实现共同目标以后人们可能得到的物质利益，也要强调精神上的利益。在管理中，既要着重强调大系统的共同利益，也要兼顾小系统和个人的利益。如果忽视利益性，只进行空洞的说教，教育就是无效的。

（3）灵活性。每个人都有复杂的行为动机，反映到管理中便表现为不同的思想、认识、观点。管理中存在着的许多矛盾就是人们的思想、认识、观点不一致的反映。教育方法要深入人的灵魂，绝不能采取简单的说教式、高压式强行灌输，而必须随人们认识角度、素质水平和所处环境等的不同而有所不同。因此，教育方法应因人而异，采取灵活多样的方式、方法去影响和改变人们的动机和行为，使之符合管理目标的要求，把实现管理目标变成每个人的自觉行动。

（4）互动性。教育是一个互动过程。在教育的过程中，授教者和受教者都在提高，这是一种相互学习、相互影响的活动。因此，教育不是教训、不是灌输。教育要想起作用，授教者必须以身作则、身体力行。否则，教育方法就是无效的，至少是低效的。

（5）更新性。由于社会经济的不断发展、进步，人们的需要层次也会相应地由较低层次向较高层次变化；加之科学技术的进步，新工艺、新材料、新产品、新技术在不断出现，也要求人们的科学文化知识要不断更新。因此，教育方法要想起到应有的作用，就必须从内容到具体形式上都进行调整、更新。长期使用同一套办法，是收不到应有的效果的。

（6）长期性。正确的世界观、人生观的确立，科学文化知识的积累都不是一朝一夕之功。此外，科学技术的发展、社会的进步都是无止境的。尤其作为企业管理的基础工作，更是长远的、连续不断的，任何企图短期内完成教育或追求短暂的教育效果的行为必是徒劳的。为此，管理者要坚持不懈地使用宣传教育方法。

2. 教育方法的局限性

（1）教育方法对企业生产经营活动只起间接的决定作用。教育方法解决的是企业经营主体要素——人的基本素质问题，通过各种形式的宣传、教育，调动人的积极性，从而使其努力工作。它不能直接干预企业的经济活动、人的经济行为和经济利益的分配，只能间接地对企业生产经营起作用。

（2）教育方法不能解决人们所有的思想意识问题。这种方法虽然主要针对人的思想认识、世界观进行改造，但人的思想意识是复杂多变的。教育方法只能抓住主要的、关键的、行得通的问题有针对性地加以解决，而不能解决人们所有的认识问题。

教育方法的特征及局限性说明这一方法是现代企业管理中必须使用的重要方法之一，但仍需要与其他方法配套使用，才可能达到管理效果。

五、数量分析方法

随着计算机等现代科学技术的发展及其在管理中的运用，管理的技术和方法也在不断发展。数量分析方法与前几种方法不同，它是为了提高企业管理科学化程度、实现管理现代化而采用的重要手段，是现代化管理理论两大流派之一——管理科学理论的内容。

数量分析方法是指运用数据和数学知识，分析、揭示企业生产经营活动规律，为企业管理服务的定量方法。也就是说，这种方法是为企业管理服务的，是现代管理的科学依据。它在研究经济活动的数量表现、数据关系和数量变化规律的基础上，运用经济数学的方法，模拟实际社会经济活动，建立数学模型并通过对数学模型的计算、分析，实现为经济管理提供科学依据并服务于管理，使管理尽可能实现标准化、规范化、程序化、系统化。企业管理中常用的数学方法主要有盈亏平衡分析法、线性规划法、网络计划法、投入产出法、经济批量采购法、ABC 控制法、全面质量管理方法等。

1. 数量分析方法的特性

数量分析方法是为了实现企业管理现代化，便于准确反映生产经营活动，并且有利于管理者进行科学地预测和正确决策以及有效控制而采用的科学方法，主要具有以下特征。

（1）准确性。数量分析方法使用的数据一定是生产经营活动中的客观数据，必须是准确、可靠的，选用的模型是适用、合理的，运算结果是准确的。准确的结果才能作为企业管理的科学依据。

（2）模型化。模型化是指在假定的前提条件下，运用一定的数理逻辑，就需要解决的问题建立一定的模型。

（3）客观性。这些方法在使用时，除了假定前提条件和选择分析的数量分析方法外，在建立模型和进行推导的过程中，基本上不受人为因素的影响，具有较强的客观性。

（4）科学性。数量分析方法的准确性决定其应具有科学性，能客观反映企业生产经营活动，适应生产经营客观实际规律，而不是主观臆断的结果。而且，数量分析方法必须与先进的现代科学手段共存；若没有计算机、光纤通信等技术，就无法计算准确的数据，无法及时传递可靠的信息，也无法建立符合客观现实的数学模型。

2. 数量分析方法的局限性

数量分析方法是为企业管理服务的一种方法，主要是提供科学标准和依据。然而，它在使用中同样存在局限性。

（1）企业生产过程中大量的行为无法量化。数量分析方法是一种定量方法，必须以数据为基础，而企业管理中相当多的内容是无法用数据表示的，因而就无法使用数量分析方法。

（2）定量方法发挥作用必须与定性方法相结合。严格来讲，数量分析方法只是一种手段，要发挥管理的作用，就必须与定性方法相结合。因为一方面，企业管理难以量化的内容较多，另一方面，只有定性分析才可能选择正确的数学模型并正确地运用计算结果，才能使定量方法发挥作用。

综上所述，管理的经济方法、行政方法、法律方法、教育方法以及以现代科学技术为基础的数量分析方法，构成了一个完整的管理方法体系。管理者在运用这些管理方法时，既要充分发挥各种管理方法各自的作用，又要重视整体上的协调配合。如果忽视综合运用，孤立地运用单一的管理方法，往往不能取得预期的效果。企业管理中的现代管理方法多种多样，只要是符合现代企业管理要求的方法，都是现代管理方法。各种方法有各自的特点和局限性，管理者在企业管理中必须综合运用各种方法。要实现企业管理现代化，就必须正确运用现代管理方法。

本章内容小结

本章主要讲述了管理的基本原理与基本方法。管理的基本原理有系统管理原理、人本管理原理、动态管理原理、效益管理原理等。管理方法是管理者行使管理职能和实现管理目的的手段、方式、途径和程序的总称，管理的方法有经济方法、行政方法、法律方法、教育方法和数量分析方法等。

案例思考

真功夫：中式快餐的标准化、流程化、精细化

真功夫餐饮连锁机构是从东莞市起步的中餐连锁店，经过几十年的发展，已经逐渐成为全国性中餐连锁店，与麦当劳、肯德基等形成了竞争之势。

1. 以“蒸”为主，实现正餐操作标准化

“真功夫”以经营蒸饭、蒸汤、甜品等蒸制食品为主。中餐菜系多种多样，个体差异性较大，所以标准化复制难度很大。在众多的中餐烹饪方法中，“蒸”属于稳定性较高的一类，相对于其他烹调方式，蒸的方法更容易实现标准化操作。这是“真功夫”在餐饮管理实践中的一个重大发现。

1995年，公司开始完善从前台到后台各个操作流程的标准。首先遇到的难题是传统的蒸饭与炖盅，只能用传统的高温炉、大锅和蒸笼。而且燃气灶火也忽大忽小，很难控制火候，对菜品质量的稳定性存在一定影响。为了解决这个问题，公司与华南理工大学合作，一起研发更专业实用的蒸饭设备，保证同一炖品蒸制时能够实现同温、同压、同时，这样才能保证绝对的同一口味。从此，真功夫的餐厅实现“千份快餐同一口味”。

2. 实践“泰勒制”，形成标准化作业体系

为了实现连锁复制，公司开始记录开店的每一道工序，从如何烹饪到如何扫地，员工的每个动作都要求做到标准化，并不断完善每个细节。如果对一位客户从进门到离开的过程进行分解考察，就会发现很多方面的服务可以完善。为此，公司制作了客户服务分解流程图，针对每个环节都制定最优服务标准和流程。

在真功夫的配料车间，展现的是泰勒描述的工作场景：工人穿着清洁制服，切肉、配菜、包包子。每个人只做一个工序，动作协调规范。员工的每个动作都是经过培训的，比如切肉的刀举多高，切下的肉块有多大，都有明确的规定。“切肉”动作的标准化也是反复实验、测试的结果，公司通过组织劳动比赛，发现“劳动能手”，组织专家观察“劳动能手”的操作流程并予以记录、细化、分析、优化，最后变成量化的书面流程和标准。

后台的标准化保证了前台服务的便捷。真功夫承诺 80 秒内给顾客上菜。这个简单的承诺包含了背后无数道工序的安排。

3. 连续提高，是科学管理的核心

真功夫营运手册中的各种规范有几千条，每一条都要求员工反复练习，形成规范和习惯。营运手册强调“规范不应该停留在纸面，应该在实践中不断积累和改进”的理念。后来，营运手册经过多次改版修订，每次修订都代表着企业管理规范水平的提高和服务内容的扩展。

连续提高可以说是科学管理的核心，泰勒制的发展就是从规范到提高的螺旋式提升过程。

思考题：

（1）真功夫运营手册中的几千条规范看起来是不是很烦琐？

（2）你觉得真功夫的这种管理方法真能带来高效率吗？

（3）结合真功夫的实际，讨论科学管理的核心内容。

管理者价值点分享

推荐阅读：
李佳的工作调动

1. 每天要回顾，急事须优先。
2. 不值得去做的事就派下属代劳。
3. 越常放手交办工作，就越善于放手交办工作。
4. 根据变化的情况和新出现的信息，不断变更工作的优先级。
5. 如果保持很高的期望值，人们会将努力付诸实践。
6. 听到和聆听是不同的，要学会聆听。
7. 奖励要慷慨，训斥要适度。
8. 要鼓励别人表达自己的意见，即使他们的观点与你的意见相反。
9. 随情况变化而相应调整计划，有必要的话就做大幅度变动。
10. 分析变革在试验中出现的不足，并找到所有的原因。

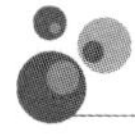

练习与应用

第 10 章练习与
应用

参考文献

[1] 徐光华，暴丽艳．管理学——原理与应用[M]．北京：清华大学出版社，2004.
[2] 季辉，冯开红．管理学原理[M]．北京：北京大学出版社，2007.
[3] 田铮，任德成．管理学基础[M]．北京：人民邮电出版社，2014.
[4] 郭咸纲．西方管理学说史[M]．北京：中国经济出版社，1998.
[5] 单凤儒．管理学基础[M]．北京：高等教育出版社，2000.